D'accord! 2

LANGUE ET CULTURE DU MONDE FRANCOPHONE

Testing Program

VISTA®
HIGHER LEARNING

ISBN: 978-1-68005-810-9

2 3 4 5 6 7 8 9 PP 23 22 21 20 19 18

Table of Contents

Introduction

Contextualized, communicative, and flexible, the **D'accord! Level 2** Testing
Program offers:
- two Quizzes (I and II) for each of the textbook's vocabulary presentations and grammar points.
- two Lesson Tests (I and II) for each of the textbook's 16 lessons.
- two Unit Tests (I and II) for each unit of the textbook's eight units.
- two Exams (I and II) for **Unités préliminaire–3**, **Unités 4–7**, and **Unités préliminaire–7**.
- Scripts for the listening activities, Optional Test Sections, and Answer Keys.

The Quizzes

96 Quizzes, two versions (I and II) for each vocabulary presentation and grammar point, allow you to quickly assess students' grasp of the structures and concepts they are studying. Every Quiz I focuses more on discrete activity formats, whereas every Quiz II focuses more on open-ended formats. Both versions are based on a 20-point scale.

The Lesson and Unit Tests

The Lesson and Unit Tests come in two different versions, **Tests I and II**. They offer highly contextualized, comprehensive evaluation, consisting of discreteanswer as well as communicative activities that test language proficiency. The two versions are ideal for purposes of administering makeup tests..

Each Lesson and Unit Test begins with a listening section that focuses on the grammar, vocabulary, and theme of the respective lesson or unit. In order for students to complete this section, you may either read from the script in the Listening Scripts section of the **D'accord! Level 2** Testing Program or play the corresponding Testing Program MP3 file, available both online in Resources on the Supersite and on the Teacher DVD Set. The accompanying activity focuses on global comprehension and understanding key details.

After the listening section, you will find test activities that check students' knowledge of the corresponding lesson's or unit's active vocabulary and grammar structures. These activities combine communicative tasks with discrete-answer items. Formats include, but are not limited to, art-based activities, personalized questions, sentence completions, and cloze paragraphs.

Each test ends with a writing activity that emphasizes personalized communication and self-expression. Students are asked to generate a brief writing sample using the vocabulary and grammar of the corresponding textbook lesson or unit within a natural, realistic context.

The Lesson Tests are two pages each, and the Unit Tests are four pages each. Both are based on a 100-point scale. The former are designed to take about twenty minutes to complete, the latter about forty minutes. Point values for each test section are provided in parentheses at the end of each activity's direction lines.

The Exams

Each assessment begins with a listening comprehension section, continues with achievement and proficiency-oriented vocabulary and grammar checks, and ends with a personalized writing task. The assessments are cumulative and comprehensive, encompassing the main vocabulary fields, key grammar points, and the principal language functions covered in the corresponding textbook units. The scripts for the listening passages are also located in the Listening Scripts section of the **D'accord! Level 2** Testing Program.

Like the Lesson Tests and Unit Tests (versions I and II), these assessments are based on a 100-point scale; point values for each activity are provided in parentheses at the end of each activity's direction lines. The Exams are six pages each and are designed to take about fifty minutes to complete.

The Optional Test Sections

For instructors who wish to evaluate students in areas that fall outside the scope of the assessments provided, five optional assessment activities targeting different knowledge and skills are provided. Brief activities separately review the **Roman-photo** video (one per lesson), the **Culture** textbook section (one per lesson), the **Panorama** textbook section (one per unit), the **Flash culture** video (one per unit), and **Lecture Supplémentaire** activities (one per lesson).

The optional **Lecture Supplémentaire** selections, presented as various forms of realia such as advertisements, articles, or personal correspondence, are accompanied by a set of questions designed to test students' overall comprehension of the text.

For scoring the optional sections, we suggest assigning a total value of 10 points per optional section administered and adding them to the 100 points that the main assessment is already worth. When you have added a student's total points earned, simply divide that sum by the total number of points possible (110, 120, 130, and so on). Then move the decimal point two places to the right to obtain the student's equivalent score out of 100.

Customizing Assessment

The **D'accord! 2** Supersite provides you with two opportunities to customize assessment for your students. To customize an assessment, go to the **Content** tab on the navigation bar and click on either **Assessment** or **Resources** from the drop-down menu. If you click on **Assessment**, locate the specific quiz or test you want to customize and click the **Copy** icon. A customizable copy of the assessment will appear. Click the pencil icon to reorder, delete, modify, and add new sections to the quiz before assigning it to your students. If you click on **Resources**, locate the specific quiz or test you want to customize and download the editable file to your computer to make any changes you want before printing it out and administering to your students.

Some Suggestions for Use

While the materials reflect the content of the corresponding lessons in the **D'accord! Level 2** student text, you may have emphasized certain vocabulary topics, grammar points, or textbook sections more or less than others. Because of this possibility, it is strongly recommended that you look over each assessment before you administer it to ensure that it reflects the vocabulary, grammar, and language skills you have stressed in your class. Additionally, you should feel free to modify any quiz, test, or exam by adding an optional section or adapting an existing activity so that the testing material meets the guidelines of "testing what you teach."

You can alleviate many students' test anxiety by telling them in advance how many points are assigned to each section and what sorts of activities they will see. You may even provide them with a few sample test items. If, for example, you are administering Quiz I for **Leçon 1A**, you may want to create a few items in the format of the activities in the quiz and show them to students.

When administering the listening sections, it is a good idea to begin by going over the direction lines with students so that they are comfortable with the instructions and the content of what they are going to hear. You might also want to give them a moment to look over any listening-based items they will have to complete and let them know if they will hear the narration or questions once or twice. If you read from the scripts yourself instead of playing the Testing Program MP3s, it is recommended that you read each selection twice at a normal speed, without emphasizing or pausing to isolate specific words or expressions.

Like many instructors, you may also want to evaluate your students' oral communication skills at the end of each semester or school year. For ideas and information, see the Oral Testing Suggestions section in this Testing Program.

We hope you find the **D'accord! Level 2** Testing Program a valuable tool for evaluating your students' progress and saving you precious time. We would like to take this opportunity to acknowledge the contributions of writers Myriam Arcangeli, Séverine Champeny, Julie Cormier, Virginia Dosher, Patricia Ménard, and Jaishree Venkatesan, all of whom worked tirelessly to create this Testing Program.

*The **D'accord! Level 2** authors and the Vista Higher Learning Editorial Staff*

Oral Testing Suggestions

These suggestions for oral tests are offered for every two units to meet your needs; you can decide to administer them two, three, or four times during the year. The suggestions consist of two parts: questions and situations. As often done with proficiency-oriented assessments, the situations are in English in order not to reveal to students the French vocabulary fields and structures they are intended to elicit. The questions, on the other hand, are provided in French to allow you to use them readily without time-consuming advance preparation.

As you begin each oral test, remind students that you are testing their ability to understand and produce acceptable French, so they must give you as complete an answer as possible. It is strongly recommended that you establish a tone in which the test takes on, as much as possible, the ambience of natural communication, rather than that of an interrogation or artificial exchange in which the teacher asks all the questions and students answer them. It is important to start by putting students at ease with small talk in French, using familiar questions such as **Comment ça va?** and commenting on the weather or time of day. During the test, it is also a good idea to give students verbal or gestural feedback about the messages they convey, including reactions, comments, signs of agreement or disagreement, and/or transitions in the form of conversational fillers. Finally, as you end the test, it is recommended that you bring students to closure and put them at ease by asking them simple, personalized questions.

If the oral test revolves around a situation, you can have two students interact or you can play the role of one of the characters. To build students' confidence and comfort levels, you might want to begin the interaction so students have some language to which to react.

Many evaluation tools or rubrics exist for the grading of oral tests. Here is a simplified rubric, which you should feel free to adjust to reflect the type of task that students are asked to perform, the elements that you have stressed in your classes, and your own beliefs about language learning.

Oral Testing Rubric

Fluency	1	2	3	4	5	24–25	Excellent (A)
Pronunciation	1	2	3	4	5	21–23	Very Good (B)
Vocabulary	1	2	3	4	5	18–20	Average (C)
Structure	1	2	3	4	5	15–17	Below Average (D)
Comprehensibility	1	2	3	4	5	Below 15	Unacceptable (F)

Oral Testing Suggestions for *Unités préliminaire–1*
Questions

- Décris ta maison ou ton appartement.
- Décris la maison ou l'appartement que tu espères avoir un jour.
- Quelles tâches ménagères fais-tu souvent?
- Quelles tâches ménagères faisais-tu quand tu étais plus jeune?
- Comment était ta maison ou ton appartement quand tu étais petit(e)?
- Connaissais-tu déjà un(e) élève de notre classe l'année dernière?
- Quels sont tes plats préférés?
- Sais-tu cuisiner? Quels plats prépares-tu souvent?
- Quels bons restaurants connais-tu?
- Qu'est-ce que ta famille achète quand vous faites les courses au supermarché?

Situation

A friend has just prepared a delicious meal for you. Ask him or her to explain the ingredients that went into preparing it.

Oral Testing Suggestions for *Unités 2–3*
Questions

- Décris ta routine quotidienne. Par exemple, à quelle heure te lèves-tu?
- À quelle heure t'es-tu couché(e) hier soir?
- Tombais-tu souvent malade quand tu étais enfant? Quels symptômes avais-tu?
- T'es-tu cassé un bras ou une jambe quand tu étais plus jeune? As-tu eu un accident? Décris-le.
- Que peut-on faire pour être en pleine forme?
- As-tu une voiture? Tes parents ont-ils une voiture? La conduis-tu souvent? Où allez-vous avec votre voiture?
- Pourquoi faut-il des ordinateurs dans toutes les salles de classe au lycée?

Situation

Someone you know just bought his or her first computer and is learning how to use it. He or she asks you a few basic technology questions. After answering them, give this person a few words of advice about technology in general. He or she will react to your advice.

Oral Testing Suggestions for *Unités 4–5*
Questions

- Indique comment aller du lycée/de chez toi à ton restaurant préféré.
- Crois-tu que tu réussiras tes examens?
- Que feras-tu dès que tu auras ton diplôme?
- Quel travail auras-tu un jour?
- Si tu avais un million de dollars, que ferais-tu?
- Que ferais-tu si tu étais directeur/directrice du lycée?
- Si tu avais six mois de vacances, où irais-tu?

Situation

A tourist is lost in your town, and you give him or her directions. Since you are so helpful, he or she asks how to get to all the other places on his or her list of things to see and do.

Oral Testing Suggestions for *Unités 6–7*
Questions

- Quel problème écologique t'inquiète le plus?
- Que fais-tu pour protéger l'environnement?
- Que proposes-tu qu'on fasse pour prévenir l'effet de serre?
- Est-il important qu'on puisse sauver la planète? Pourquoi?
- Aimes-tu les arts? Lesquels? Pourquoi?
- Es-tu un(e) artiste? Que fais-tu?
- À quel(s) genre(s) de spectacle assistes-tu?

Situation

You are discussing your future with one of your parents, but you disagree about many different things. Explain your preferences and objections to him or her.

Nom _____ Date _____

Leçon PA

VOCABULARY QUIZ I

1 Associez Match each verb in Column A with the room in Column B associated with that action. Use each room only once. (6 x 1 pt. each = 6 pts.)

A	B
_____ 1. dormir	a. le garage
_____ 2. déjeuner	b. la salle de séjour
_____ 3. garer (*park*) la voiture	c. le jardin
_____ 4. admirer les fleurs	d. la cave
_____ 5. regarder la télé	e. la chambre
_____ 6. stocker des choses	f. la salle à manger

2 Ajoutez Add the word from the list that belongs with each group. (5 x 1 pt. each = 5 pts.)

une affiche	une commode	un lavabo
des rideaux	un fauteuil	un studio

1. une maison, un appartement, _____

2. une douche, une baignoire, _____

3. un balcon, une fenêtre _____

4. une chaise, un canapé, _____

5. un mur, un miroir _____

3 Complétez Complete each sentence with the vocabulary word that best fits. (9 x 1 pt. each = 9 pts.)

1. Les voisins sont bizarres et il y a trop de criminalité dans ce _____!

2. Je n'ai pas d'argent pour payer le _____ à la propriétaire.

3. Range (*Put away*) tous tes vêtements dans l' _____.

4. Mon frère va _____ à Paris parce que sa fiancée habite là-bas.

5. Où as-tu acheté le beau _____ sous la table?

6. Mes cousines habitent dans une _____ moderne avec piscine.

7. Quand est-ce que tu vas _____ dans ton nouvel appartement?

8. La commode de Véronique a six _____.

9. Ma grand-mère est très faible et elle ne peut pas (*cannot*) monter les _____.

| 1 | **Leçon PA** Vocabulary Quiz I

Nom _____ Date _____

Leçon PA

VOCABULARY QUIZ II

1 Les catégories Write two vocabulary words that fit each category. (6 x 1 pt. each = 6 pts.)

Au mur	Où on met des vêtements	Dans la salle de bains

2 Une conversation M. Cambu is looking for a furnished one-bedroom apartment. Write a four-line conversation between M. Cambu and a potential landlord in which they discuss the living room and bedroom furniture. (4 x 1 pt. each = 4 pts.)

_____

_____

_____

_____

_____

_____

_____

_____

_____

_____

_____

3 Ma maison idéale Write a paragraph about the house of your dreams. Tell how many rooms it has and describe their layout. Use prepositions of location. (10 pts.)

_____

_____

_____

_____

_____

_____

_____

_____

_____

_____

_____

_____

Nom _____ Date _____

Leçon PA.1

GRAMMAR QUIZ I
The *passé composé* vs. the *imparfait* (Part 1)

1   **Choisissez** Select the correct past tense form to complete each sentence. (6 x 0.5 pt. each = 3 pts.)

    1. Nous (déménagions / avons déménagé) plusieurs fois cette année.

    2. Les professeurs de l'autre lycée (ont été / étaient) toujours gentils.

    3. Mon père (a fait / faisait) du cheval quand il avait cinq ans.

    4. J'(avais / ai eu) de mauvaises notes en chimie l'année dernière.

    5. Ses filles (ne sont pas nées / ne naissaient pas) dans cet hôpital.

    6. (Achetais-tu / As-tu acheté) tes vêtements quand tu étais petit(e)?

2   **Complétez** Complete these sentences with the correct **passé composé** or **imparfait** form of the verbs in parentheses. (7 x 1 pt. each = 7 pts.)

    1. Aminata _____ (mettre) une belle robe blanche pour aller à son interview.

    2. Ton mari et toi _____ (avoir) fréquemment envie de partir?

    3. Mon oncle _____ (lire) le journal chaque matin à six heures.

    4. Tu penses que Fabrice et Denis _____ (monter) au deuxième étage pour l'interview?

    5. Flora et Laure _____ (rentrer) à minuit hier.

    6. Baptiste et moi _____ (choisir) un bel appartement près de l'aéroport.

    7. Il _____ (falloir) souvent louer le studio aux touristes.

3   **Mettez au passé** Rewrite each sentence using the passé composé or the imparfait as appropriate. (5 x 2 pts. each = 10 pts.)

    1. Mes parents et moi allons au restaurant deux fois par semaine.

       _____

    2. D'habitude, êtes-vous fatigués après un match de football?

       _____

    3. Tes grands-parents jouent régulièrement au tennis.

       _____

    4. Le concert commence à huit heures.

       _____

    5. Elle meurt dans un accident.

       _____

Nom _____ Date _____

Leçon PA.1

GRAMMAR QUIZ II
The *passé composé* vs. the *imparfait* (Part 1)

1 **Questions personnelles** Answer these questions using complete sentences. (5 x 1 pt. each = 5 pts.)

1. Quel âge avais-tu quand on t'a offert/acheté ton premier vélo?

   _____

2. Qu'est-ce que ta famille et toi avez fait pendant les dernières fêtes de fin d'année?

   _____

3. À quelle heure ton cours de français a-t-il commencé?

   _____

4. Qu'est-ce que tu aimais faire quand tu étais petit(e)?

   _____

5. Où habitaient tes parents quand ils étaient jeunes?

   _____

2 **Imaginez** Complete these sentences using the **passé composé** or the **imparfait**. (5 x 1 pt. each = 5 pts.)

1. La semaine dernière, mes parents…

2. D'habitude, le matin je…

3. Hier au lycée, mes amis et moi…

4. Quand j'étais à l'école primaire…

5. L'année dernière, mon/ma meilleur(e) ami(e) ne/n'…

3 **Un(e) bon(ne) ami(e)** Write a short paragraph about your first best friend. Say how old you both were, describe him or her, say what you used to do together and how long you stayed best friends. (10 pts.)

   _____

   _____

   _____

   _____

   _____

   _____

   _____

Nom _____ Date _____

Leçon PA.2

GRAMMAR QUIZ I
The *passé composé* vs. the *imparfait* (Part 2)

1 Choisissez Select the appropriate past tense verb to complete each sentence. (4 x 1 pt. each = 4 pts.)

1. Nous _____ au stade quand Michel _____ .
   a. allons / a appelé   b. allions / a appelé   c. sommes allés / appelait

2. Quand mon ami _____ , je _____ .
   a. est arrivé / dessinais   b. arrivait / ai dessiné   c. arrivait / dessinait

3. Nous _____ du cheval quand sa fille _____ .
   a. faisons / est tombée   b. avons fait / tombait   c. faisions / est tombée

4. Je/J' _____ sur la piste de ski quand mon oncle _____ .
   a. arrivais / a téléphoné   b. suis arrivé / téléphonais   c. arrivais / téléphonait

2 Une mauvaise expérience Cédric had a bad experience during his last family vacation. Rewrite each underlined verb in the passé composé or the imparfait. (12 x 1 pt. each = 12 pts.)

Toute la famille (1) part en vacances. Papa (2) appelle l'hôtel le matin pour réserver une chambre. Nous (3) arrivons à l'hôtel mais on (4) ne trouve pas notre réservation. Papa (5) n'est pas du tout content et mon petit frère (6) commence à pleurer (*cry*). Nous (7) attendons à la réception pendant deux heures et finalement l'hôtelier (8) réussit à trouver une autre chambre. Nous (9) prenons la clé et nous (10) montons l'escalier pour aller au deuxième étage. Nous (11) entrons dans la chambre et… il n'y (12) a pas de lit (*bed*)! Quelle horreur!

1. _____   5. _____   9. _____
2. _____   6. _____   10. _____
3. _____   7. _____   11. _____
4. _____   8. _____   12. _____

3 Assemblez Write complete sentences in the past tense using the cues. Pay attention to words that signal which past tense to use. (4 x 1 pt. each = 4 pts.)

1. tout à coup / Mme Dialo / avoir peur

_____

2. mes cousines / boire / parfois / thé

_____

3. nous / vivre en Chine / pendant deux ans

_____

4. vous / être médecin / quand / vous / rencontrer / Clarisse / ?

_____

Nom _____ Date _____

Leçon PA.2

GRAMMAR QUIZ II
The *passé composé* vs. the *imparfait* (Part 2)

1 Imaginez Complete these sentences using the passé composé or the imparfait as appropriate.
(5 x 1 pt. each = 5 pts.)

1. Nous avons acheté un anorak parce que/qu' _____.
2. J'ai écrit à mes grands-parents parce que/qu' _____.
3. Il était minuit quand _____.
4. Ma mère est descendue au sous-sol parce que/qu' _____.
5. Mon voisin voyageait en Europe quand _____.

2 Assemblez Write five complete sentences using an element from each column in every sentence. Use the
passé composé and/or the **imparfait** as appropriate. Add other words as necessary. (5 x 1 pt. each = 5 pts.)

je/j'	**aller à la bibliothèque**		**prendre un avion**
tu	**téléphoner à la police**		**avoir un accident**
mes copains et moi	**maigrir beaucoup**	**quand**	**faire de la gym**
mes professeurs	**conduire à l'aéroport**	**parce que**	**rendre des livres**
on	**regarder sa montre**		**tomber dans la salle de bains**
mes tantes	**dormir à la maison**		**manger des fruits**
ma soeur	**avoir douze ans**		**arriver de Paris**

1. _____
2. _____
3. _____
4. _____
5. _____

3 Un jour occupé Write a paragraph with five sentences describing what you did yesterday. Tell where you
and your friends or family went, what you did, and how you felt about the day. Use the **passé composé** and
the **imparfait**. (10 pts.)

_____
_____
_____
_____
_____
_____

Nom ______________________________ Date ______________

Unité préliminaire
Leçon PA

LESSON TEST I

1 Chez moi Listen to Thierry describe different rooms in his house. Choose the room that corresponds to each description you hear.

1. a. le salon
   b. la chambre
   c. la cave
2. a. les toilettes
   b. le couloir
   c. l'escalier
3. a. la salle à manger
   b. la cuisine
   c. la salle de bain
4. a. la salle de séjour
   b. le sous-sol
   c. le balcon
5. a. le garage
   b. le jardin
   c. le salon

2 Qu'est-ce que c'est? Complete each sentence logically based on the illustration. (6 x 3 pts. each = 18 pts.)

1. Dans la chambre, il y a trois ______________________.avec des livres.
2. La femme au téléphone est assise (*sitting*) dans ______________________et elle a les pieds (*feet*) sur ______________________.
3. Sur le mur, il y a ______________________.
4. Si on descend un étage, on arrive ______________________.
5. Dans la chambre, il y a deux ______________________: un lit et une commode.

© by Vista Higher Learning, Inc. All rights reserved.

Nom _____ Date _____

3 **Les vacances** Emmanuelle is talking about her vacation. Complete her statements with the correct form of the **passé composé** or the **imparfait** of the verbs in parentheses. (6 x 3 pts. each = 18 pts.)

1. Je _____ (partir) en vacances en Italie.

2. Je/J' _____ (rendre) visite à mon cousin, Giovanni.

3. En général, le matin, je/j' _____ (aller) au marché.

4. Il _____ (pleuvoir) seulement une fois pendant mon séjour.

5. Un jour, nous _____ (faire) un pique-nique à la campagne.

6. Ce/C' _____ (être) vraiment fantastique!

4 **Une mauvaise expérience!** Jean-Luc's family rented a vacation apartment, but it wasn't quite what they expected. Complete the paragraph about their experience with the **passé composé** or the **imparfait**. (8 x 3 pts. each = 24 pts.)

Le mois dernier, nous (1) _____ (louer) un appartement pendant (*for*) une semaine. D'abord, on (2) _____ (avoir) beaucoup de difficultés à trouver l'adresse et en plus, il (3) _____ (pleuvoir). Finalement, nous (4) _____ (trouver) l'appartement. Il se trouvait (*was located*) au cinquième étage d'un vieil immeuble et il n'y (5) _____ (avoir) pas d'ascenseur! Nous (6) _____ (monter) l'escalier avec toutes nos valises. Et figure-toi que, quand nous (7) _____ (entrer) dans l'appartement, on a réalisé qu'il (8) _____ (ne pas être) meublé (*furnished*)! Quel cauchemar (*nightmare*)!

5 **À vous!** In a paragraph of at least five complete sentences, describe the home you lived in when you were a child. Tell whether it was a house or an apartment, how many rooms there were, and how each was furnished. (5 x 4 pts.= 20 pts.)

_____

_____

_____

_____

_____

_____

_____

_____

_____

_____

_____

_____

_____

_____

Leçon PA Lesson Test I

Nom _____ Date _____

Unité préliminaire
Leçon PA

LESSON TEST II

1 Conversations Aline and Noah are talking about where they live. Choose the location that corresponds to each description you hear. (5 x 4 pts. each = 20 pts.)

1. a. un immeuble
   b. un quartier
   c. un studio

2. a. un appartement
   b. un quartier
   c. un logement

3. a. un appartement
   b. un quartier
   c. un studio

4. a. un jardin
   b. un garage
   c. un couloir

5. a. la salle de bains
   b. la salle à manger
   c. la cuisine

2 Qu'est-ce qu'il y a? Write a description of each photo. Tell what room it is and list the furniture you see. (2 x 9 pts. each= 18 pts.)

A

B

A. _____
_____
_____

B. _____
_____
_____

3 **Quel cauchemar!** Muriel and her mother had an unpleasant vacation. Complete Muriel's sentences with the **passé composé** or the **imparfait** of the verbs provided. (6 x 3 pts. each = 18 pts.)

1. Maman _____ (perdre) son passeport à l'aéroport.

2. Nous _____ (arriver) très tard à l'hôtel.

3. On _____ (annuler) notre réservation.

4. L'hôtelier nous _____ (donner) la seule chambre libre au rez-de-chaussée.

5. La chambre _____ (avoir) deux petits lits pas très confortables.

6. La salle de bains _____ (ne pas être) très propre (*clean*).

4 **Une bonne surprise!** Farid is talking about what happened last weekend. Complete his paragraph with the **passé composé** or the **imparfait** of the verbs provided. (8 x 3 pts. each = 24 pts.)

Le week-end dernier, il (1) _____ (neiger) et il (2) _____
(faire) un temps épouvantable. Je (3) _____ (ne pas avoir) envie de sortir.
Alors, je (4) _____ (rester) à la maison toute la journée samedi.
Je (5) _____ (lire) un roman quand quelqu'un (6) _____
(frapper) à la porte. Ce/C' (7) _____ (être) ma meilleure amie, Ayesha! Elle
(8) _____ (venir) de Tunisie pour me rendre visite. Quelle merveilleuse surprise!

5 **À vous!** Write a paragraph of at least five complete sentences, describing the home you lived in when you were in elementary school. Tell whether it was a house or an apartment, how many rooms there were, what furniture was in each room, and if there was a yard and/or a garage. (5 x 4 pts. each = 20 pts.)

_____

_____

_____

_____

_____

_____

_____

_____

_____

_____

_____

_____

_____

_____

_____

_____

Nom _____ Date _____

Leçon PB

VOCABULARY QUIZ I

1   Chassez l'intrus Select the word that does not belong in each group. (5 x 1 pt. each = 5 pts.)

1. débarrasser la table, faire le lit, laver la vaisselle
2. un oreiller, un drap, une poubelle
3. un sèche-linge, un appareil électrique, un balai
4. un évier, un lavabo, un tapis
5. un lave-vaisselle, un fer à repasser, un frigo

2   Au travail Read each situation. Then complete the statement that follows to say what chore needs to be done. Use the infinitive form of the verb. (5 x 1 pt. each = 5 pts.)

1. La maison n'est pas propre. On a besoin de/d' _____.
2. Tout est en desordre (*messy*). On a besoin de/d' _____.
3. On a lavé la vaisselle. On a besoin de/d' _____.
4. Le tapis est sale. On a besoin de/d' _____.
5. On va manger dans la salle à manger. On a besoin de/d' _____.

3   Le ménage Mme. Sarteau is telling her kids to do various chores around the house. Complete these sentences with the appropriate words. (10 x 1 pt. each = 10 pts.)

1. Mets les vêtements _____ dans le lave-linge!
2. N'oublie pas de mettre la glace dans le _____ et le beurre dans le
   _____.
3. Mets la belle _____ que j'ai achetée sur ton lit!
4. Tu vas faire des toasts? Voilà le _____.
5. Toute la famille a déjà dîné. Rémy, tu _____ la table?
6. Camille, réchauffe (*reheat*) la soupe dans le _____.
7. Le gâteau est tout chaud dans le _____. C'est notre dessert pour ce soir.
8. Prépare le café avec la _____!
9. Françoise, fais attention à la sauce sur la _____, s'il te plaît!

Leçon PB

VOCABULARY QUIZ II

1 Complétez Tell what chores you and your family do. Complete these phrases without repeating any chores. (5 x 1 pt. each = 5 pts.)

1. D'habitude, mon père _____.

2. Chez moi, maman _____.

3. Hier, je/j' _____.

4. Je déteste _____.

5. Quand j'avais dix ans, je _____ tous les jours.

2 Un nouvel appartement You and your family just moved into a new apartment. Write an e-mail to your grandparents telling them about all the appliances, linens, and accessories that you have in your new home. (7 pts.)

_____

_____

_____

_____

_____

_____

_____

3 Une note à maman Your mother left you in charge of making sure that you and your siblings finish all the household chores. Leave a note telling her four things you and your siblings did. (4 x 2 pts. each = 8 pts.)

_____

_____

_____

_____

_____

_____

_____

_____

_____

_____

Nom _____ Date _____

Leçon PB.1

GRAMMAR QUIZ I
The *passé composé* vs. the *imparfait* (Summary)

1 Mettez au passé Rewrite these sentences in the passé composé or the imparfait using the cues provided. (5 x 1 pt. each = 5 pts.)

1. La vieille femme descend au sous-sol. (tout à coup)

   _____

2. Christophe et Danielle montent ces escaliers. (souvent)

   _____

3. Saliou et toi perdez vos calculatrices. (hier soir)

   _____

4. Marianne part pour Paris. (un jour)

   _____

5. Simon et moi mangeons au restaurant japonais. (parfois)

   _____

2 Quelle expérience! Caroline is talking about a discovery that she and her brother Jean-Paul once made. Put the verbs in parentheses in the passé composé or the imparfait. (5 x 1 pt. each = 5 pts.)

Quand nous (1) _____ (être) jeunes, mon frère et moi (2) _____ (aller) souvent à la plage pendant les vacances d'été. Nous (3) _____ (nager) tranquillement dans la mer. Un jour, Jean-Paul (4) _____ (trouver) une petite boîte rouge dans le sable (*sand*). Et dans la boîte, il y (5) _____ (avoir) un trésor (*treasure*) inimaginable!

3 Assemblez Write complete sentences in the past tense using the cues provided. Use the passé composé and the imparfait as needed. (5 x 2 pts. each = 10 pts.)

1. Nadine / faire la lessive / quand / ses copines / arriver

   _____

2. mes parents / dormir / quand / horloge / tomber du mur

   _____

3. nous / balayer la cuisine / quand / Hubert / sortir la poubelle

   _____

4. vous / jouer ensemble / quand / nous / quitter la maison

   _____

5. il / ranger sa chambre / quand / son ami / appeler

   _____

Leçon PB.1

GRAMMAR QUIZ II
The *passé composé* vs. the *imparfait* (Summary)

1   **Des excuses** Martin and his siblings did not finish their chores. He explains to his mother what interrupted each of them. Complete their conversation in a logical manner. (5 x 1 pt. each = 5 pts.)

MAMAN   Pourquoi n'as-tu pas passé l'aspirateur?

MARTIN   Je _____.

MAMAN   Et Simone et Valérie n'ont pas balayé la cuisine?

MARTIN   Elles _____.

MAMAN   Regarde toutes ces chemises qui sont toujours dans le lave-linge! Où est Chloé?

MARTIN   Elle _____.

MAMAN   Et la vaisselle?

MARTIN   Noah et moi _____.

MAMAN   Et je suppose que Benjamin n'a pas rangé sa chambre?

MARTIN   Il _____.

2   **Assemblez** Use elements from each column to write five sentences using the passé composé or the imparfait. Add words as necessary. (5 x 1 pt. each = 5 pts.)

parfois	je	faire la lessive
souvent	tu	rentrer à la maison
une, deux fois…	mon père	rencontrer…
l'année dernière	mon/ma meilleur(e)	parler à…
tous les jours	ami(e) et moi	tomber
soudain	mes grands-parents	aller…

1. _____

2. _____

3. _____

4. _____

5. _____

3   **Hier** Write a paragraph with five sentences about what was going on at your house when your parent(s) came home from work. Use the **passé composé** and the **imparfait**. (5 x 2 pts. each = 10 pts.)

_____

_____

_____

_____

_____

Nom _____ Date _____

Leçon PB.2

GRAMMAR QUIZ I
The verbs *savoir* and *connaître*

1 Quel verbe? Choose **savoir** or **connaître** to complete each sentence. (5 x 1 pt. each = 5 pts.)

1. Vincent (sait / connaît) tous les clubs de jazz.
2. Karine ne (sait / connaît) pas comment aller au musée?
3. Le voisin (sait / connaît) tous les membres de ma famille.
4. (Sait / Connaît)-elle où envoyer les lettres?
5. Mon oncle ne (sait / connaît) pas quoi dire quand Cécile raconte ses problèmes.

2 Complétez Complete each conversation with the present or a past tense of savoir or connaître. (10 x 1 pt. each = 10 pts.)

1. — Est-ce que tu _____ la soeur de Marco?
   — Non, mais je/j' _____ ses parents l'année dernière à Rome.

2. — Tu _____ faire de la planche à voile?
   — Oui, mais malheureusement, je ne _____ pas de bonnes plages près d'ici.

3. — _____ -ils parler espagnol?
   — Oui, ils _____ beaucoup d'élèves mexicains.

4. — Ton amie ne _____ pas qu'il y avait une fête?
   — Non, elle le/l' _____ seulement ce matin et elle a été très fâchée!

5. — Ton frère _____ -il cette fille?
   — Non, mais il _____ son numéro de téléphone!

3 Répondez Answer the questions using the cues provided. (5 x 1 pt. each = 5 pts.)

1. Thomas connaît-il les enfants de Stéphanie? (hier)

   _____

2. Pourquoi prenez-vous le bus? (ne pas savoir conduire)

   _____

3. Tu n'as pas dit bonjour à la soeur de Maurice hier? (ne pas reconnaître)

   _____

4. Où est-ce que Léo et Claudine vont dîner? (connaître un bon restaurant québécois)

   _____

5. Léa et toi allez préparer quelque chose à manger? (ne pas savoir faire la cuisine)

   _____

Nom _____ Date _____

Leçon PB.2

GRAMMAR QUIZ II
The verbs *savoir* and *connaître*

1 Questions personnelles Answer these questions using **savoir** or **connaître**. (5 x 1 pt. each = 5 pts.)

1. Qui dans ta famille sait parler une langue étrangère?

   _____

2. Est-ce que tes parents connaissent des chansons françaises?

   _____

3. Connais-tu bien la ville où tu habites?

   _____

4. Est-ce que tes parents savent jouer d'un instrument? De quel instrument?

   _____

5. Tes amis et toi, connaissez-vous de bons restaurants dans votre quartier?

   _____

2 Parce que... Write a logical explanation for each statement. Use savoir or connaître in each response.
(4 x 2 pts. each = 8 pts.)

1. Mon ami dîne toujours au restaurant.

   _____

2. Les enfants n'aiment pas aller à la plage.

   _____

3. Damien n'a pas parlé à la nouvelle étudiante.

   _____

4. Rosalie va rendre visite à ses cousines en France et elle est très nerveuse.

   _____

3 Mon correspondant Write an e-mail to a French e-pal to find out what sports or activities he knows how to
do and and how familiar he is with North American culture (food, movies, actors, singers, etc.). Ask your
e-pal at least four questions using savoir and connaître. (7 pts.)

_____
_____
_____
_____
_____
_____
_____

Nom _____ Date _____

Unité préliminaire
Leçon PB

LESSON TEST I

1 Une réponse logique A group of exchange students is staying with your family for a few days. Select the most logical response to each person's question(s) or statement. (6 x 4 pts. each = 24 pts.)

1. a. On les met dans le grille-pain.
   b. On les met dans l'aspirateur.
   c. On les met dans le congélateur.
2. a. Oui, ils sont gentils.
   b. Oui, ils sont pénibles.
   c. Oui, ils sont sales.
3. a. Tu essuies la table.
   b. Tu fais la vaisselle.
   c. Tu enlèves la poussière.
4. a. Tu vas faire la vaisselle?
   b. Tu vas sortir la poubelle?
   c. Tu vas faire ton lit?
5. a. Alors, achète une cafetière!
   b. D'accord, je vais les chercher.
   c. Il est où, le lave-linge?
6. a. Il faut mettre la table.
   b. Il faut débarrasser la table.
   c. Il faut faire la lessive.

2 Qu'est-ce que c'est? Identify the items in the illustrations. Don't forget to include appropriate articles! (10 x 2 pts. each = 20 pts.)

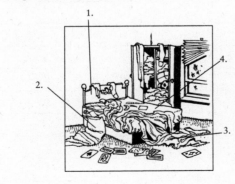 

1. _____   6. _____
2. _____   7. _____
3. _____   8. _____
4. _____   9. _____
5. _____   10. _____

3 Interruptions Say that something happened while something else was already going on. Use the **passé composé** and the **imparfait**. (8 x 3 pts. each = 24 pts.)

1. M. Robert _____ (déménager) quand il _____ (commencer) à pleuvoir.

2. Je _____ (balayer) quand Christine _____ (téléphoner).

3. Mon frère et ma soeur _____ (finir) leurs devoirs quand Karine et Alice _____ (sortir).

4. Pascal _____ (faire) la vaisselle quand elle _____ (arriver).

4 Savez-vous... A group of your older brothers friends are renting a house for a year. Complete the sentences with the correct forms of either **savoir** or **connaître**. (6 x 2 pts. each = 12 pts.)

1. Tu _____ ce quartier?

2. Non, mais je _____ qu'il y a beaucoup de restaurants.

3. On va partager les tâches ménagères. Claudine et Paul, est-ce que vous _____ repasser?

4. Non, mais nous _____ une femme qui adore faire ça.

5. Pierre et toi, _____ cette femme?

6. Non, mais Claudine et Paul la _____

5 À vous! Write a paragraph of at least five complete sentences in which you tell three household chores you regularly do now and two chores you used to do when you were younger. (5 x 4 pts. = 20 pts.)

_____

_____

_____

_____

_____

_____

_____

_____

_____

_____

_____

_____

_____

_____

_____

_____

Nom _____ Date _____

Unité préliminaire
Leçon PB

LESSON TEST II

1 **Une réponse logique** A group of exchange students is staying with your family for a few days and you are talking about various household tasks. Select the most logical answer to each person's question. (6 x 4 pts. each = 24 pts.)

1. a. Tu balaies la cuisine.
   b. Tu utilises un fer à repasser.
   c. Tu ranges ta chambre.

2. a. Il est dans le frigo.
   b. Il est dans le four.
   c. Il est dans le placard.

3. a. Il faut mettre la table.
   b. Il faut repasser le linge.
   c. Il faut débarasser la table.

4. a. Dans le grille-pain.
   b. Dans le congélateur.
   c. Dans le lave-vaisselle.

5. a. Non, je ne trouve pas l'oreiller.
   b. Non, je ne trouve pas l'évier.
   c. Non, je ne trouve pas la cuisinière.

6. a. Du lave-vaisselle.
   b. De la cafetière.
   c. Du lave-linge.

Nom _____ Date _____

2 Qu'est-ce que c'est? Write two sentences for each image. Tell what the person is doing in the first sentence and name the objects and/or appliances you see in the second. (4 x 5 pts. each = 20 pts.)

1.   2.   3.   4.

1. _____

_____

_____

2. _____

_____

_____

3. _____

_____

_____

4. _____

_____

_____

3 Interruptions Say that something interrupted something else that was already going on. Use the passé composé and the imparfait to complete these sentences. (8 x 3 pts. each = 24 pts.)

1. Je/J' _____ (aller) sortir quand tu _____ (téléphoner).

2. Frédéric _____ (passer) l'aspirateur quand nous _____ (partir).

3. Vous _____ (écrire) un e-mail quand Sylvie _____ (arriver).

4. Monsieur et Madame Rousseau _____ (faire) une promenade quand il _____ (commencer) à neiger.

4 Savez-vous... A group of your older brother's friends is renting a house together. Complete the sentences with the correct forms of either **savoir** or **connaître**. (6 x 2 pts. each = 12 pts.)

1. Patrice, tu _____ la propriétaire de cette maison?

2. Non, mais Thierry la _____.

3. Oui, elle est extraordinairement sympa. Vous _____ qu'elle va faire toutes nos tâches ménagères?

4. C'est excellent! Moi, je ne _____ même pas faire la vaisselle.

5. Et nous ne _____ pas repasser le linge. On a vraiment de la chance!

6. Eh, vous deux! Vous me _____ mal! C'est une blague.

5 À vous! Write a paragraph of at least five complete sentences in which you tell three household chores you regularly do now and two chores you used to do when you were younger. (5 x 4 pts. = 20 pts.)

_____

_____

_____

_____

_____

_____

_____

_____

_____

_____

_____

_____

_____

_____

_____

Nom _____ Date _____

Unité préliminaire
Leçons A et B

UNIT TEST I

1 Dans le passé Listen to these statements. Then decide whether these events happened at a specific moment in the past (**Événement unique**) or if they happened repeatedly (**Habitude**). (8 x 1 pt. each = 8 pts.)

1. _____ Événement unique _____ Habitude
2. _____ Événement unique _____ Habitude
3. _____ Événement unique _____ Habitude
4. _____ Événement unique _____ Habitude
5. _____ Événement unique _____ Habitude
6. _____ Événement unique _____ Habitude
7. _____ Événement unique _____ Habitude
8. _____ Événement unique _____ Habitude

2 Quel appareil? Say which appliance you need to do these things. Do not forget to use the corresponding definite articles. (10 x 1 pt. each = 10 pts.)

1. Pour faire le café: _____
2. Pour repasser les vêtements: _____
3. Pour faire cuire (*bake*) un gâteau: _____
4. Pour garder le lait frais (*fresh*): _____
5. Pour réchauffer (*reheat*) une boisson: _____
6. Pour faire des toasts: _____
7. Pour nettoyer la vaisselle: _____
8. Pour sécher les vêtements: _____
9. Pour laver les draps: _____
10. Pour faire des glaçons: _____

3 Dans le passé These events happened in the past. Write the correct form of the **passé composé** or the **imparfait** of verb in parentheses to complete each statement. (8 x 1 pt. each = 8 pts.)

1. Soudain, l'aspirateur _____ (tomber).
2. D'habitude, je _____ (balayer) ma chambre moi-même.
3. Les voisins _____ (déménager) tout à coup.
4. Mme Lacroix _____ (louer) tous les étés le même appartement.
5. Un jour, toi et tes frères, vous _____ (faire) toutes les tâches ménagères dans la maison.
6. À la campagne, nous _____ (salir) souvent nos chaussures.
7. Est-ce que tu _____ (nettoyer) ta chambre parfois le week-end?
8. Céline _____ (descendre) une fois au sous-sol.

Nom _____ Date _____

4   Savoir et connaître Complete each sentence with the correct infinitive or present tense form of **savoir**, **connaître**, or **reconnaître**. (10 x 1 pt. each = 10 pts.)

1. Je _____ faire la cuisine chez moi parce que je _____ bien ma cuisinière.

2. Vraiment, tu _____ ranger ta chambre? Prouve-le!

3. Nous allons déménager, mais nous ne _____ pas encore où.

4. Est-ce que tu _____ les propriétaires de cet immeuble? Ils habitent près d'ici?

5. Avant, ils _____ bien ce quartier, mais maintenant, tout a changé. C'est presque impossible de le _____.

6. On _____ que la cuisine est à droite, et le salon à gauche. Mais où sont les chambres?

7. Vous _____ cette lampe et ce tapis? Je les ai achetés dans votre magasin préféré.

8. Nous _____ mal les gens de l'appartement 32. Ils ont emménagé hier soir.

5   Autrefois et l'année dernière Use the correct form of the **passé composé** or the **imparfait** of the verbs in parentheses to say how things once were and what happened later. (12 x 1 pt. each = 12 pts.)

1. Autrefois, je ne _____ (savoir) pas faire le linge, mais l'année dernière j' _____ (apprendre).

2. Autrefois, nous ne _____ (connaître) pas Guillaume. Nous l' _____ (rencontrer) l'année dernière.

3. Autrefois, vous ne _____ (savoir) pas passer l'aspirateur. L'année dernière, vous _____ (essayer) une fois.

4. Autrefois, ils _____ (ne pas connaître) des problèmes dans le quartier, mais l'année dernière ils les _____ (connaître).

5. Autrefois, M. Vasseur _____ (savoir) quand les voisins partaient en vacances, mais l'année dernière il _____ (ne pas savoir).

6. Autrefois, tu _____ (connaître) bien ton placard, mais l'année dernière tu _____ (acheter) trop de vêtements et de chaussures.

6   On a nettoyé You and some friends cleaned your house. Say in what state everything was and what you did. Use the correct past tense forms of the verbs in parentheses. (12 x 1 pt. each = 12 pts.)

1. La vaisselle _____ (être) sale, donc je l' _____ (laver).

2. Il y _____ (avoir) de la poussière partout, donc nous la/l' _____ (enlever).

3. Les tapis n' _____ (être) pas propres, donc Samantha et Frédéric _____ (passer) l'aspirateur.

4. Il y _____ (avoir) du désordre (*mess*) partout, donc on _____ (ranger) la maison.

5. C' _____ (être) le jour des poubelles, donc nous les _____ (sortir).

6. Il _____ (falloir) laver les vêtements, et après, j' _____ (repasser) les chemises.

7 Chez moi M. Coquelin is talking about where he has lived. Complete his story using the correct **passé composé** or **imparfait** forms of the verbs in parentheses. (10 x 1 pt. each = 10 pts.)

Quand j' (1) _____ (être) encore lycéen, j' (2) _____ (habiter) avec mes parents. C' (3) _____ (être) pratique et confortable. Maman (4) _____ (faire) ma lessive et (5) _____ (nettoyer) aussi parfois ma chambre. Puis, je/j' (6) _____ (déménager) pour aller à l'université. Je/J' (7) _____ (louer) un petit studio et je/j' (8) _____ (habiter) seul pour la première fois. Évidemment, j' (9) _____ (apprendre) très vite à faire toutes les tâches ménagères. Deux années plus tard, je/j' (10) _____ (savoir) même faire la cuisine!

8 Au même moment Write a sentence to describe what these people were doing when something else happened. Use the **imparfait** or the **passé composé** as appropriate. (5 x 2 pts. each = 10 pts.)

1.   2.   3.

4.   5.

1. _____
_____

2. _____
_____

3. _____
_____

4. _____
_____

5. _____
_____

Nom _____ Date _____

9 **À vous!** Write a paragraph with five sentences that describes your actual home or one you dream of. In your paragraph, tell where you live, how many and what the rooms are, other features your home has (yard, garage, balcony, etc.), and some of its furnishings. (5 x 4 pts. each = 20 pts.)

_____

_____

_____

_____

_____

_____

_____

_____

_____

_____

_____

_____

_____

_____

_____

_____

_____

_____

_____

_____

_____

_____

_____

_____

_____

Nom _____ Date _____

Unité préliminaire
Leçons A et B

UNIT TEST II

1 Une histoire Listen to each statement and decide whether it narrates facts in a story (**Action**) or describes the setting (**Cadre**). (8 x 1 pt. each = 8 pts.)

1. _____ Action _____ Cadre
2. _____ Action _____ Cadre
3. _____ Action _____ Cadre
4. _____ Action _____ Cadre
5. _____ Action _____ Cadre
6. _____ Action _____ Cadre
7. _____ Action _____ Cadre
8. _____ Action _____ Cadre

2 Quel appareil? Say how or for what you use these appliances. (5 x 2 pts. each = 10 pts.)

> **Modèle**
>
> le grille-pain: *pour préparer des sandwichs*

1. le lave-linge: _____
2. la cafetière: _____
3. l'aspirateur: _____
4. le fer à repasser: _____
5. le lave-vaisselle: _____

3 Autrefois et l'année dernière Use the correct form of the **passé composé** or the **imparfait** of the verbs in parentheses to say how things once were and what happened later. (10 x 1 pt. each = 10 pts.)

1. Autrefois, je/j' _____ (habiter) avec ma mère, mais l'année dernière
   j' _____ (emménager) avec mon père.

2. Autrefois, tu _____ (faire) des promenades dans le quartier avec ton chien, mais
   l'année dernière ton chien _____ (mourir).

3. Autrefois, nous _____ (reconnaître) tous nos voisins. Mais pendant les deux dernières
   années, le quartier _____ (changer).

4. Autrefois, vous _____ (louer) votre maison. L'année dernière, vous l'
   _____ (acheter).

5. Autrefois, Aude et sa soeur _____ (vivre) avec leur famille. L'année dernière, elles
   _____ (prendre) un appartement.

 Unité P Unit Test II

Nom _____ Date _____

4   Le ménage You and a few friends cleaned your house. Complete each sentence using a different verbal expression and the **passé composé** to say what everyone did. (5 x 2 pts. each = 10 pts.)

1. La vaisselle était propre, donc je l' _____.

2. Les draps et les vêtements étaient sales, alors Khaled et Théo _____.

3. Le lavabo n'était pas propre, donc je l' _____.

4. Les poubelles sentaient mauvais, donc Brigitte les _____.

5. Le sol (*floor*) de la cuisine était sale, alors nous l' _____.

5   Notre appartement Your aunt and uncle found an apartment for rent. Complete their story by using the correct **passé composé** or **imparfait** forms of the verbs in parentheses. (8 x 1 pt. each = 8 pts.)

Nous (1) _____ (passer) tout samedi dernier à visiter des appartements. Le premier
(2) _____ (être) en plein centre-ville et assez grand, mais il n' (3) _____
(avoir) pas de salle de bain! Les autres n' (4) _____ (avoir) pas de jardin, mais nous
(5) _____ (finir) par louer le cinquième. Dimanche, ton oncle et moi, on
(6) _____ (commencer) à emménager. Il (7) _____ (mettre) le canapé
dans le salon et j' (8) _____ (passer) l'aspirateur dans la chambre.

6   On sait... Finish each of these sentences by using an appropriate present-tense form of savoir or **connaître**. Use the statements provided as cues. (6 x 2 pts. each = 12 pts.)

> **Modèle**
>
> Chérifa et moi, on va à l'école ensemble le matin.
> Je *connais bien Chérifa.*

1. Justin fait son lit tous les matins.
   Il _____.

2. Ma propriétaire n'a jamais rencontré mes parents.
   Elle _____.

3. Mes amis ne sont jamais venus dans mon immeuble.
   Ils _____.

4. Hervé et son frère sont incapables de faire leur lessive.
   Ils _____.

5. Vous allez au musée du Louvre quand vous êtes à Paris.
   Vous _____.

6. Je cuisine tout le temps.
   Je _____.

7 **Quel désordre!** Élisa hasn't cleaned for a while. Write four complete sentences using the **imparfait** and the **passé composé** to describe the mess in the illustration and say what Élisa did or did not do.
(4 x 3 pts. each = 12 pts.)

> **Modèle**

Il y avait du toast dans le grille-pain mais elle ne l'a pas mangé.

1. _____
   _____

2. _____
   _____

3. _____
   _____

4. _____
   _____

8 **Questions personnelles** Answer the questions with complete sentences. (5 x 2 pts. each = 10 pts.)

1. Est-ce que tu as déjà déménagé? Combien de fois et quand? _____
   _____

2. Quels meubles est-ce que tu as choisis pour ta chambre? _____
   _____

3. Est-ce que tu as mis des affiches au mur? De quoi? _____
   _____

4. Est-ce que tu as déjà fait la poussière dans ta chambre? _____
   _____

5. Est-ce que tu as déjà partagé la même chambre avec un de tes frères ou soeurs? _____
   _____

Nom _____ Date _____

9 À vous Write a paragraph with five sentences about the last time you helped clean up around the house. In your paragraph, tell what chores you did and in which rooms you did them, say what appliances or tools you used, and tell something you didn't do because you don't know how. (5 x 4 pts. each = 20 pts.)

_____

_____

_____

_____

_____

_____

_____

_____

_____

_____

_____

_____

_____

_____

_____

_____

_____

_____

_____

_____

_____

_____

_____

_____

           Unité P Unit Test II

Nom _____ Date _____

OPTIONAL TEST SECTIONS
Unité préliminaire

Leçon PA
ROMAN-PHOTO

1   L'appartement de Sandrine What rooms in Sandrine's apartment are pictured below?

_____ 1.

_____ 2.

_____ 3.

_____ 4.

_____ 5.

a. le salon

b. la salle à manger

c. la chambre

d. la cuisine

e. la salle de bains

Leçon PB

ROMAN-PHOTO

1 Choisissez Select the responses that best answer these questions according to what happened in **Roman-photo**.

1. Qui fait son lit?
   a. Stéphane
   b. Valérie
   c. Michèle

2. Qui sort les poubelles?
   a. Stéphane
   b. Valérie
   c. Michèle

3. Qui fait la lessive?
   a. Stéphane
   b. Valérie
   c. Michèle

4. Qui range sa chambre?
   a. Stéphane
   b. Valérie
   c. Michèle

5. Qui débarrasse la table?
   a. Stéphane
   b. Valérie
   c. Michèle

OPTIONAL TEST SECTIONS
Unité préliminaire

Leçon PA
CULTURE

1 **Choisissez** Select the answer that best completes the statement, according to the text.

1. La majorité de la population française habite…
   a. en ville.
   b. à la campagne.
   c. en banlieue.

2. En France, on trouve des maisons à colombages (*half-timbered*) dans…
   a. le sud (*south*).
   b. le nord (*north*).
   c. l'est (*east*).

3. On trouve des maisons en briques qui ont des toits en ardoise (*slate roofs*)…
   a. dans le nord.
   b. dans le sud.
   c. dans la région parisienne.

4. Pour voir (*see*) des maisons construites sur pilotis (*stilts*), on va en Afrique centrale et de l'Ouest et…
   a. au Viêt-nam.
   b. aux Antilles.
   c. au Canada.

5. Le château Frontenac est…
   a. dans la vallée de la Loire.
   b. en Provence.
   c. à Québec.

| 32 | **Culture** Test Items

Leçon PB

CULTURE

1 Vrai ou faux? Indicate whether these statements are **vrai** or **faux**. Correct the false statements.

	Vrai	Faux
1. Les logements français sont en général plus grands que les logements américains.	_____	_____
_____		
2. On trouve plusieurs appartements dans un immeuble.	_____	_____
_____		
3. Les appartements ont toujours un lave-vaisselle.	_____	_____
_____		
4. Les riads sont des bâtisses de terre (*earth dwellings*) qu'on trouve dans le Sud marocain.	_____	_____
_____		
5. Le Corbusier est l'inventeur de l'unité d'habitation, un concept sur les logements collectifs.	_____	_____
_____		

OPTIONAL TEST SECTIONS
Unité préliminaire

Flash culture

1 **Choisissez** Using what you remember from **Flash culture**, select the answer that best completes each sentence.

1. La vieille ville d'Aix-en-Provence est un _____ très pittoresque.
   a. escalier
   b. quartier
   c. loyer

2. Au centre-ville, les gens habitent normalement des _____.
   a. logements
   b. oreillers
   c. appartements

3. Pour les étudiants de l'Université d'Aix, il y a des .
   a. résidences
   b. couloirs
   c. murs

4. On trouve des avec jardin près du centre-ville.
   a. lavabos
   b. maisons
   c. immeubles

5. En France, les appartements ont très souvent des .
   a. garages
   b. terrasses
   c. balcons

Nom _____ Date _____

Panorama

1 Choisissez Select the answer that best completes the statement, according to the text on Paris.

1. Paris est divisée en _____ arrondisements (*districts*).
   a. deux
   b. dix
   c. vingt

2. Simone de Beauvoir est une _____ parisienne.
   a. écrivain
   b. actrice
   c. chanteuse.

3. On visite _____ pour voir (*to see*) les squelettes d'environ six millions de personnes.
   a. le Louvre
   b. les catacombes
   c. le tour Eiffel

4. La construction de la tour Eiffel marque le centième anniversaire de _____.
   a. la Révolution française.
   b. l'Exposition universelle.
   c. la ville de Paris.

5. Pendant les mois de juillet de d'août, on apporte _____ aux Parisiens.
   a. la plage
   b. la mer
   c. la montagne

6. _____ est un des plus grands musées du monde.
   a. Le musée d'Orsay
   b. Le centre Georges Pompidou
   c. Le Louvre

7. _____ a créé la pyramide du Louvre.
   a. Gustav Eiffel
   b. Hector Guimard
   c. I.M. Pei

8. Beacoup d'entrées du métro à Paris reflète le style _____.
   a. Art Déco
   b. Art Nouveau
   c. néo-classique

Nom _____ Date _____

OPTIONAL TEST SECTIONS
Unité préliminaire

Leçon PA
LECTURE SUPPLÉMENTAIRE

1 **Annonces immobilières** Read this list of available houses and apartments at a real estate agency. Then answer the questions as completely as possible.

Agence Immobilière de la Comédie
12 Place de la Comédie 34000 MONTPELLIER 04.67.89.57.23

À LOUER

Studio meublé 24 m², centre-ville
Boulevard des Arceaux
Cuisine américaine équipée
Salle de bains (douche) rénovée, W.-C. séparés
Meublé (canapé, armoire, table/chaises, étagères)
Tout confort
Proche arrêt de bus universités
Libre 01/12
490 €

Grand appartement dans résidence de charme
Quartier hôpitaux / universités
Grande salle de séjour, cuisine équipée,
2 chambres avec grands placards,
salle de bains (douche), W.-C.
3ème étage dans immeuble 4 étages avec ascenseur
2 balcons, cave, garage
Libre 01/01
1.200 €

À VENDRE

Maison de banlieue, quartier calme
20 minutes du centre-ville
Rez-de-chaussée: salon, salle à
manger, cuisine (nombreux placards)
1er étage: 3 chambres, salle de bains
(baignoire et douche) et toilettes
Jardin, piscine et garage
Près centre commercial et parc
390.000 €

Appartement 2 pièces
Centre-ville
Près cinéma et musée
Salon, cuisine, chambre,
salle de bains (douche), W.-C.
2ème étage
Quartier jeune et agréable
80.000 €

---

1. Combien d'appartements y a-t-il à louer? _____

2. Où est le grand appartement? _____

3. Quelles sont trois caractéristiques <u>uniques</u> du grand appartement? _____
_____

4. Quel logement n'est pas dans un immeuble? Donnez deux caractéristiques <u>uniques</u> de ce logement.
_____
_____

5. Comment est le quartier de l'appartement 2 pièces? Qu'est-ce qu'il y a dans ce quartier?
_____
_____

6. Quels logements n'ont pas de baignoire? _____

7. Quels meubles y a-t-il dans l'appartement meublé? _____
_____

8. Quel est le logement idéal pour un jeune étudiant qui n'a pas beaucoup d'argent. Pourquoi?
_____

Nom _____ Date _____

Unité préliminaire

Leçon PB
LECTURE SUPPLÉMENTAIRE

1 **Au pair** Nadine, a student from Martinique, is now attending **la Sorbonne** in Paris and working as an **au pair**. Read her letter, then answer the questions using complete sentences.

Cher papa, chère maman,

Me voilà à Paris! Ma première semaine à la Sorbonne a été bonne. J'adore mes cours et j'ai déjà rencontré des étudiants très sympas. La famille Arceneaux est super et je suis vraiment contente. Les enfants ont sept et cinq ans. Ils sont très gentils et ils aident pas mal à la maison, alors moi, je n'ai pas beaucoup de travail. Le matin, les enfants mettent leur chocolat chaud dans le four à micro-ondes et leurs toasts dans le grille-pain, alors c'est facile! Quand j'arrive dans la cuisine, le café est souvent tout chaud dans la cafetière, parce que Madame Arceneaux aime le préparer tôt le matin. Après, les enfants font la vaisselle dans l'évier et moi, je range un peu la cuisine. Ensuite, nous faisons les lits, puis nous partons. J'emmène les enfants à l'école à 8h30 et après, je vais à la fac. Le soir, c'est Monsieur Arceneaux qui fait la cuisine. Madame Arceneaux déteste ça! Elle préfère faire la vaisselle après le repas (les Arceneaux n'ont pas de lave-vaisselle parce que leur cuisine est trop petite). Les enfants mettent et débarrassent la table. Moi, deux ou trois fois par semaine, je fais la lessive. Nous avons un lave-linge et un sèche-linge dans l'appartement. C'est pratique. Le samedi matin, nous faisons le ménage ensemble. Les enfants rangent leur chambre, Madame Arceneaux passe l'aspirateur et moi, j'enlève la poussière. Voilà notre routine!

Grosses bises,
Nadine

---

1. Le matin, en général, que font d'abord les enfants Arceneaux? _____
   _____

2. Nadine prépare-t-elle souvent le café, le matin? Comment le savez-vous? _____
   _____

3. Que font Nadine et les enfants avant de partir à l'école? _____
   _____

4. Qui prépare les repas dans la famille Arceneaux? Pourquoi? _____
   _____

5. Où fait-on la vaisselle chez les Arceneaux? Pourquoi? _____
   _____

6. Que fait Nadine plusieurs fois par semaine? Est-ce qu'elle quitte l'appartement pour ça? Pourquoi
   ou pourquoi pas? _____
   _____
   _____

7. Le week-end, que fait chaque personne pour aider à la maison? _____
   _____

8. Est-ce que Nadine aime habiter avec la famille Arceneaux? Comment le savez-vous?
   _____
   _____

Nom _____ Date _____

Leçon 1A

VOCABULARY QUIZ I

1 **Associez** Choose an item from Column B to match each category in Column A. (5 x 1 pt. each = 5 pts.)

A	B
_____ 1. un lieu	a. le bœuf
_____ 2. un repas	b. la poire
_____ 3. un légume	c. l'escargot
_____ 4. un fruit	d. le thon
_____ 5. une viande	e. le déjeuner
	f. le champignon
	g. le supermarché

2 **Choisissez** Choose the most logical word to complete each sentence. (5 x 1 pt. each = 5 pts.)

1. Pour faire une salade de fruits, j'ai besoin de _____ (steaks / fraises / escargots).

2. Anita est végétarienne. Alors, elle n'achète pas de _____ (repas / poivrons verts / viande).

3. Au petit-déjeuner, je prends toujours _____ (des haricots / du thon / de la confiture).

4. Mes sœurs adorent les légumes, surtout _____ (les pêches / les poivrons rouges / le poulet).

5. Je vais sortir avec des amis. Alors, je ne vais pas manger _____ (de carottes / d'ail / de tomates)!

3 **Complétez** Complete each statement with a word from the list. (10 x 1 pt. each = 10 pts.)

cuisiner	légumes	oignons	pommes de terre	tarte
goûter	œufs	pâtes	riz	yaourt

1. On fait des frites avec des _____.

2. Les spaghetti sont les _____ préférées de mon petit frère.

3. Vers quatre heures de l'après-midi, Sébastien prend un fruit ou un pain au chocolat pour le

   _____.

4. Vous êtes allergique au lait? Ne prenez pas de _____ alors!

5. Ma sœur aînée ne sait pas du tout _____! C'est papa qui prépare les repas.

6. Les carottes, les petits pois et les haricots verts sont des _____.

7. Il faut des _____ pour faire une omelette.

8. Comme dessert, je vais préparer une _____ aux pommes.

9. En Asie, on mange beaucoup de _____.

10. Je ne pleure (*crying*) pas, je coupe (*cutting*) des _____!

Unité 1

Leçon 1A

VOCABULARY QUIZ II

1 Les ingrédients Name three ingredients you might use in each of these dishes. (4 x 1.5 pts. each = 6 pts.)

1. une tarte aux fruits _____
   _____

2. une salade _____
   _____

3. une soupe _____
   _____

4. un sandwich _____
   _____

2 Répondez Answer these questions with complete sentences. (5 x 1 pt. each = 5 pts.)

1. Qui cuisine bien dans ta famille?
   _____

2. Est-ce que tes amis et toi prenez un goûter après l'école? Qu'est-ce que vous prenez?
   _____

3. Qu'est-ce que tu aimes comme viande?
   _____

4. Qu'est-ce que tu as mangé hier soir?
   _____

5. Quels légumes est-ce que tu détestes?
   _____

3 Le menu You are in charge of planning the meals at home for tomorrow. Fill in three items you want to serve at each meal. Do not repeat any items. (3 x 3 pts. each = 9 pts.)

Au petit-déjeuner	Au déjeuner	Au dîner

 Leçon 1A Vocabulary Quiz II

Nom _____ Date _____

Leçon 1A.1

GRAMMAR QUIZ I
The verb *venir*, the *passé récent*, and time expressions

1 **Choisissez** Complete each sentence with **depuis**, **il y a** or **pendant**. (4 x 1 pt. each = 4 pts.)

1. Mes parents ont cuisiné _____ deux heures.

2. M. Colmar parle au téléphone _____ son retour chez lui.

3. _____ vingt minutes, j'étais au marché.

4. J'ai nettoyé la cuisine _____ trois heures cet après-midi.

2 **Complétez** Write the correct forms of the verbs in parentheses. Use the present tense, the **passé composé**, or the **imparfait** according to the context. (8 x 1 pt. each = 8 pts.)

1. Nous _____ (venir) toujours quand tu nous invites.
2. Sandrine _____ (revenir) hier soir avec son copain Jean-Luc.
3. Renée et Charles ont déménagé mais leur voisine _____
   (ne pas retenir) leur adresse.
4. Quand j'étais enfant, M. et Mme Martin _____ (venir) souvent
   nous rendre visite.
5. Claire et sa sœur _____ (devenir) célèbres l'année dernière.
6. Mon frère a mangé toutes les fraises, mais il _____ (maintenir) son innocence!
7. Laurent et Mathilde finissent leurs études (*studies*). Ils _____ (devenir) chefs
   de cuisine.
8. Vous _____ (tenir) un livre et vous cuisinez en même temps!

3 **Ça vient d'arriver!** Answer each question affirmatively using the **passé récent**. (4 x 2 pts. each = 8 pts.)

> Modèle
>
> Est-ce que j'ai pris de l'aspirine?
> *Oui, tu viens de prendre de l'aspirine!*

1. Est-ce que tu as fini la tarte aux pommes?

   _____

2. Est-ce que ta mère a fait les courses?

   _____

3. Jean et toi, vous avez déjeuné?

   _____

4. Ont-elles mis le poulet dans le four?

   _____

Nom _____ Date _____

Leçon 1A.1

GRAMMAR QUIZ II
The verb *venir*, the *passé récent*, and time expressions

1   Ma vie Use the following cues to write sentences in the **passé composé** about what has happened in your life. (4 x 1 pt. each = 4 pts.)

1. le cours de français / devenir _____

2. je / retenir _____

3. les camarades de classe / maintenir _____

4. tes amis et toi / revenir _____

2   Complétez Complete these phrases logically using the **passé récent**. (6 x 1 pt. each = 6 pts.)

1. Je n'ai pas faim parce que/qu'…

   _____

2. Nous n'avons pas besoin d'aller au supermarché parce que/qu'…

   _____

3. Mon père n'a pas envie de sortir parce que/qu'…

   _____

4. Mes amis sont fatigués parce que/qu'…

   _____

5. Le professeur n'est pas heureux parce que/qu'…

   _____

6. Mes parents sont inquiets parce que/qu'…

   _____

3   Questions personnelles Answer these questions using the expressions **pendant**, **depuis**, or **il y a**. (5 x 2 pts. each = 10 pts.)

1. Qu'est-ce que tu as fait hier?

   _____

2. Tes amis et toi, depuis quand est-ce que vous étudiez dans ce lycée?

   _____

3. Est-ce que tu as vu un film étranger récemment (*recently*)?

   _____

4. Quand est-ce que tu as parlé à tes grands-parents?

   _____

5. Quand est-ce que tu étais à la bibliothèque?

   _____

Nom _____ Date _____

Leçon 1A.2

GRAMMAR QUIZ I
The verbs *devoir, vouloir, pouvoir*

1 Complétez Complete each sentence with the correct form of the verb in parentheses. Use the present tense for items 1-6 and the **passé composé** or the **imparfait** for items 7-10. (10 x 1 pt. each = 10 pts.)

1. Qu'est-ce que je _____ (devoir) faire pour avoir de bonnes notes?

2. Maryse et Cléo _____ (vouloir) vraiment maigrir.

3. Qu'est-ce que cette expression _____ (vouloir) dire?

4. Est-ce que tu _____ (pouvoir) faire les courses ce matin?

5. (vouloir) _____ -vous acheter une tarte aux fraises?

6. Les enfants _____ (devoir) manger leurs légumes.

7. Papa _____ (devoir) oublier ses clés à la maison hier.

8. Quand nous étions petits, nous _____ (devoir) mettre la table tous les soirs.

9. Vous _____ (pouvoir) tout finir le week-end dernier.

10. Hier au dîner, Zoé _____ (ne pas vouloir) prendre de dessert.

2 Une surprise-partie! Malik is having a party for his sister. Use the elements below to write sentences telling how each person is helping out. (5 x 1 pt. each = 5 pts.)

1. Benoît et toi, vous / devoir / choisir / la musique

   _____

2. Samir et Farida / pouvoir / acheter / les boissons

   _____

3. Alisha et moi, nous / vouloir / préparer / deux / gâteaux

   _____

4. je / devoir / laver / le tapis

   _____

5. tu / vouloir / aller / au supermarché

   _____

3 Le week-end Complete Amadou and Djeneba's conversation logically using the correct present tense forms of **pouvoir, devoir**, or **vouloir**. (5 x 1 pt. each = 5 pts.)

DJENEBA: Dis Amadou, qu'est-ce que tu (1) _____ faire ce samedi?

AMADOU: Je (2) _____ vraiment aller voir (*see*) le nouveau film français

mais je ne (3) _____ pas parce que mon frère et moi

(4) _____ faire les courses et aider maman à cuisiner.

Mes grands-parents viennent dîner alors on (5) _____

aussi balayer toute la maison!

Nom _____ Date _____

Leçon 1A.2

GRAMMAR QUIZ II
The verbs *devoir, vouloir, pouvoir*

1 Assemblez Write five sentences using an element from each column and your own ideas.
(5 x 1 pt. each = 5 pts.)

je/j'	(ne pas) devoir	aller
mon ami(e)	(ne pas) pouvoir	avoir
mes camarades de classe	(ne pas) vouloir	cuisiner
		être
le professeur		étudier
nous		expliquer
on		faire

1. _____
2. _____
3. _____
4. _____
5. _____

2 Complétez Write an ending for each statement using **devoir**, **vouloir**, or **pouvoir**. (5 x 2 pts. each = 10 pts.)

1. Je peux sortir avec des copains mais… _____
2. Mon père a dû rentrer tôt hier parce que/qu'… _____
3. Mes grands-parents veulent voyager mais… _____
4. Mon ami ne peut pas échouer au cours parce que/qu'… _____
5. Mes amis voulaient venir chez moi mais… _____

3 Mon journal You are having a bad weekend and feeling blue. Write a short journal entry telling about something you want to do but cannot because you have to do something else. Use the verbs **devoir**, **vouloir**, and **pouvoir**. (5 pts.)

_____
_____
_____
_____
_____
_____
_____
_____
_____

Unité 1
Leçon 1A

LESSON TEST I

1   Conversations Listen to the following conversations and select the most logical continuation for each. (5 x 4 pts. each = 20 pts.)

1. a. Il y a deux heures.
   b. Depuis deux heures.
   c. À deux heures.

2. a. Si, mais je préfère les œufs.
   b. Non, je ne mange jamais de viande.
   c. Tu sais, je déteste le thon.

3. a. De la confiture.
   b. Un pâté de campagne.
   c. Une tarte aux fraises.

4. a. Un gros oignon, s'il vous plaît.
   b. De la nouriture, s'il vous plaît.
   c. Un goûter, s'il vous plaît.

5. a. Un petit-déjeuner.
   b. Un steak et des petits pois.
   c. Un marché.

2   Les couleurs et les aliments List two fruits or vegetables that fall into each category, based on the color. (10 x 2 pts. each = 20 pts.)

rouge   blanc   vert

1. _____   3. _____   5. _____

2. _____   4. _____   6. _____

jaune   orange

7. _____   9. _____

8. _____   10. _____

3 La famille d'Isa Complete Isa's sentences about her family with the correct forms of the verbs from the list. Use the present tense, the **passé composé** or the infinitive. (5 x 2 pts. each = 10 pts.)

venir	retenir	tenir	devenir	revenir

1 Ma sœur est très intelligente. Elle _____ médecin il y a deux ans.

2. Quand mes parents sont partis en vacances, on les _____ à la douane pendant des heures!

3. Sur cette photo, ma tante est la femme qui _____ le livre dans sa main (*hand*).

4. Mon cousin et ses amis _____ de _____ d'Angleterre. Ils ont beaucoup aimé!

4 Il y a... Lisette and her friends are having a party. Write affirmative answers to the questions using **venir de**, **il y a**, **depuis**, and **pendant**. Use each expression at least once. (6 x 3 pts. each = 18 pts.)

1. Tu as sorti la poubelle? _____

2. Marie et Yves ont déjà fait les courses? _____

3. Vous avez sorti les boissons? _____

4. Pendant combien de temps met-on ça au four? _____

5. Vous avez préparé la tarte aux fruits? _____

6. Murielle attend les invités? _____

5 Choisissez Complete each sentence with the correct form of **devoir**, **pouvoir**, or **vouloir**. Pay attention to the adverbs that indicate verb tense. (6 x 2 pts. each = 12 pts.)

1. Aujourd'hui, je _____ (devoir) faire les courses, mais je _____ (ne pas vouloir) les faire.

2. Hier, Julien _____ (vouloir) sortir, mais ses copains _____ (ne pas pouvoir).

3. Autrefois, Patrick _____ (vouloir) toujours faire la cuisine, même quand il _____ (devoir) faire ses devoirs.

6 À vous! Write a paragraph of at least five complete sentences describing a typical breakfast, lunch, dinner, and snack you have during the week. (5 x 4 pts. each = 20 pts.)

_____

_____

_____

_____

_____

_____

Unité 1
Leçon 1A

LESSON TEST II

1 Conversations Listen to the following conversations and select the most logical continuation for each.
(5 x 4 pts. each = 20 pts.)

1. a. Des pâtes et une salade, s'il te plaît.
   b. Des œufs et un yaourt, s'il te plaît.
   c. Du poulet et des haricots verts, s'il te plaît.

2. a. Si, mais je préfère le porc.
   b. Tu sais, j'adore le thon.
   c. Non, je suis végétarienne.

3. a. Des champignons.
   b. Une tarte aux pommes et de la glace.
   c. Des poivrons et des oignons.

4. a. D'accord. Tu peux prendre aussi de la confiture?
   b. D'accord. Tu peux prendre aussi du pâté?
   c. D'accord. Tu peux prendre aussi de la laitue?

5. a. Du poisson et des haricots verts.
   b. Des fruits de mer et des petits pois.
   c. Des pêches et des oranges, s'il te plaît.

2 **On vient de prendre…** Based on the illustrations, say what the following people just had at the restaurant, using **venir de**. (12 x 2 pts. each = 24 pts.)

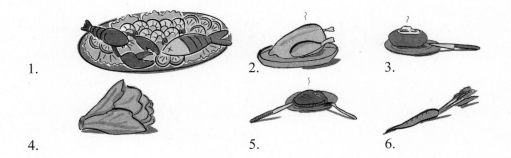

1.   2.   3.
4.   5.   6.

1. Armand et Jamel _____ de prendre des _____ .

2. Nous _____ de prendre du _____ .

3. Yvette _____ de prendre une _____ .

4. Je _____ de prendre de la _____ .

5. Tu _____ de prendre un _____ .

6. Vous _____ de prendre une _____ .

3 **Ma famille** Complete Charles' sentences about his family. with the correct forms of the verbs from the list. Use the present tense, the **passé composé**, or the infinitive. (4 x 3 pts. each = 12 pts.)

| devenir | retenir | revenir | tenir |

1. Mon cousin est intelligent. Il _____ médecin il y a trois mois.

2. Quand mon oncle et ma tante sont partis en vacances, on les _____ à la douane pendant longtemps.

3. Ma grand-mère est la femme qui _____ le livre dans sa main (*hand*) sur cette photo.

4. Ma sœur vient de _____ d'Angleterre. Elle a adoré!

4 **Il y a…** Lisette and her friends are having a party. Write affirmative answers to the questions using **venir de**, **il y a**, **depuis**, and **pendant**. Use each expression at least once. (6 x 2 pts. each = 12 pts.)

1. Julie et Gilbert ont préparé la tarte? _____

2. Salima a déjà fait les courses? _____

3. Pendant combien de temps met-on ça au four? _____

4. Vous avez sorti les boissons? _____

5. Tu as sorti la poubelle? _____

6. On attend les invités? _____

5 **Choisissez** Complete each sentence with the correct form of **devoir**, **pouvoir**, or **vouloir**. Pay attention to adverbs that indicate tense. (6 x 2 pts. each = 12 pts.)

1. Tu _____ (devoir) bientôt préparer le dessert. Les invités arrivent!

2. Hier, Élisabeth _____ (pouvoir) finir le dîner et le dessert.

3. Les enfants _____ (ne pas vouloir) nettoyer leurs chambres hier soir.

4. Est-ce que vous _____ (pouvoir) m'aider, s'il vous plaît?

5. J'ai mal au ventre. Je/J' _____ (devoir) trop manger ce matin.

6. Nous _____ (vouloir) bien un goûter, merci.

6 **À vous!** Write a paragraph of at least four complete sentences in which you describe what you have for breakfast, lunch, and dinner on a typical day. (4 x 5 pts. each 20 pts.)

_____

_____

_____

_____

_____

Leçon 1B

VOCABULARY QUIZ I

1 Au resto Put these statements in chronological order by numbering them. (7 x 1 pt. each = 7 pts.)

_____ a. Le serveur apporte le plat principal.

_____ b. M. et Mme Latimer regardent la carte.

_____ c. Mme Latimer choisit une entrée.

_____ d. M. et Mme Latimer vont au restaurant.

_____ e. M. Latimer commande le plat principal.

_____ f. M. Latimer demande l'addition.

_____ g. Le serveur prépare la table.

2 Trouvez le bon mot Replace the underlined item in each statement with a logical term.
(8 x 1 pt. each = 8 pts.)

1. Je mange ma soupe avec <u>une tranche</u>. _____

2. On couvre (*cover*) la table avec <u>une serviette</u>. _____

3. Nous mangeons nos céréales dans <u>une carafe</u>. _____

4. Mon père met <u>du yaourt</u> dans son café. _____

5. On vend des saucisses <u>à la boulangerie</u>. _____

6. Au restaurant, on commande d'abord <u>un dessert</u>. _____

7. On peut acheter des gâteaux <u>à la boucherie</u>. _____

8. Vous regardez <u>l'assiette</u> avant (*before*) de commander dans un restaurant.

_____

3 Répondez Answer these questions. (5 x 1 pt. each = 5 pts.)

1. Qu'est-ce qu'on utilise pour manger un steak?

_____

2. Où est-ce qu'on peut acheter des fruits de mer?

_____

3. Qu'est-ce qu'on ajoute (*add*) souvent à la nourriture?

_____

4. Où est-ce qu'on vend du bœuf?

_____

5. Quand est-ce qu'on fait attention à ce qu'on mange?

_____

Leçon 1B

VOCABULARY QUIZ II

1 Questions personnelles Answer the questions. (5 x 1 pt. each = 5 pts.)

1. Quel plat principal aimes-tu? _____

2. Est-ce que tu connais quelqu'un qui est souvent au régime? Qu'est-ce qu'il/elle mange?

   _____

3. Où est-ce que tes parents aiment faire les courses? _____

4. Comment est-ce que tu mets la table? _____

   _____

5. Qu'est-ce que tu préfères comme dessert? _____

2 Je cuisine! You are planning a big dinner and expecting to cook a lot. Write a note to your sister asking her to go to five specialty stores to pick up different items for you. (5 pts.)

3 Une critique Write a review of a restaurant of your choice. State the name of the restaurant, tell what you had to eat, and describe the food, service, and your overall experience. (10 pts.)

_____

_____

_____

_____

_____

_____

_____

_____

_____

Nom _____ Date _____

Leçon 1B.1

GRAMMAR QUIZ I
Comparatives and superlatives of adjectives and adverbs

1 On exagère! Your friend always exaggerates! Write the statements he makes using the cues given and the superlative. (4 x 1 pt. each = 4 pts.)

pêche / + délicieux
C'est la pêche la plus délicieuse du monde!

1. examen / + difficile _____
2. chanteuse / + bon _____
3. livres / – intéressant _____
4. filles / + beau _____

2 Comparez Use the cues to write sentences comparing items, people, or how people do things. (5 x 2 pts. each = 10 pts.)

1. les poires / être / + bon / les pommes

    _____

2. Béatrice / être / = intelligent / Romain

    _____

3. nous / nager / + rapidement / vous

    _____

4. la soupe / être / + mauvais / la salade

    _____

5. Éva / expliquer / = patiemment / Laurence

    _____

3 Répondez Answer these questions using the comparative as indicated. (3 x 2 pts. each = 6 pts.)

1. Les étudiants parlent-ils mieux français que le professeur? (– bien)
   Non, _____.
2. Est-ce que ton ami joue bien au tennis? (+ bien / moi)
   Il _____.
3. Qu'est-ce que tu penses de ton cours de mathématiques? (= facile / cours de chimie)
   Il est _____.

Leçon 1B.1

GRAMMAR QUIZ II
Comparatives and superlatives of adjectives and adverbs

1 **Répondez** Answer these questions. (4 x 1 pt. each = 4 pts.)

1. Quel est le meilleur livre que tu as lu?

   _____

2. Quel cours est-ce que tes amis et toi trouvez le moins difficile?

   _____

3. À ton avis (*opinion*), quelle est la plus belle langue du monde?

   _____

4. Est-ce que tu es aussi sportif/sportive que ton/ta meilleur(e) ami(e)?

   _____

2 **Mon entourage** Compare these people. Use a different adjective each time. (4 x 2 pts. each = 8 pts.)

1. mon grand-père / ma grand-mère

   _____

2. mes copains/copines / mes voisin(e)s

   _____

3. mes cousins / moi

   _____

4. mon père / ma mère

   _____

3 **Viens vivre ici!** Your friend is trying to decide whether to move to your town. Write him or her an e-mail describing five things about your town that make it a great place to live. Use comparative statements and the superlative. (8 pts.)

   _____
   _____
   _____
   _____
   _____
   _____
   _____
   _____
   _____

Leçon 1B.2

GRAMMAR QUIZ I
Double object pronouns

1   Choisissez Choose the correct combinations of object pronouns to replace the underlined words.
(5 x 1 pt. each = 5 pts.)

1. J'ai acheté <u>ces fleurs</u> <u>à Sylvie.</u>
   a. te les
   b. les lui
   c. la lui

2. Le professeur donne <u>les examens</u> <u>aux élèves</u>.
   a. le leur
   b. les lui
   c. les leur

3. Nous n'avons pas envoyé <u>l'invitation</u> <u>à mes grands-parents</u>.
   a. la leur
   b. les leur
   c. vous l'

4. Tu <u>m'as</u> apporté <u>cette tarte</u>?
   a. me le
   b. la lui
   c. me l'

5. Mes parents vont offrir <u>l'horloge</u> <u>à ma sœur</u>.
   a. le lui
   b. la lui
   c. te la

Nom _____ Date _____

2 Remplacez Rewrite these sentences using double object pronouns. (5 x 2 pts. each = 10 pts.)

1. Natalie a donné les pommes à M. Mercier.

   _____

2. Pose-moi tes questions.

   _____

3. Mes cousins m'ont prêté la voiture.

   _____

4. Nous allons montrer les tableaux au professeur.

   _____

5. Je veux lire les poèmes à mes amis.

   _____

3 Faites-le! Rewrite the commands using double object pronouns. (5 x 1 pt. each = 5 pts.)

1. Dis la réponse à Paul! _____

2. Ne donnez pas vos livres à vos cousins! _____

3. Rendez-moi mes notes de français! _____

4. Vendons les lampes à notre voisin! _____

5. Ne nous explique pas le problème! _____

Leçon 1B.2   Grammar Quiz I

Nom _____ Date _____

Leçon 1B.2

GRAMMAR QUIZ II
Double object pronouns

1 Répondez Answer these questions using double object pronouns. (4 x 1 pt. each = 4 pts.)

1. Qui t'a acheté ton premier ordinateur?

   _____

2. Qui te rangeait ta chambre quand tu étais petit(e)?

   _____

3. Qui va vous préparer le dîner ce soir?

   _____

4. Qui explique la leçon aux élèves?

   _____

2 Quelle est la question? Write the questions that elicited these answers. (5 x 2 pts. each = 10 pts.)

1. _____

   Oui, il me l'a montré.

2. _____

   Non, nous ne les leur donnons pas.

3. _____

   Oui, elles me l'ont achetée hier.

4. _____

   Patrick va le lui envoyer.

5. _____

   Tu ne nous les as pas prises.

3 Une note You are babysitting your neighbors' children for the evening. Write a short conversation between you and your neighbors in which you ask three questions and they respond using double object pronouns. (6 pts.)

_____

_____

_____

_____

_____

_____

_____

Unité 1
Leçon 1B

LESSON TEST I

1 **Conversations** Listen to these conversations and select the most logical continuation for each. (5 x 4 pts. each = 20 pts.)

1. a. C'est pour la crème.
   b. C'est pour le riz.
   c. C'est pour le poulet.

2. a. Ça fait cinq euros cinquante.
   b. Ça fait un kilo et demi.
   c. C'est compris.

3. a. Deux baguettes, s'il te plaît.
   b. Du pâté et deux tranches de jambon, s'il te plaît.
   c. De la viande, s'il te plaît.

4. a. Une carafe d'eau, s'il vous plaît.
   b. Le thon, s'il vous plaît.
   c. De la crème, s'il vous plaît.

5. a. Oui, j'ai très faim.
   b. Oui, une tranche, s'il te plaît.
   c. Oui, je suis au régime.

2 Que se passe-t-il? Write four complete sentences that describe this photo in as much detail as possible. Write two sentences describing what is on the table, one sentence telling what the client is doing, and one sentence telling what the waiter is doing. (4 x 3 pts. each = 12 pts.)

_____

_____

_____

_____

_____

_____

_____

_____

_____

_____

3 Plus ou moins? Compare each set of items using the cues in parentheses to express that one item is more than (+), less than (−), or the same as (=) the other. (4 x 3 pts. each = 12 pts.)

1. (+ froid) Un congélateur est _____ qu'un frigo.

2. (= cher) Les haricots verts sont _____ que les petits pois.

3. (− grand) La charcuterie est _____ que le supermarché.

4. (+ bon) La qualité est _____ chez le charcutier.

4 **Le mieux et le meilleur!** Everything in your neighborhood is the best. Indicate this by completing each of these sentences with a logical superlative. (4 x 3 pts. each = 12 pts.)

> *Modèle*
>
> Le restaurant Chez Jacques est charmant. C'est *le restaurant le plus charmant* du quartier.

1. Cette boulangerie fait du bon pain. Elle fait _____ du quartier.

2. Ce marché est grand. C'est _____ du quartier.

3. Mes voisins sont gentils. Ce sont _____ du quartier.

4. Mon immeuble est vieux. En fait, c'est _____ du quartier.

5 **Les déménagements** Your older brother's friends are moving into apartments near each other, but not everything is unpacked yet. Complete the answers to the questions using two object pronouns in each response. (6 x 4 pts. each = 24 pts.)

1. Tu peux prêter ton aspirateur à Nicole? Oui, je _____.

2. Corinne a donné son ordinateur à ses parents? Oui, elle _____.

3. Marc nous achète la pizza? Oui, il _____.

4. Nous devons vous apporter les couteaux? Oui, vous _____.

5. Tu rends la voiture à Chloé? Oui, je _____.

6. Johanna nous a pris les photos? Oui, elle _____.

6 **À vous!** Imagine you are planning a party. In a paragraph of at least four complete sentences, explain what things you are going to buy and which specialty shops you will go to to buy them. (20 pts.)

_____

_____

_____

_____

_____

_____

| 58 | **Leçon 1B** Lesson Test I

Unité 1
Leçon 1B

LESSON TEST II

1 **Conversations** Listen to these conversations and select the most logical continuation for each. (5 x 4 pts. each = 20 pts.)

1. a. Pour manger la soupe.
   b. Pour manger les pâtes.
   c. Pour manger le poulet.

2. a. Non, je préfère des fruits de mer.
   b. Non, j'ai déjà préparé l'entrée.
   c. Non, je suis au régime.

3. a. Il coûte seize euros le kilo.
   b. Il coûte quinze euros cinquante le kilo.
   c. Il coûte dix euros le kilo.

4. a. La tarte aux fraises, s'il vous plaît.
   b. La souple à l'oignon, s'il vous plaît.
   c. Une carafe d'eau, s'il vous plaît.

5. a. Donc, il nous faut une fourchette et un couteau.
   b. Donc, il nous faut un bol et une cuillère à soupe.
   c. Donc, il nous faut une nappe et des serviettes.

2 Un repas fantastique! Write three complete sentences that describe this illustration in as much detail as possible. Tell what the man asked the server before he ordered, what he ate, and what is on the table now that he has finished. (3 x 4 pts. each = 12 pts.)

_____

_____

_____

_____

_____

_____

_____

_____

_____

_____

_____

3 Plus? Compare these items using the cues in parentheses to say that one item is more than (+), less than (–), or the same as (=) another. (4 x 3 pts. each = 12 pts.)

1. (– grand) Cette tranche-ci est _____ que cette tranche-là.

2. (+ bien) Mireille cuisine _____ qu'Estelle.

3. (= délicieux) Le steak est _____ que le poulet.

4. (+ mauvais) Le pain du supermarché est _____ que le pain de la boulangerie.

| 60 | **Leçon 1B** Lesson Test II

4 Encore mieux? Everything in your neighborhood is the best. Indicate this by completing each of these sentences with a logical superlative. (4 x 3 pts. each = 12 pts.)

> **Modèle**
>
> Cette boutique est chic. C'est *la boutique la plus chic* du quartier.

1. Ce commerçant est très sympa. C'est _____ du quartier.

2. Cette boulangerie est extraordinaire. C'est _____ du quartier.

3. Monsieur Rocher vend de jolies fleurs. Il vend _____ du quartier.

4. «Chez Marcel» prépare des escargots fantastiques. En fait, ce sont _____ du quartier.

5 Déménagements Your older brother's friends are moving into new apartments this year. Answer the questions using two object pronouns. (6 x 4 pts. each = 24 pts.)

1. Vous pouvez prêter le balai aux garçons? Oui, nous _____.

2. Michel a donné son adresse à son père? Oui, il _____.

3. Sylvie achète les boissons pour nous tous? Oui, elle _____.

4. Nous devons vous apporter les couteaux? Oui, vous _____.

5. Tu as oublié de donner les assiettes à Nancy? Oui, je/j' _____.

6. Je dois vous apporter la cafetière et le fer à repasser? Oui, tu _____.

6 À vous! Imagine you are planning a dinner party. Write a paragraph of at least four sentences in which you tell four specialtiy shops you will go to and what you will buy for the party at each one. (20 pts.)

_____

_____

_____

_____

_____

_____

Unité 1
Leçons A et B

UNIT TEST I

1   Questions Listen to these questions. Then select the most logical response to each one.
(8 x 1 pt. each = 8 pts.)

1. a. Non, la viande est trop chère.
   b. Oui, ses légumes sont excellents.
   c. C'est la meilleure du quartier.

2. a. Oui. Leurs saucisses sont très bonnes.
   b. Oui. Ils font du bon café.
   c. Oui. Ils sont ouverts le samedi.

3. a. Oui, un kilo.
   b. Non, je suis au régime.
   c. Oui, j'aime les pêches.

4. a. Peut-être une salade.
   b. Le service est compris.
   c. On a le menu.

5. a. Je fais les courses demain.
   b. Oui, c'est plus prudent.
   c. C'est le meilleur steak de toute la ville.

6. a. C'est un bon commerçant.
   b. C'est pour le petit-déjeuner.
   c. Prends-moi des oignons.

7. a. On a des fourchettes et des couteaux.
   b. Avec une cuillère à soupe.
   c. Oui, je vais mettre la table.

8. a. Des haricots, pour changer.
   b. Je veux bien goûter.
   c. Pourquoi pas.

2 Par exemple Provide an example of a type of food that belongs in each category. Use the correct definite articles. (8 x 1 pt. each = 8 pts.)

1. Un légume vert: _____

2. Un fruit jaune: _____

3. Quelque chose qu'on trouve à la boucherie: _____

4. Une épice ou un condiment: _____

5. Une sauce: _____

6. Quelque chose qu'on trouve à la poissonnerie: _____

7. Un objet pour manger: _____

8. Un repas: _____

3 Expressions de temps Complete each sentence with **depuis**, **pendant**, or **il y a**. (8 x 1 pt. each = 8 pts.)

1. Je suis au régime _____ trois semaines.

2. Quand Béatrice était végétarienne, elle n'a pas mangé de viande _____
   un an.

3. Nous avons acheté ces yaourts _____ une semaine. Ils sont encore bons.

4. On peut garder les pâtes dans son placard _____ des mois.

5. Je vais chez cette commerçante _____ des années.

6. Choisis autre chose. Tu as déjà pris ce plat _____ deux jours.

7. Mathilde ne peut pas rentrer à temps pour dîner _____ un mois. Elle
   travaille tard en ce moment.

8. On n'a pas répondu au téléphone _____ le repas.

4 La nourriture Complete the sentences with the correct present tense or command form of the verbs in parentheses. (12 x 1 pt. each = 12 pts.)

1. Mme Talbot _____ (venir) toujours chercher son pain vers 8h00.

2. Faites attention, sinon (*otherwise*) la crème _____ (devenir) du beurre.

3. Du poulet aux poivrons et aux champignons... Je _____ (retenir) l'idée!

4. Nous _____ (maintenir) que la mayonnaise à l'huile d'olive est meilleure.

5. Au frigo, les yaourts _____ (tenir) des semaines.

6. Merci, M. Ferrand, et _____ (revenir) bientôt!

7. En été, les fruits de mer pas frais _____ (devenir) vite dangereux.

8. M. Videau _____ (maintenir) une charcuterie très propre.

9. Nous _____ (retenir) une table pour six à l'Amphitryon.

10. _____ (tenir), apporte cette carafe à table.

11. Commence à manger. Je _____ (revenir) dans cinq minutes.

12. Vous _____ (tenir) vraiment à faire les courses au dernier moment?

5 À table! A group of friends is having dinner. Complete the sentences with the correct present tense forms of the verbs **pouvoir**, **devoir**, or **vouloir**. Be logical! (12 x 1 pt. each = 12 pts.)

1. _____ -vous me passer le sel, s'il vous plaît?

2. Je _____ bien encore un peu de poulet.

3. Ce plat est délicieux. Tu _____ me donner la recette?

4. Nous _____ finir les pâtes ce soir, ou je les mets à la poubelle.

5. Est-ce que Fabien _____ une autre serviette?

6. Cette viande est très tendre. On ne _____ même pas utiliser son couteau pour la couper (*cut*).

7. Est-ce que quelqu'un _____ me passer la carafe?

8. Regarde! Ils ont trop mangé. Ils _____ faire une pause.

9. _____ -vous goûter ma tarte?

10. Je suis au régime. Je _____ faire attention à ce que (*to what*) je mange.

11. Pour manger le dessert, vous _____ une fourchette ou une cuillère?

12. _____ -nous attendre un peu avant le café?

6 Malheureusement! Marthe thinks that things have taken a turn for the worse.

A. Complete each statement with the comparative that corresponds to the cue in parentheses. (12 x 1 pt. each = 12 pts.)

1. Avant, ce pain était _____. (+ bon)

2. Les commerçants étaient _____. (+ poli)

3. La boucherie vendait de la viande _____. (– cher)

4. Le poisson était _____. (– dangereux)

5. Mes repas étaient _____. (+ calme)

6. La moutarde était _____. (+ naturel)

B. Now, complete each statement with the corresponding superlative.

7. Malheureusement, cette commerçante est _____ (– poli) de toutes.

8. Ces poissons sont _____ (– bon marché) de tous.

9. Ce pain est _____ (+ mauvais) de tous.

10. Cette moutarde n'est pas bonne, mais c'est _____ (+ naturel) de toutes.

11. Le petit-déjeuner est mon repas _____ (+ calme).

12. Cette boucherie est _____ (+ cher) du quartier.

7 **On fait la cuisine** A few friends are cooking dinner. Answer the questions replacing the underlined words with the corresponding double object pronouns. (5 x 2 pts. each = 10 pts.)

1. —Est-ce que tu peux <u>me</u> passer <u>les haricots verts</u>?

   —Je _____ ai mis sur la table.

2. —Je <u>te</u> prépare <u>la salade</u>?

   —Oui. Prépare- _____ , s'il te plaît.

3. —Est-ce que Nelly <u>nous</u> a apporté <u>le poisson</u>?

   —Oui. Elle _____ a pris à la poissonnerie Desjeans.

4. —On va faire <u>les escargots</u> <u>à Madeleine</u>?

   —Oui, on va _____ faire à l'ail et au beurre, comme (*as*)
   elle aime.

5. —Je donne <u>les pommes de terre</u> <u>aux garçons</u> maintenant?

   —Non, tu vas _____ donner dans cinq minutes.

8 **À ce moment-là** Write two sentences for each set of cues. The first one should say what the people just finished doing and the second one should say what they have to do next. (5 x 2 pts. each = 10 pts.)

> **Modèle**
>
> je / faire une promenade / rentrer
> *Je viens de faire une promenade. Maintenant, je dois rentrer.*

1. 2. 3. 4. 5.

1. ils / assister au concert / dîner _____

_____

2. nous / bien manger / marcher un peu _____

_____

3. vous / jouer au tennis / retrouver les autres _____

_____

4. tu / faire les courses / aller chercher les enfants _____

_____

5. on / finir de manger / payer l'addition _____

_____

9 **À vous** You and your family are cooking a special meal. Write a paragraph in which you tell where you went shopping, what you bought, and what you are preparing for the different courses. (20 pts.)

_____

_____

_____

_____

_____

_____

_____

_____

_____

_____

_____

_____

Unité 1
Leçons A et B

UNIT TEST II

1 Questions Listen to these questions. Then select the most logical response to each one.
(8 x 1 pt. each = 8 pts.)

1. a. C'est le petit-déjeuner.
   b. Dans vingt minutes.
   c. Je dois faire les courses.

2. a. Non, je ne veux pas de carottes.
   b. Oui, mettez-moi un demi-kilo de plus.
   c. Donnez-moi cette laitue.

3. a. C'est le meilleur du quartier.
   b. Il a le sel et le poivre.
   c. C'est tout compris.

4. a. Une tranche.
   b. De la tarte.
   c. Ce pain-ci.

5. a. C'est la banane.
   b. Il y a des pommes et des poires.
   c. C'est moi.

6. a. Avec de la crème.
   b. Je mets la table.
   c. Pour le poulet.

7. a. On a déjà commandé.
   b. Et comme hors-d'œuvre, les escargots.
   c. Bien sûr, elle n'est pas propre.

8. a. Non merci. Je connais déjà.
   b. J'aime bien ce repas.
   c. Je veux bien un dessert.

Nom _____ Date _____

2 **Par exemple** Write a short definition for each item. Use the correct indefinite articles.
(5 x 2 pts. each = 10 pts.)

> **Modèle**
>
> la fraise: *un fruit rouge*

1. le steak: _____

2. la fourchette: _____

3. la carotte: _____

4. le déjeuner: _____

5. les petits pois: _____

3 **À manger** Complete each sentence with the correct present tense, **passé composé**, or **imparfait** form of the verb in parentheses. (10 x 1 pt. each = 10 pts.)

1. Hier, j' _____ (retenir) une table pour nous à La Tour rose.

2. Avant, sans les frigos, la viande fraîche _____ (tenir) beaucoup moins longtemps.

3. En ce moment, les escargots _____ (revenir) à la mode.

4. Tu _____ (maintenir) toujours que la tomate n'est pas un fruit?

5. La semaine dernière, cette boulangerie _____ (devenir) une boulangerie-pâtisserie.

6. Bonjour, M. Vallet. Mon mari et moi, nous _____ (venir) chercher de la saucisse.

7. Avant, vous _____ (tenir) une poissonnerie en centre-ville, n'est-ce pas?

8. Je ne _____ (retenir) jamais les recettes!

9. Comme ça, les pâtes _____ (retenir) bien la sauce.

10. Nous _____ (devenir) des habitués il y a deux ans.

         Unité 1   Unit Test II

Nom _____ Date _____

4 Un dîner A group of friends is having dinner. Complete each sentence with the correct form of the verb **pouvoir, devoir,** or **vouloir** in the present tense or the **imparfait**. (10 x 1 pt. each = 10 pts.)

1. Est-ce que tu _____ du pain de campagne ou de la baguette?

2. Je _____ apporter de la glace, mais j'ai oublié.

3. Nous _____ reprendre de la salade, mais Simon l'a déjà finie.

4. Tu _____ absolument me donner cette recette!

5. _____ -vous me trouver un morceau de saucisse?

6. Vous _____ bien finir le riz? Je ne vais pas mettre ces deux cuillères au frigo.

7. Qui _____ plus de salade?

8. Quand il était jeune, il ne _____ pas manger de fruits de mer. Il était allergique.

9. Cette mayonnaise est fabuleuse. Vous _____ absolument la goûter!

10. Avant, je _____ manger des œufs soir et matin. J'adorais les œufs et les omelettes.

5 Tous ensemble A few friends are cooking dinner together. Complete the answers replacing the underlined words with the corresponding double object pronouns. (5 x 2 pts. each = 10 pts.)

1. —Est-ce que vous avez apporté la viande à Djamel?

   —Oui. On _____ a mise au frigo.

2. —Tu me montres la recette?

   —Attends. Je vais _____ montrer dans deux secondes.

3. —Tu nous sors les légumes du frigo?

   —Je _____ mets où?

4. —Est-ce qu'Angélique m'a préparé les fruits pour le gâteau?

   —Oui. Elle _____ a nettoyés.

5. —Colette a choisi la boisson pour les enfants?

   —Oui. Elle _____ a déjà servie.

6 **Maintenant** Write two sentences using the cues. The first one should say what the people just finished doing and the second one should say what they want to do next. (5 x 2 pts. each = 10 pts.)

> *Modèle*

on / bien manger / discuter un peu

On vient de bien manger. Maintenant, on veut discuter un peu.

1.   2.   3.   4.   5.

1. je / avoir un diplôme / travailler _____

_____

2. tu / prendre quelques kilos / manger un peu moins _____

_____

3. il / écrire un long message / l'envoyer _____

_____

4. nous / commander / commencer le repas _____

_____

5. vous / payer l'addition / partir _____

_____

7 **C'est meilleur que...** Write complete sentences to compare these items and express your opinion of them. Use a different adjective or adverb in each sentence. (6 x 2 pts. each = 12 pts.)

1. la cuisine à la maison / le restaurant _____

_____

2. les boîtes de conserves / les légumes frais _____

_____

3. une tarte / un gâteau _____

_____

4. les escargots / les fruits de mer _____

_____

5. le petit-déjeuner / le dîner _____

_____

6. manger en famille / manger seul _____

_____

8   Questions personnelles Answer the questions with complete sentences. (5 x 2 pts. each = 10 pts.)

1. Est-ce que tu dois cuisiner de temps en temps? Quand?

   _____

2. Quand est-ce que quelqu'un (*someone*) dans ta famille a fait les courses pour la dernière fois?

   _____

3. Quel plat ou aliment sais-tu préparer le mieux?

   _____

4. Est-ce que tu aimes goûter de nouveaux aliments ou recettes?

   _____

5. Quel est l'aliment ou le plat que tu détestes le plus?

   _____

9   À vous Today is Mother's Day, and you and your family are cooking lunch for your mom. Write a paragraph in which you tell where you went food shopping, what you bought, and what you are preparing. (20 pts.)

_____

_____

_____

_____

_____

_____

_____

_____

_____

_____

_____

_____

_____

_____

_____

_____

_____

_____

_____

Nom _____ Date _____

OPTIONAL TESTING SECTIONS
Unité 1

Leçon 1A
ROMAN-PHOTO

1 Choisissez Select the response that best completes each sentence or answers each question.

1. David et Amina attendent Sandrine…
    a. à la fac.
    b. au supermarché.
    c. au marché.

2. Sandrine arrive…
    a. en avance.
    b. à l'heure.
    c. en retard.

3. Sandrine va préparer…
    a. des crêpes.
    b. un poulet à la crème.
    c. un bœuf bourguignon.

4. Qu'est-ce que Valérie va apporter chez Sandrine?
    a. une salade
    b. un dessert
    c. rien

5. Qui paie au supermarché?
    a. Sandrine
    b. Amina et David
    c. Sandrine, Amina et David

Leçon 1B

ROMAN-PHOTO

1 Vrai ou faux? Indicate whether these statements are **vrai** or **faux**. Correct the false statements.

	Vrai	Faux
1. Amina aide Sandrine dans la cuisine.	_____	_____
_____		
2. Stéphane donne des chocolats à Sandrine.	_____	_____
_____		
3. David donne des fleurs à Sandrine.	_____	_____
_____		
4. Stéphane et Amina mettent la table.	_____	_____
_____		
5. Sandrine est au régime.	_____	_____
_____		

Nom _____ Date _____

OPTIONAL TESTING SECTIONS
Unité 1

Leçon 1A

CULTURE

1   Complétez Complete each statement with the correct information, according to the text.

1. Les meilleurs _____ du monde reçoivent des étoiles (*stars*) du Guide Michelin.

2. Depuis 2010, la gastronomie _____ fait partie du patrimoine mondial de l'humanité (*world heritage*).

3. La France produit presque 500 types de _____ différents.

4. Environ (*About*) _____ % des Français mangent du fromage.

5. _____ est une soupe à l'okra et aux fruits de mer.

6. _____ est un sandwich aux fruits de mer ou à la viande dans un morceau de baguette.

Leçon 1B
CULTURE

1 Choisissez Select the answer that best completes each statement, according to the text.

1. En France, on sert la salade…
   a. avant l'entrée.
   b. après le fromage.
   c. après le plat principal.

2. On mange de la soupe…
   a. en entrée.
   b. en plat principal.
   c. au dessert.

3. On prend le goûter…
   a. le matin.
   b. l'après-midi.
   c. le soir.

4. Si (*If*) on n'aime pas son steak rouge ou rose, on le commande…
   a. bien cuit.
   b. saignant.
   c. bleu.

5. On dit «Santé!»…
   a. avant de manger.
   b. avant de boire.
   c. après les repas.

6. Les Français adorent manger un plat maghrébin qui s'appelle…
   a. la bouillabaisse.
   b. le couscous.
   c. la choucroute.

OPTIONAL TESTING SECTIONS
Unité 1

FLASH CULTURE

1   **Composez** Based on what you saw in **Flash culture**, write three sentences mentioning at least two types of vegetables, two types of fruits, and two other items that can be found at the Place Richelme market.

_____

_____

_____

_____

_____

_____

_____

_____

PANORAMA

1 Choisissez Select the answer that best completes the statement, according to the text.

1. La Normandie et la Bretagne sont… de la France.
   a. au nord
   b. au sud
   c. à l'est

2. … sont une spécialité bretonne.
   a. Les tartes
   b. Les fromages
   c. Les crêpes

3. … est un centre de pèlerinage (*pilgrimage*) depuis 1000 ans.
   a. Le Mont-St-Michel
   b. Étretat
   c. Deauville

4. … est un couturier (*fashion designer*) normand.
   a. Jacques Cartier
   b. Guy de Maupassant
   c. Christian Dior

5. Le camembert est une sorte de…
   a. dessert.
   b. fromage.
   c. boisson.

6. Les menhirs sont de grand(e)s…
   a. pierres (*stones*).
   b. cafés.
   c. artistes.

7. Les jardins de Monet sont à/au…
   a. Étretat
   b. Giverny.
   c. Mont-Saint-Michel.

8. En général, les gens qui visitent Deauville sont…
   a. intellectuels.
   b. riches.
   c. travailleurs.

Nom _____ Date _____

OPTIONAL TESTING SECTIONS
Unité 1

Leçon 1A

LECTURE SUPPLÉMENTAIRE

1 Un menu Read this menu from a French restaurant. Then answer the questions using complete sentences.

RESTAURANT LA CIBOULETTE

Menu déjeuner à 15 euros: une entrée, un plat principal, un dessert

De 12h00 à 14h00

Entrée[1]

La salade de tomates à l'ail

Le pâté de campagne

La douzaine d'escargots

La soupe à l'oignon

La quiche au jambon

Plat principal[2]

Le bœuf aux carottes et aux champignons accompagné de pommes de terre

Le poulet grillé accompagné de haricots verts

Les saucisses accompagnées de petits pois

Le thon grillé accompagné de riz

La sélection de fruits de mer du jour

Dessert

La tarte aux pommes

La glace à la banane

L'éclair au chocolat

Le gâteau aux fraises

La sélection de fruits frais (pêches, bananes, poires, pommes)

---

[1] *Appetizer* [2] *Main Dish*

1. C'est un menu pour quel repas? _____

_____

2. En entrée, que choisit-on si on a envie de manger de la viande? _____

_____

3. Y a-t-il des entrées chaudes au menu? Quelles sont ces entrées? _____

_____

4. Quels légumes ce restaurant sert-il avec le bœuf? _____

_____

5. Comme plat principal, que peut-on prendre si on n'aime pas la viande? _____

_____

6. Que propose-t-on au menu comme pâtisseries? _____

_____

7. Qu'est-ce qu'il y a comme fruits frais? _____

_____

8. Vous déjeunez dans ce restaurant. Qu'est-ce que vous allez prendre? Pourquoi? _____

_____

Nom _____ Date _____

Unité 1
Leçon 1B
LECTURE SUPPLÉMENTAIRE

1 **Une recette** Read this recipe for a Moroccan specialty called **tajine**. Then, answer the questions using complete sentences.

Tajine marocain

1 plat spécial pour faire le tajine	1 poulet (ou 1 kilo de bœuf)
4 pommes de terre	2 tomates
3 carottes	1 gros oignon
de l'ail	½ kilo de haricots verts
des olives vertes	2 cuillères à soupe d'huile d'olive
½ carafe d'eau	des épices[1] (cumin, muscade[2],
du sel et du poivre	coriandre, cannelle[3]…)

Laver et couper[4] les légumes et le poulet (ou le bœuf) en morceaux. Mettre les 2 cuillères à soupe d'huile d'olive dans le plat à tajine. Quand l'huile est très chaude, faire revenir la viande (environ 10 minutes) avec l'oignon et l'ail. Mettre les pommes de terre et les carottes dans le plat sur la viande. Ajouter[5] les épices, le sel et le poivre et mettre un peu d'eau. Couvrir[6] et laisser cuire doucement[7] pendant 30 minutes. Mettre les tomates, les haricots verts et les olives dans le plat avec le reste de l'eau. Couvrir et laisser cuire encore 15 minutes. Servir dans de grands bols, avec des tranches de pain et du thé chaud.

---

[1] *spices* [2] *nutmeg* [3] *cinnamon* [4] *cut* [5] *Add* [6] *Cover* [7] *simmer*

1. Quels légumes met-on dans ce tajine? _____
   _____

2. Quelles viandes peut-on utiliser pour préparer ce tajine? _____
   _____

3. A-t-on besoin de plus de tomates que de carottes pour faire ce tajine? _____
   _____

4. Combien de kilos de haricots verts met-on dans ce tajine? _____
   _____

5. De quelle quantité d'huile a-t-on besoin? A-t-on besoin de plus d'huile que d'eau? _____
   _____

6. Sert-on le tajine dans des assiettes? _____
   _____

7. Avec quoi sert-on le tajine? _____
   _____

8. Avez-vous envie de goûter ce tajine? Pourquoi ou pourquoi pas? _____
   _____
   _____

Leçon 2A

VOCABULARY QUIZ I

1   Choisissez In each group, choose the activity that you would do first. (6 x 1 pt. each = 6 pts.)

_____   1. a. se sécher
              b. se coiffer
              c. prendre une douche

_____   2. a. se brosser les dents
              b. se réveiller
              c. se coiffer

_____   3. a. s'habiller
              b. se lever
              c. se coiffer

_____   4. a. prendre une douche
              b. s'habiller
              c. se maquiller

_____   5. a. se coucher
              b. s'endormir
              c. se déshabiller.

_____   6. a. se laver
              b. se coiffer
              c. se sécher

2   Associez Write the body part that you associate with each object. Make sure to include the appropriate definite article. (8 x 1 pt. each = 8 pts.)

1. une écharpe _____

2. des pantoufles _____

3. des lunettes _____

4. un peigne _____

5. le maquillage _____

6. un dentifrice _____

7. une ceinture _____

8. un chapeau _____

Nom _____ Date _____

3 **Chez les Lemoine** Madame Lemoine is trying to get her kids ready for school in the morning. Complete this conversation with the most logical words from the list. (6 x 1 pt. each = 6 pts.)

brosser les dents	réveil
s'endormir	savon
s'habiller	sécher
maquillage	serviette de bain
rasoir	toilette

MME LEMOINE Allez vite, les enfants! Il est déjà 7h30.

AUDE Maman, je ne peux pas me (1) _____ parce qu'il n'y a pas de dentifrice!

MME LEMOINE Mais si, regarde dans l'armoire à pharmacie. Et Simon, tu es prêt?

SIMON Non, je n'ai pas de (2) _____ pour me sécher et Aurélie n'a pas encore fait sa

   (3) _____.

AURÉLIE C'est parce que Simon a pris mon (4) _____!

MME LEMOINE Ça suffit (*Enough*)! Il faut (5) _____ vite parce qu'on est en retard.

AUDE Mais maman… Gilles est toujours (*still*) dans son lit. Je pense qu'il n'a pas entendu son

   (6) _____.

MME LEMOINE Quel désastre!

Nom _____ Date _____

Leçon 2A

VOCABULARY QUIZ II

1 Quel objet? Write six sentences to say what each person needs and for what. (6 x 1 pt. each = 6 pts.)

se brosser les cheveux	se laver	prendre une douche
se brosser les dents	se maquiller	se raser

> **Modèle**
>
> **se réveiller**
> Sayeed: *Il a besoin d'un réveil pour se réveiller.*

1. Mme Tournier: _____

2. Jean-Paul: _____

3. Mon père: _____

4. Karim et Malik: _____

5. Mes sœurs: _____

6. Raphaël: _____

2 La routine du matin It is 8:00 A.M. and these students are going about their morning routine. Write complete sentences using the **futur proche** and reflexive verbs to say what each student is *going* to do. Use a different verb in each sentence. (5 x 1 pt. each = 5 pts.)

1. Anaïs _____

2. Hugo _____

3. Carine _____

4. Lili _____

5. Kevin _____

3 C'était bizarre! You and a friend were returning home when you saw two extraterrestrials (**extraterrestres**). Write a detailed physical description of the two aliens' bodies. (9 pts.)

_____

_____

_____

_____

_____

_____

_____

_____

_____

 Leçon 2A Vocabulary Quiz II

Nom _____ Date _____

Leçon 2A.1

GRAMMAR QUIZ I
Reflexive verbs

1 Que fait-on? Complete the following statements with the correct form of the reflexive verbs in parentheses to say what these people are doing. (5 x 1 pt. each = 5 pts.)

1. Nous _____ (se brosser) les cheveux.
2. Je _____ (se sécher) avec une serviette de bain.
3. Patrick _____ (s'habiller) en jean.
4. Vous _____ (se laver) les cheveux.
5. Marina et Géraldine _____ (se brosser) les dents.

2 Faites des phrases Write complete sentences using the cues provided. (5 x 1 pt. each = 5 pts.)

1. vous / se sécher / les cheveux / avec une serviette de bain

   _____

2. ma mère / ne pas se maquiller / tous les matins

   _____

3. nous / s'habiller / après / le petit-déjeuner

   _____

4. tu / se réveiller / tard / le dimanche matin

   _____

5. tout le monde / s'endormir / dans / le salon

   _____

3 Une interview Your friend is asking you about your family's routine. Based on the answers, write her questions using inversion. (5 x 2 pts. each = 10 pts.)

1. _____

   Mes parents se réveillent à 6h00 et moi à 7h30.

2. _____

   Non, je ne me lave pas les cheveux tous les jours.

3. _____

   Mes sœurs s'habillent pendant une heure.

4. _____

   Non, mon père ne s'endort pas vite.

5. _____

   Le week-end, mon frère se lève à midi.

         Leçon 2A.1   Grammar Quiz I

Nom _____ Date _____

Leçon 2A.1

GRAMMAR QUIZ II
Reflexive verbs

1 Ma routine What is your typical morning routine? Complete these statements. (5 x 1 pt. each = 5 pts.)

    1. Pendant la semaine, d'abord... _____

    2. Ensuite, ... _____

    3. Après, ... _____

    4. Finalement, ... _____

    5. Le week-end, _____

2 Deux usages For each verb in the list, write two sentences: one using the verb reflexively and the other using the verb non-reflexively. Use a different subject for each verb in the list. (5 x 2 pts. each = 10 pts.)

> **(se) brosser**
> **(se) laver**
> **(se) lever**
> **(se) réveiller**
> **(se) sécher**

> *Modèle*

(s')habiller?
Je m'habille très vite. J'habille les enfants après le petit-déjeuner.

    1. _____
    2. _____
    3. _____
    4. _____
    5. _____

3 Une interview Imagine that you are interviewing your favorite celebrity. Write five questions using reflexive verbs to ask about his or her family's daily routine. (5 x 1 pt. each = 5 pts.)

_____

_____

_____

_____

_____

_____

Leçon 2A.2

GRAMMAR QUIZ I
Reflexives: *Sens idiomatique*

1 **Complétez** Write the correct forms of the reflexive verbs. (10 x 1 pt. each = 10 pts.)

1. Vous ne _____ (se souvenir) pas de ce film?

2. Clara et Jenna _____ (s'énerver) quand Philippe vient.

3. Le prof _____ (s'asseoir) sur le banc au parc.

4. On doit _____ (se préparer) pour la fête.

5. Nous ne _____ (se mettre) pas en colère contre les élèves.

6. Denise _____ (se promener) très tôt le matin.

7. Je _____ (s'ennuyer) beaucoup si je reste à la maison.

8. Tu vas _____ (s'amuser) en Australie.

9. Ils _____ (se souvenir) que tu es coiffeuse.

10. Ses parents _____ (s'inquiéter) pour lui.

2 **Salut!** Anne is writing from France to her friend Aïcha. Complete her e-mail logically with the appropriate form of reflexive verbs from the list. (6 x 1 pt. each = 6 pts.)

s'appeler	se disputer	s'entendre	se promener
s'arrêter	s'ennuyer	s'intéresser	se trouver

De: _____
À: _____
Objet: _____

Chère Aïcha,

C'est super ici! Nice est une jolie ville et je (1) _____ bien avec mes cousins. Ils (2) _____ Guy et Laurent. Guy et moi, nous (3) _____ beaucoup à l'art, alors aujourd'hui, on va visiter le musée d'art moderne qui (4) _____ au centre-ville. Et toi? J'espère que tu ne (5) _____ pas sans moi! Allez, je (6) _____ ici et je te téléphone samedi matin.

Bises,
Anne

| 86 | **Leçon 2A.2**   Grammar Quiz I

3 **Que dites-vous?** What would you say in these situations? Write commands using the reflexive verbs in parentheses. (4 x 1 pt. each = 4 pts.)

1. Ton professeur arrive chez toi. (s'asseoir)

_____, s'il vous plaît.

2. Ta mère s'énerve parce qu'il est tard et ta sœur n'est pas encore rentrée. (s'inquiéter)

_____!

3. Ton ami a étudié toute la nuit et il est fatigué. (se reposer)

_____!

4. Ton frère et toi, vous faites une randonnée depuis six heures. (s'arrêter)

_____!

Leçon 2A.2

GRAMMAR QUIZ II
Reflexives: *Sens idiomatique*

1 Répondez Answer these questions. (5 x 1 pt. each = 5 pts.)

1. Tu t'intéresses à quoi?

   _____

2. Est-ce que tes parents s'énervent souvent contre toi?

   _____

3. Avec qui est-ce que tu te disputes beaucoup? Pourquoi?

   _____

4. Tes amis et toi, vous vous amusez bien le week-end?

   _____

5. Quand est-ce que tu te mets en colère?

   _____

2 En vacances Émile and Claudia are on vacation. Write a paragraph about their trip using at least five reflexive verbs. You can use the verbs in the list or others. (5 pts.)

s'amuser	se disputer	s'ennuyer	se tromper
se détendre	s'énerver	s'intéresser à	se trouver

_____

_____

_____

_____

_____

_____

_____

3 Ça ne va pas? Your best friend has not been himself or herself lately. You have been arguing a lot and are not getting along. Write an e-mail to say that you are worried and to ask what is wrong. Use at least five reflexive verbs in your message. (10 pts.)

_____

_____

_____

_____

_____

_____

_____

Nom _____ Date _____

Unité 2
Leçon 2A

LESSON TEST I

1 Questions et réponses Alice is asking her family members lots of questions today. Select the most logical response for each. (10 x 2 pts. each = 20 pts.)

1. a. Avec du dentifrice.
   b. Avec du savon.
   c. Avec un peigne.

2. a. À huit heures du matin.
   b. À midi.
   c. À dix heures et demie du soir.

3. a. Parce que j'ai sommeil.
   b. Parce que j'ai faim.
   c. Parce que je me déshabille.

4. a. Je reste là-bas.
   b. Je suis fatiguée.
   c. Je veux sortir.

5. a. Dans la baignoire.
   b. Dans le couloir.
   c. Dans ce fauteuil.

6. a. Oui, j'adore marcher.
   b. Oui, je déteste courir.
   c. Oui, je prends le métro.

7. a. Du shampooing.
   b. Un rasoir.
   c. Du dentifrice.

8. a. Je suis en retard.
   b. J'ai soif.
   c. J'ai chaud.

9. a. Il faut se dépêcher.
   b. En tailleur et chemisier.
   c. Je regarde souvent la télé.

10. a. Ma brosse à cheveux.
    b. Ma serviette de bain.
    c. Mes pantoufles.

Nom _____ Date _____

2 Que fait-il? Describe Dominique's morning routine in four complete sentences. (4 x 4 pts. each = 16 pts.)

1.　　　　　2.　　　　　3.　　　　　4.

_____
_____
_____
_____
_____

3 Faisons notre toilette Complete each sentence with the correct form of the most logical reflexive verb. (5 x 4 pts. each = 20 pts.)

1 Avec du savon, je _____ avant le dîner.

2. Avec du rouge à lèvres (*lipstick*), mes sœurs _____.

3. Avec un peigne, tu _____.

4. Quand nous entendons le réveil, nous _____ tout de suite.

5. Vous choisissez vos vêtements et vous _____ le matin.

4 Choisissons! Select the verb that most logically completes each sentence and write the correct form. (8 x 3 pts. each = 24 pts.)

1. J'ai envie d'aller chez Fatima. Je _____ (s'amuser / s'asseoir) toujours chez elle.

2. Quand mes grands frères mettent la musique trop fort et qu'ils _____ (se détendre / ne pas se rendre compte) que je ne peux pas dormir, je leur dis: «_____ (se souvenir / s'arrêter) tout de suite!»

3. Et vous, est-ce que vous _____ (se trouver / s'énerver) aussi de temps en temps?

4. Ma copine et moi, nous faisons souvent du baby-sitting. Nous _____ (s'occuper / se tromper) des enfants et nous _____ (s'entendre bien / s'inquiéter) avec eux.

5. Est-ce que tu _____ (se mettre / se préparer)? Il est tard! _____ (se dépêcher / s'ennuyer)!

 Leçon 2A Lesson Test I

Nom _____ Date _____

5 À vous! In a paragraph of at least five complete sentences, describe your typical daily routine. Tell when you usually do things, different toiletry items you use, and be sure to include reflexive verbs. (20 pts.)

_____

_____

_____

_____

_____

_____

_____

_____

Unité 2
Leçon 2A

LESSON TEST II

1   Questions et réponses Grégoire is asking his family members lots of questions today. Select the most logical response. (10 x 2 pts. each = 20 pts.)

1. a. Avec du dentifrice.
   b. Avec un peigne.
   c. Avec du savon.

2. a. À minuit.
   b. À six heures et demie du soir.
   c. À six heures et quart du matin.

3. a. Parce que je vais sortir.
   b. Parce que je m'endors.
   c. Parce que je me déshabille.

4. a. Parce que je me lave.
   b. Parce que je suis fatigué.
   c. Parce que je veux aller en ville.

5. a. Je dois me maquiller.
   b. Je prends ma douche.
   c. Je suis en retard.

6. a. Dans le micro-onde.
   b. Dans la salle de bains.
   c. Sur cette étagère-là.

7. a. Ce sont des pantoufles.
   b. C'est une serviette de bain.
   c. C'est du maquillage.

8. a. Je dois partir.
   b. Je suis fatigué.
   c. J'ai beaucoup de choses à faire.

9. a. C'est un peigne, bien sûr!
   b. C'est du shampooing, bien sûr!
   c. C'est du maquillage, bien sûr!

10. a. Oui, je me détends dans ma chambre.
    b. Oui, je m'inquiète pour l'examen.
    c. Oui, je me promène pendant deux heures.

Nom _____ Date _____

2   Que fait-elle? Write four sentences describing Caroline's morning routine. Mention the time of each activity, being sure that the activities are in the correct order. (4 x 4 pts. each = 16 pts.)

1.   2.   3.   4.

_____

_____

_____

_____

_____

3   On fait sa toilette Complete each sentence with the correct form of the most logical reflexive verb. (5 x 4 pts. each = 20 pts.)

1. Avec une brosse à dents, je _____ .

2. Avec de la crème à raser, Daniel _____ .

3. Avant de partir, tu _____ une dernière fois dans le miroir.

4. David et Patrick _____ avec un peigne.

5. Vous venez de prendre une douche. Maintenant, vous _____ avec une serviette de bain.

4   Choisissons! Select the verb that most logically completes each sentence and write the correct form in each blank. (6 x 4 pts. each = 24 pts.)

1. Le week-end, j'aime bien _____ (se détendre / se disputer) avec mes copains.

2. Tu es fatiguée? Alors, _____ (se reposer / se mettre)!

3. Aline et moi, nous aimons être dehors (*outside*). Nous _____ (se promener / se mettre en colère) souvent à la campagne.

4. Le petit garçon n'a rien à faire. Il commence à _____ (s'ennuyer / se tromper).

5. Où _____ (s'asseoir / se trouver) la chaise?

6. Monsieur et Madame Lambert _____ (ne pas se souvenir / ne pas s'intéresser) du numéro de téléphone de leur fils.

5 **À vous!** In a paragraph of at least five complete sentences, describe your typical daily routine. Mention some toiletry items you use and include reflexive verbs. (20 pts.)

_____

_____

_____

_____

_____

_____

_____

_____

_____

_____

Leçon 2B

VOCABULARY QUIZ I

1   La suite logique Choose the most logical continuation for each statement. (5 x 1 pt. each = 5 pts.)

_____   1. Il garde la ligne.

_____   2. Il éternue toujours quand il travaille dans le jardin.

_____   3. Il a de la fièvre et il a mal partout (*everywhere*).

_____   4. Il est tombé dans les escaliers. C'est grave.

_____   5. Il ne peut pas faire du sport parce qu'il s'est foulé la cheville.

a. On l'a emmené à la salle des urgences.
b. Il a probablement la grippe.
c. Il évite les frites.
d. Sa femme est infirmière.
e. Il est déprimé.
f. Il n'a pas de symptômes.
g. Il a sûrement des allergies.

2   Les malades What are the consequences of these people's actions? Use the expression **avoir mal** in your answers. (5 x 1 pt. each = 5 pts.)

1. Joseph a mangé une pizza, deux hamburgers, des frites et trois éclairs.

_____

2. Virginie a joué au volley-ball pendant quatre heures.

_____

3. Je suis allé chez le dentiste.

_____

4. Nous avons dansé toute la nuit.

_____

5. Tu tousses beaucoup.

_____

3 Leur santé Complete each sentence with a logical word or expression. (10 x 1 pt. each = 10 pts.)

1. Mme Danton prend bien ses médicaments alors elle _____ vite.

2. Il faut prendre sa température si (*if*) on pense qu'on a de la _____.

3. Quand on ne dort pas assez et on est stressé, on peut _____.

4. Si les chats vous font _____, vous avez une allergie.

5. M. Pujas va avoir un petit-fils. Sa fille est _____.

6. Pour être en _____, on doit faire du sport.

7. Vous prenez dix _____ par jour? C'est trop de médicaments!

8. Je montre au pharmacien _____ que le médecin m'a donnée.

9. Le médecin peut vous faire une _____ au bras.

10. Le médecin me demande mes _____ avant de faire un diagnostic.

Leçon 2B

VOCABULARY QUIZ II

1   **Des conseils** What advice would you give these people? Use a different command each time.
    (5 x 1 pt. each = 5 pts.)

    1. Bernard travaille tout le temps et il est fatigué.

    _____

    2. Stéphane a mal au dos.

    _____

    3. Tes amis et toi, vous n'êtes pas en forme en ce moment.

    _____

    4. Ton ami a mal à la tête.

    _____

    5. Noémie est enceinte.

    _____

2   **Je vais mal** Your friend Ali invited you to a movie, but you are probably coming down with a cold or with
    the flu. Write him an e-mail describing your symptoms and how you plan to take care of yourself. (6 pts.)

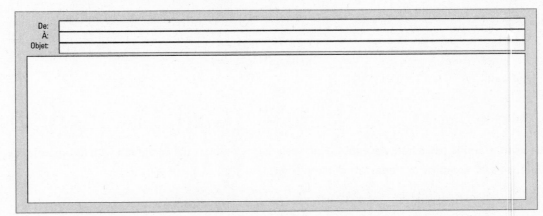

3   **Chez le médecin** Write a humorous conversation between a doctor and a patient. The patient should
    describe three symptoms and give unusal reasons for them. The doctor should prescribe treatment. (9 pts.)

    _____

    _____

    _____

    _____

    _____

    _____

Leçon 2B.1

GRAMMAR QUIZ I
The *passé composé* and *imparfait* of reflexive verbs

1   Choisissez Choose the correct words to complete these statements. (5 x 1 pt. each = 5 pts.)

1. Est-ce que Sophie s'est _____ tard hier soir?
   a. couché
   b. coucher
   c. couchée

2. Les enfants ne se sont pas _____ les mains avant le dîner.
   a. lavées
   b. lavés
   c. lavé

3. La pharmacienne et la patiente se sont _____.
   a. disputées
   b. disputé
   c. disputés

4. Gina, comment t'es-tu _____ la jambe?
   a. cassée
   b. cassé
   c. cassés

5. Mes copines se sont _____ en regardant la télé.
   a. endormi
   b. endormis
   c. endormies

2   Quelle nuit! Camille had a rather eventful night yesterday. Complete the paragraph with the appropriate form of the **passé composé** or **imparfait** of these verbs. (9 x 1 pt. each = 9 pts.)

se casser	s'endormir	éternuer	se réveiller	tousser
se coucher	s'énerver	se fouler	se sentir	

Hier soir, je (1) _____ très tôt parce que je ne (2) _____ pas bien du tout.
Je/J' (3) _____ et je/j' (4) _____ beaucoup parce que j'avais mal à la gorge.
Alors, j'ai pris deux pilules et je (5) _____ .Vers une heure du matin, je
(6) _____ parce que j'ai entendu un bruit. J'ai crié fort et quelqu'un est tombé dans les
escaliers. On a allumé (*turned on*) la lumière—et c'était Charlotte, ma sœur aînée! Pauvre Charlotte,
elle (7) _____ le bras et elle (8) _____ la cheville! Elle
(9) _____ contre moi!

3 **Répondez** Answer these questions using the cues provided. (6 x 1 pt. each = 6 pts.)

1. Qu'est-ce qui est arrivé à Magali? (se blesser)

   _____

2. Tu ne joues pas au tennis aujourd'hui? (se fouler la cheville)

   Non, _____

3. Est-ce que Mohammed et Fatima vont faire du ski? (se casser la jambe)

   Non, _____

4. Est-ce que Philippe et toi, vous êtes toujours amis? (se disputer)

   Non, _____

5. Qu'est-ce que ton père a dit quand il a vu tes notes? (se mettre en colère)

   _____

6. Séverine et Rose ont aimé leurs vacances à la plage? (s'amuser bien)

   _____

Leçon 2B.1

GRAMMAR QUIZ II
The *passé composé* and *imparfait* of reflexive verbs

1 Assemblez Write five sentences in the **passé composé** using an element from each column. Do not repeat any elements. (5 x 1 pt. each = 5 pts.)

je	se fouler	malades
mes professeurs	se casser	jambe
ma mère	s'énerver contre	tête
mon ami(e) et moi	se disputer avec	médecin
mon grand-père	se souvenir de	élèves
les patient(e)s	s'occuper de	amis
l'infirmier/infirmière		cheville
		enfants

1. _____
2. _____
3. _____
4. _____
5. _____

2 Imaginez Complete the sentences using reflexive verbs in the **passé composé** or the **imparfait**. (6 x 1 pt. each = 6 pts.)

1. Hier, les invités _____.
2. Qu'est-il arrivé à Mireille? _____.
3. Samedi dernier, papa _____.
4. Ton/Ta meilleur(e) ami(e) _____?
5. Quand j'étais jeune, _____.
6. La semaine dernière, mes amis _____.

3 Un accident You are a reporter at the scene of a bus accident. Describe what happened and injuries of three passengers. Use the **passé composé**. (9 pts.)

_____

_____

_____

_____

_____

_____

Nom _____ Date _____

Leçon 2B.2

GRAMMAR QUIZ I
The pronouns *y* and *en*

1 Répondez Answer these questions using **y** or **en**. (5 x 1 pt. each = 5 pts.)

1. A-t-elle acheté beaucoup de fleurs? (oui)

   _____

2. Alliez-vous souvent au centre-ville avec M. Hormel? (non)

   _____

3. Le médecin t'a fait une piqûre? (oui)

   _____

4. T'es-tu occupé de la lessive? (non)

   _____

5. S'intéressent-elles à la biologie? (non)

   _____

2 Remplacez Rewrite these sentences by replacing the underlined words with the appropriate pronouns.
(10 x 1 pt. each = 10 pts.)

1. Nous allons amener <u>nos amis</u> <u>chez vous</u>. _____

2. Envoyez-vous <u>des e-mails</u> <u>aux architectes</u>? _____

3. Tu parles <u>au professeur</u> <u>de ton problème</u>? _____

4. Mon grand-père range <u>les livres</u> <u>sur l'étagère</u>. _____

5. J'ai trouvé <u>les clés</u> <u>à la cantine</u>. _____

6. Vous <u>me</u> donnez <u>des fraises</u>. _____

7. Il préfère lire <u>des histoires</u> <u>aux enfants</u>. _____

8. J'ai mis <u>les légumes</u> <u>sur la table</u>. _____

9. Tu as téléphoné <u>à ta cousine</u> <u>à Berlin</u>? _____

10. Nous ne prêtons <u>pas d'argent</u> <u>à nos voisins</u>. _____

3 Faites-le! Give commands using **y** or **en**. (5 x 1 pt. each = 5 pts.)

> **Modèle**
>
> Vous retournez à Montréal? ***Retournez-y!***

1. Tu parles de ta douleur? _____

2. Vous pensez à l'examen? _____

3. Tu vas au gymnase? _____

4. Nous cherchons des livres? _____

5. Tu manges des croissants? _____

| 101 | **Leçon 2B.2**   Grammar Quiz I

Nom _____ Date _____

Leçon 2B.2

GRAMMAR QUIZ II
The pronouns *y* and *en*

1   Devinez la question Write a possible question for each answer. (5 x 2 pts. each = 10 pts.)

1. _____

   Non, mes parents ne vont pas y aller.

2. _____

   Oui, elle leur en a donné.

3. _____

   Oui, je les y achète.

4. _____

   Oui, il y en a.

5. _____

   Non, nous ne l'y retrouvons pas.

2   Les définitions Write a sentence using **y** or **en** to describe something about each of these items. Use different verbs. (5 x 2 pts. each = 10 pts.)

> **Modèle**
>
> un restaurant: *On y va pour manger.*
> des œufs: *On en a besoin pour faire un gâteau.*

1. un gymnase

   _____

2. des amis

   _____

3. une épicerie

   _____

4. des médicaments

   _____

5. un lycée

   _____

Unité 2
Leçon 2B

LESSON TEST I

1 Questions et réponses Listen to the following questions and select the most logical response for each.
(10 x 2 pts. each = 20 pts.)

1. a. Je guéris.
    b. Je suis malade.
    c. Je suis déprimé.

2. a. J'étais en pleine forme.
    b. Je me sentais très bien.
    c. J'avais la grippe.

3. a. Oui, elle s'est fait mal.
    b. Oui, elle attend un garçon.
    c. Oui, elle est tombée malade.

4. a. Il a des allergies.
    b. Il a de la fièvre.
    c. Il a mal au dos.

5. a. J'évite de me blesser.
    b. Je fais du jogging.
    c. Je vais aux urgences.

6. a. Je tousse et j'éternue.
    b. Je prends de l'aspirine.
    c. J'ai une ordonnance.

7. a. Je me suis cassé la jambe.
    b. Je me suis dépêché.
    c. Je me suis reposé.

8. a. Oui, on va demander au pharmacien.
    b. Oui, on attend l'infirmière.
    c. Oui, il faut aller aux urgences.

9. a. Oui, j'y vais.
    b. Je me suis foulé la cheville.
    c. Je vais chercher de l'aspirine.

10. a. Parce que j'ai la cheville enflée.
     b. Parce que j'ai une douleur.
     c. Parce que je me sens mieux.

Nom _____ Date _____

2 **Qu'est-ce qu'il y a?** Use the illustrations to write six sentences describing each person's sickness, injury, symptoms, or where it hurts. (6 x 3 pts. each = 18 pts.)

 1.    2.    3.

 4.    5.   6.

1. Corinne _____.

2. Monsieur Delmas _____.

3. Mademoiselle Lacour _____.

4. Noël _____.

5. Antoine _____.

6. Monsieur Duval _____.

3 **Une journée typique?** Tell what the members of the Méthot family did yesterday. Use the **passé composé**. (8 x 3 pts. each = 24 pts.)

1. (se réveiller) À six heures du matin, toute la famille _____.

2. (se lever) Maman _____ tout de suite, mais les autres sont restés au lit.

3. (se laver les mains) Patrick _____ après le petit-déjeuner.

4. (se coiffer) Anna et maman _____ avant de partir.

5. (se souvenir) Papa _____ d'un rendez-vous à 4h30.

6. (se disputer) Patrick et Robert _____ à cause de leurs devoirs.

7. (se détendre) Après le dîner, les parents _____.

8. (s'endormir) Vers 10h30, toute la famille _____.

Nom _____ Date _____

4   Conversation Céline and Mohammed are having a discussion. Complete their conversation with **y** or **en**. (6 x 3 pts. each = 18 pts.)

CÉLINE   Mohammed, est-ce que tu vas au centre commercial aujourd'hui?

MOHAMMED   Oui, j' _____ vais maintenant. Tu veux _____

aller? Tu dois acheter beaucoup de choses?

CÉLINE   Pas beaucoup. Mais il y a quelques anniversaires le mois prochain.

MOHAMMED   Ah bon? Il y _____ a combien?

CÉLINE   Il y _____ a trois.

MOHAMMED   Tu vas à la librairie?

CÉLINE   Oui. J'aime bien _____ aller.

MOHAMMED   Bon. On _____ va alors?

5   À vous! In a paragraph of at least five complete sentences, describe your last visit to a doctor's office. Tell why you went (your symptoms), whether it was an emergency, what the doctor did, whether you got a prescription, how long it took to get better, etc. (20 pts.)

_____

_____

_____

_____

_____

_____

Unité 2
Leçon 2B

LESSON TEST II

1 Questions et réponses Listen to the questions and select the most logical response.
(10 x 2 pts. each = 20 pts.)

1. a. Je me sens bien.
   b. Je me porte mieux.
   c. Je suis tombé malade.

2. a. J'avais un rhume.
   b. J'étais en bonne santé.
   c. Je guérissais.

3. a. Non, il est guéri.
   b. Non, il est allé aux urgences.
   c. Oui, il se porte mal.

4. a. Oui, je me suis cassé le doigt.
   b. Oui, j'ai eu mal au cœur.
   c. Oui, j'ai évité un accident.

5. a. J'en ai déjà un.
   b. Je préfère aller aux urgences.
   c. J'y vais quand j'ai mal.

6. a. Oui, je me sens bien.
   b. J'y réfléchis.
   c. Non, je ne peux pas. Je n'ai pas d'ordonnance.

7. a. Je me suis foulé la cheville.
   b. Je suis en pleine forme.
   c. Je garde la ligne.

8. a. Je me porte mal.
   b. J'ai mal au ventre.
   c. J'ai beaucoup de douleurs.

9. a. J'ai mal aux dents.
   b. Je me suis cassé le bras.
   c. Je ne trouve pas mon ordonnance.

10. a. Oui, c'est enflé.
    b. Oui, je suis blessé.
    c. Oui, je suis infirmier.

Nom _____ Date _____

2 Qu'est-ce qu'il y a? Use the illustrations to write six sentences describing each person's sickness, injury, symptoms, or where it hurts. (6 x 3 pts. each = 18 pts.)

 1.   2.   3.

 4.    5.   6.

1. Georges _____.

2. Claudette _____.

3. Annick _____.

4. Monsieur Brel _____.

5. Pierre _____.

6. Christine _____.

3 Une journée typique Tell what the members of the Bousquet family did yesterday. Use the **passé composé**. (8 x 3 pts. each = 24 pts.)

1. (se réveiller) Les enfants _____ à six heures et demie du matin.

2. (se raser) Papa _____ dans la salle de bains.

3. (s'habiller) Patrick et Alexandre _____ après le petit-déjeuner.

4. (se regarder) Lola et Caroline _____ dans le miroir avant d'aller au lycée.

5. (s'occuper) Après le dîner, maman _____ des garçons.

6. (se détendre) Papa et les filles _____ dans le salon.

7. (se coucher) Les garçons _____ vers huit heures et demie.

8. (s'endormir) Le reste de la famille _____ vers onze heures.

4 **Conversation** Fatima and Pierre are having a discussion. Complete their conversation with **y** or **en**. (6 x 3 pts. each = 18 pts.)

FATIMA Pierre, est-ce que tu es allé au marché cet après-midi?

PIERRE Oui, j' _____ suis allé avec Ahmed.

FATIMA Vous _____ avez acheté beaucoup de légumes?

PIERRE Oui, j' _____ ai beaucoup acheté.

FATIMA Ah bon? Et Ahmed?

PIERRE Non, pas vraiment. Il s'intéresse à autre chose.

FATIMA Qu'est-ce que tu dis?

PIERRE Il _____ est allé pour dépenser son argent dans des jeux vidéo. Tu te souviens de la dernière fois que nous _____ étions tous les trois?

FATIMA Ah oui, je m'_____ souviens!

5 **À vous!** In a paragraph of at least five complete sentences, describe your last visit to a doctor's or dentist's office. Tell why you were there, where you had any particular pains, what the doctor and/or nurse did, how long it took for you to feel better, etc. (20 pts.)

_____

_____

_____

_____

_____

_____

_____

_____

_____

_____

_____

Unité 2
Leçons A et B

UNIT TEST I

1 Conversations Listen to these conversations and select the most logical continuation for each one.
(8 x 1 pt. each = 8 pts.)

1. a. Au bras gauche.
    b. À l'œil droit.
    c. Aux dents.

2. a. Vous êtes enceinte.
    b. Vous avez un rhume.
    c. Vous vous êtes blessée.

3. a. Le doigt.
    b. La bouche.
    c. Le corps.

4. a. Non, je vais éternuer.
    b. Non, je vais tousser.
    c. Non, je vais juste me reposer.

5. a. Non, je ne tousse pas.
    b. Oui, je sens une douleur.
    c. Oui, je me sens en pleine forme.

6. a. Bien, je vais me préparer.
    b. Bien, je vais me sentir mieux.
    c. Bien, je vais appeler mon médecin.

7. a. Je suis guéri.
    b. Je suis tombé malade.
    c. Je ne vais pas très bien.

8. a. Vous pouvez déprimer.
    b. Vous pouvez éternuer.
    c. Vous pouvez prendre ces pilules.

| 109 |

Nom _____ Date _____

2 À la maison Name the appropriate object to use in each situation. Include the definite article.
(10 x 1 pt. each = 10 pts.)

1. Pour se laver les dents: _____

2. Pour se brosser les cheveux: _____

3. Pour quand on a mal à la tête: _____

4. Pour se laver les mains: _____

5. Pour se raser: _____

6. Pour se maquiller: _____

7. Pour se sécher: _____

8. Pour se laver les cheveux: _____

9. Pour se coiffer: _____

10. Pour se réveiller: _____

Nom _____ Date _____

3 Le diagnostic Say what is going on with these people. Use the words from the list and the correct form of the verbs. (10 x 1 pt. each = 10 pts.)

allergies	faire mal
déprimé	fièvre
enceinte	grippe
enflé	se fouler
en pleine forme	tousser

1. Mme Vermuse attend un bébé. Elle est _____.

2. Au printemps, David éternue beaucoup. Il a des _____.

3. Maxence est triste tout le temps. Il est _____.

4. Marie-Claire est malade et sa peau est toute chaude. Elle a de la _____.

5. M. Robert est chez le dentiste. Sa dent lui _____.

6. La jeune fille est tombée et se tient la cheville. Elle _____ la cheville.

7. J'ai mal à la poitrine parce que je _____ beaucoup.

8. Nous sommes au lit avec de la fièvre et des douleurs partout. Nous avons

    la _____.

9. Mégane va bien. Elle est _____.

10. Votre doigt est très gros, chaud et tout rouge. Il est _____.

4 Le matin Mrs. and Mr. Martin are describing their morning routine. Complete their sentences with the correct present tense forms of the verbs in parentheses. (10 x 1 pt. each = 10 pts.)

Mme Martin: «Le matin, je (1) _____ (se lever) vers 6h00. Je (2) _____ (s'occuper) de mon chat, puis je (3) _____ (s'habiller) et je (4) _____ (se maquiller). Ensuite, je lis le journal et je bois mon café. Je (5) _____ (se détendre) toujours un peu avant de commencer la journée.»

M. Martin: «Heureusement, les enfants (6) _____ (se laver) le soir. Le matin, je (7) _____ (se réveiller) souvent le premier et je (8) _____ (se mettre) à préparer le petit-déjeuner. Quand les enfants et ma femme (9) _____ (se lever), nous (10) _____ (s'asseoir) tous ensemble pour manger.»

Nom _____ Date _____

5 **Dans la salle d'attente** These people are waiting for the doctor. Complete each sentence with the correct present tense form of the verb in parentheses. (8 x 1 pt. each = 8 pts.)

1. M. et Mme Lemoine _____ (s'asseoir) pour attendre le docteur.

2. Nicolas _____ (s'énerver) tout seul.

3. Les enfants _____ (s'amuser) avec les magazines.

4. Tu _____ (s'occuper) en lisant.

5. Mlle Chapoul _____ (se promener) dans le couloir.

6. Vous _____ (se reposer) un peu.

7. On _____ (se rendre compte) qu'on est en retard.

8. Je _____ (s'ennuyer) à mourir.

6 **La routine** Every day is the same. Use the **passé composé** to say that everyone did the same things yesterday too. (10 x 1 pt. each = 10 pts.)

1. Jules: «Je m'ennuie. Hier aussi, je _____.»

2. À Laurie: «Cet après midi, tu te reposes. Hier aussi, tu _____
_____.»

3. Les Lemoine: «Nous nous préparons à partir bientôt. Hier aussi, nous _____
_____ à partir.»

4. À propos de Mme Frémoux: Elle s'assied ici. Hier aussi, elle _____
_____ sur cette chaise.

5. À M. Desclos: «Vous vous trompez. Hier aussi, vous _____
_____.»

6. À des copines: «Vous vous amusez bien. Hier aussi, vous _____
_____ ensemble.»

7. À propos des infirmiers: Ils se détendent dans cette salle. Hier aussi, ils _____
_____ ici.

8. À propos de ce docteur: Il ne s'énerve pas. Hier non plus (*too*), il _____
_____.

9. Les Tellier: «Nous ne nous promenons pas ensemble. Hier non plus, nous _____
_____.

10. À Virginie: «Tu te mets en colère pour rien. Hier aussi, tu _____
_____ en colère.»

Nom _____ Date _____

7 Hier Write sentences to describe what these people did yesterday. Use the cues and reflexive verbs in the **passé composé.** (8 x 2 pts. each = 16 pts.)

1. tu

2. Catherine

3. vous

4. je

5. ma voisine

6. Mme Decroix

7. Noël

8. on

1. _____

2. _____

3. _____

4. _____

5. _____

6. _____

7. _____

8. _____

8 Quel pronom? Complete each sentence by using the pronoun **y** or **en** to replace the underlined words. (8 x 1 pt. each = 8 pts.)

1. Pour être en forme, il faut faire <u>de l'exercice</u>. Il faut _____ faire trois fois par semaine.

2. Après mon accident, j'avais mal <u>à la jambe</u>. J' _____ avais mal surtout le matin.

3. Quand on a la grippe, on a souvent <u>de la fièvre</u>. On _____ a pendant un jour ou deux.

4. Nous n'avons pas eu le temps de prendre <u>une douche</u> ce matin, mais nous pouvons _____ prendre une maintenant.

5. Vous pouvez lire <u>dans cette salle</u>. Tous les infirmiers peuvent s' _____ reposer.

6. Ne vous occupez pas <u>de cette piqûre</u>. Mme Prallet va s' _____ occuper elle-même.

7. Simon aime se regarder <u>dans son miroir</u>. Il s' _____ regarde souvent.

8. Je prends régulièrement <u>de l'aspirine</u>. J' _____ prends une fois par jour.

9 **À vous** You are helping your younger brother or sister get ready for school. Write a conversation in which you ask him/her what he/she has done to get ready this morning. Use at least five reflexive verbs. (20 pts.)

_____

_____

_____

_____

_____

_____

_____

_____

_____

_____

_____

_____

_____

_____

_____

_____

_____

_____

_____

_____

_____

_____

_____

Unité 2
Leçons A et B

UNIT TEST II

1   Conversations Listen to these conversations and select the most logical continuation for each one.
(8 x 1 pt. each = 8 pts.)

1. a. Non, ils se lèvent bientôt.
   b. Non, ils se sont déjà endormis.
   c. Non, ils se préparent à aller au lit.

2. a. Oui, et je me suis même coiffé.
   b. Oui, et je me suis réveillé.
   c. Oui, et je me suis brossé les dents.

3. a. À la tête, le plus souvent le soir.
   b. Au genou, je suis tombé.
   c. À la salle des urgences.

4. a. Oui, mais prends ta douche vite.
   b. Oui, mais je me lave d'abord.
   c. Oui, mais dépêche-toi.

5. a. Regarde dans le tiroir de gauche.
   b. C'est ma brosse.
   c. Utilise la brosse rouge.

6. a. Oui, je vais me réveiller à 7h00.
   b. Oui, je vais m'endormir aussi.
   c. Oui, je vais me lever avec toi.

7. a. Moi, je me lave les cheveux.
   b. Moi, je me maquille la bouche en dernier.
   c. Moi, je me couche ensuite.

8. a. Je fais une légère toilette.
   b. Je prends ma douche.
   c. Je me réveille tôt.

Nom _____ Date _____

2 Le corps Name the body part that corresponds to each description. Include the definite article.
(10 x 1 pt. each = 10 pts.)

1. Pour entendre: _____

2. Pour sentir les odeurs: _____

3. On en a cinq par pied: _____

4. Pour regarder des choses: _____

5. On en a deux sur le visage, sous les yeux: _____

6. Enveloppe et protège le reste du corps: _____

7. Pour manger et parler: _____

8. A cinq doigts: _____

9. Supporte la tête: _____

10. Articulation de la jambe: _____

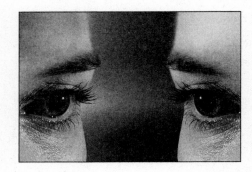

3 **Un hypocondriaque** Mr. Bloncourt visits his doctor much too often. Complete their conversation with the appropriate words. (10 x 1 pt. each = 10 pts.)

LE DOCTEUR   Bonjour, M. Bloncourt. Alors, qu'est-ce qui ne va pas aujourd'hui?

M. BLONCOURT   Je ne sais pas trop, mais une chose est sûre, je me sens très (1) _____ (bien / mal)!

LE DOCTEUR   Bien, décrivez-moi vos (2) _____ (symptômes / urgences).

M. BLONCOURT   J'ai assez mal à la gorge, mais j'ai vérifié et je n'ai pas de (3) _____ (fièvre / douleur).

LE DOCTEUR   Ah! Vous avez peut-être un petit (4) _____ (rhume / blessure) alors?

M. BLONCOURT   Ah non, alors! Ça doit être beaucoup plus (5) _____ (grave / sain) que ça!

LE DOCTEUR   Vous avez mal ailleurs (*somewhere else*)?

M. BLONCOURT   Pas pour l'instant. Mais hier soir, après avoir mangé, j'ai eu légèrement mal au (6) _____ (tête / ventre).

LE DOCTEUR   La digestion, sans doute. Bien. Je pense que nous avons fini pour cette fois.

M. BLONCOURT   Mais docteur, je suis en très mauvaise (7) _____ (santé / corps)! Vous allez me donner une (8) _____ (ordonnance / allergie) au moins (*at least*)?

LE DOCTEUR   Pas la peine. Rentrez chez vous, M. Bloncourt, et (9) _____ (reposez-vous / ennuyez-vous). Vous allez vite (10) _____ (vous blesser / guérir).

4 **Dans la salle d'attente** These people are waiting for the doctor. Complete the sentences with the correct present tense forms of the verbs in parentheses. (10 x 1 pt. each = 10 pts.)

1. Juliette _____ (se coiffer) devant un miroir.

2. Nous _____ (s'amuser) à regarder les gens.

3. Pierre _____ (s'asseoir) sur toutes les chaises.

4. L'infirmière _____ (s'occuper) d'un patient.

5. Je _____ (s'intéresser) aux magazines.

6. Ce bébé _____ (se mettre) à pleurer (*cry*).

7. Tu _____ (se tromper) de porte.

8. Vous _____ (s'ennuyer) sans doute beaucoup.

9. On ne _____ (s'énerver) pas quand le docteur est en retard.

10. M. et Mme Alliet _____ (se préparer) à partir.

5   **Quel pronom?** Complete each sentence with the pronoun **y** or **en**. (8 x 1 pt. each = 8 pts.)

1. Quand on va aux urgences, on n'a pas envie d' _____ rester.

2. La pharmacie était encore ouverte. J' _____ reviens juste.

3. Maude a peut-être déjà appelé cet hôpital, mais elle ne s' _____ souvient pas.

4. Ma fille Sabine aime jouer à se maquiller. Elle s' _____ amuse souvent.

5. Aller chez le dentiste, c'est très important. Il faut _____ aller au moins une fois par an.

6. Le docteur Bellot est fasciné par le cœur. Il s' _____ intéresse depuis très longtemps.

7. Je n'ai pas le temps de passer à la pharmacie aujourd'hui. Tu peux t' _____ occuper?

8. On n'a plus de dentifrice. Nous allons _____ acheter tout à l'heure.

6   **À nouveau** Every day is the same. Use the **passé composé** of the verbs to say these people did the same things yesterday too. (10 x 1 pt. each = 10 pts.)

1. Catherine: «Je m'assieds à ce bureau. Hier aussi, je _____

_____ ici.»

2. À Christian: «Tu te prépares vite ce matin. Hier aussi, tu _____

_____ rapidement.»

3. À propos de Victor: Il ne s'ennuie pas. Hier non plus (too), il _____

_____ .

4. Un groupe d'enfants: «On s'amuse ensemble. Hier aussi, on _____

_____ tous ensemble.»

5. Aux copines: «Vous vous détendez un peu. Hier aussi, vous _____

_____ une demi-heure.»

6. À propos de ces parents: Ils s'inquiètent pour leur fils. Hier aussi, ils _____

_____ pour lui.

7. Les Courtin: «Nous nous dépêchons aujourd'hui. Hier aussi, nous _____

_____ toute la journée.»

8. À Mme Chambolle: «Vous vous trompez d'adresse. Hier aussi, vous _____

_____ .»

9. À Chantal: «Tu t'énerves à la boulangerie. Hier aussi, tu _____

_____ au supermarché.»

10. À ces frères: «Vous ne vous disputez pas maintenant. Hier non plus, vous _____

_____ .

Nom _____ Date _____

7 Ce matin Write sentences to describe what these people did to get ready this morning. Use the cues and reflexive verbs in the **passé composé**. (6 x 2 pts. each = 12 pts.)

1. je

2. vous

3. Hippolyte

4. Mlle Desbiens

5. tu

6. on

1. _____

2. _____

3. _____

4. _____

5. _____

6. _____

8 **Questions personnelles** Answer the questions with complete sentences. (6 x 2 pts. each = 12 pts.)

1. Est-ce que tu t'es déjà cassé quelque chose? _____

_____

2. Quels petits problèmes de santé as-tu régulièrement? _____

_____

3. Est-ce que tu aimes aller chez le dentiste ou chez le médecin? _____

_____

4. Qu'est-ce que tu évites de faire pour être en bonne santé? _____

_____

5. À quel moment de la journée te sens-tu le mieux? _____

_____

6. Que fais-tu quand tu sens que tu vas avoir un rhume? _____

_____

9 **À vous** You are babysitting eight-year-old Christophe and have to make sure that he is ready for bed. Write a conversation in which you ask him what he has done. Use at least five reflexive verbs. (20 pts.).

_____

_____

_____

_____

_____

_____

_____

_____

_____

_____

_____

_____

_____

_____

_____

_____

_____

_____

OPTIONAL TESTING SECTIONS
Unité 2
Leçon 2A
ROMAN-PHOTO

1 Choisissez With what object do you most associate these activities?

_____ 1. se sécher
   a. des vêtements
   b. une serviette de bain
   c. du savon

_____ 2. se brosser les dents
   a. du savon
   b. du maquillage
   c. du dentifrice

_____ 3. se laver
   a. un rasoir
   b. du savon
   c. un réveil

_____ 4. se raser
   a. du maquillage
   b. un réveil
   c. un rasoir

_____ 5. se lever
   a. un miroir
   b. du dentifrice
   c. un réveil

_____ 6. se regarder
   a. une brosse
   b. un miroir
   c. du maquillage

   Unité 2 Roman-photo Video Test Items

Leçon 2B

ROMAN-PHOTO

1 **Identifiez** Match these photos with their captions.

a. un médicament

b. le genou

c. la jambe

d. la piqûre

e. la cheville

f. le pied

1. _____

2. _____

3. _____

4. _____

5. _____

6. _____

OPTIONAL TESTING SECTIONS
Unité 2
Leçon 2A
CULTURE

1 Choisissez Select the answer that best completes each statement or answers each question, according to the text.

1. La température normale du corps est 98.6°F aux États-Unis. Elle est de...
   en France.
   a. 35°C
   b. 37°C
   c. 39°C

2. Le symbole de la pharmacie est une croix...
   a. rouge.
   b. verte.
   c. blanche.

3. En général, quand un Français se sent mal, il consulte...
   a. un vétérinaire.
   b. SOS Médecins.
   c. un pharmacien.

4. L'Occitane vend...
   a. des produits de beauté.
   b. des médicaments.
   c. de la cuisine provençale.

5. L'inspiration pour la création de L'Occitane vient de...
   a. la Provence.
   b. l'Alsace.
   c. la Bretagne.

Leçon 2B

CULTURE

1 Choisissez Select the answer that best completes each statement, according to the text.

1. La Sécurité sociale est financée principalement...
   a. par le gouvernement.
   b. par les Nations Unies.
   c. par les travailleurs.

2. Une mutuelle est une sorte d'...
   a. assurance supplémentaire.
   b. assurance dentaire.
   c. assurance pour personnes âgées.

3. Quand on est enceinte, on consulte la branche... de la Sécurité sociale.
   a. vieillesse
   b. maladie
   c. famille

4. Le fondateur/La fondatrice de la Croix-Rouge est...
   a. un Suisse.
   b. un Français.
   c. une Belge.

5. Le fondateur/La fondatrice du premier hôpital en Amérique du Nord s'appelle...
   a. Jeanne Mance.
   b. Marie Curie.
   c. Bernard Kouchner.

Nom _____ Date _____

OPTIONAL TESTING SECTIONS
Unité 2

FLASH CULTURE

1 Répondez Answer these questions based on what you saw in **Flash culture**.

1. What are four items you might buy in a French pharmacy?

_____   _____

_____   _____

2. How is the role of French pharmacists similar to that of American pharmacists?

_____

_____

_____

_____

3. How is the role of French pharmacists different from that of American pharmacists?

_____

_____

_____

_____

Nom _____ Date _____

PANORAMA

1 La Nouvelle-Aquitaine et l'Occitanie Select the answer that best completes the statement, according to the text.

1. La Nouvelle-Aquitaine et l'Occitanie sont…
    a. dans le nord de la France.
    b. dans le sud-ouest de la France.
    c. dans l'est de la France.

2. Dans la grotte de Lascaux, on trouve…
    a. des dessins préhistoriques.
    b. des châteaux médiévaux.
    c. des ruines romaines.

3. Aliénor d'Aquitaine était…
    a. reine de France.
    b. femme écrivain.
    c. dessinatrice de mode.

4. Le plat régional avec des haricots blancs, de la viande de porc et de canard et des tomates s'appelle…
    a. la bouillabaisse.
    b. le foie gras.
    c. le cassoulet.

5. La pelote basque est…
    a. un plat régional.
    b. un sport.
    c. un festival.

6. Les arènes de Nîmes datent…
    a. de l'ère romaine.
    b. du Moyen Âge.
    c. du dix-huitième siècle.

7. La langue d'Oc est…
    a. un dessert régional.
    b. une grotte préhistorique.
    c. une langue romane.

Nom _____ Date _____

OPTIONAL TESTING SECTIONS
Unité 2

Leçon 2A
LECTURE SUPPLÉMENTAIRE

1 **La santé et la forme** Read this article from a French health and fitness magazine. Then answer the questions using complete sentences.

Pour bien commencer l'année
Voici 5 recommandations pour la nouvelle année

Protégez votre visage, votre corps et vos cheveux

Sous la douche, utilisez un savon et un shampooing doux. Pour les femmes, démaquillez-vous bien le visage tous les soirs. Pour les hommes, utilisez une bonne crème à raser.

Permettez à votre corps de se détendre

Adoptez le massage une ou deux fois par mois pour permettre à tous les muscles de votre corps de se détendre et pour calmer le stress.

Reposez-vous

Pour être en forme, il est important de bien dormir. Couchez-vous tôt et réveillez-vous à la même heure tous les jours. Si vous n'avez pas envie de dormir, prenez une douche ou un bain bien chaud avant de vous coucher.

Faites du sport pour rester en forme

Pratiquez une activité sportive deux ou trois fois par semaine. C'est excellent pour le cœur. Si vous n'aimez pas le sport, promenez-vous un peu à l'heure du déjeuner.

Amusez-vous

Levez-vous de bonne humeur et ne vous dépêchez pas tout le temps. Souvenez-vous qu'il ne faut pas oublier le petit-déjeuner. Essayez de passer de bons moments avec les gens avec qui vous vous entendez bien. Amusez-vous et riez! Ne vous énervez pas toujours sans raison et essayez de ne pas vous mettre en colère contre votre famille. Si vous vous disputez avec quelqu'un, excusez-vous! Ce n'est pas si difficile!

---

1. Que recommande-t-on aux femmes de faire avant de se coucher? _____
   _____

2. Quels produits recommande-t-on pour le visage, le corps et les cheveux? _____
   _____

3. Pourquoi l'article recommande-t-il les massages? _____
   _____

4. Que peut-on faire si on n'a pas sommeil le soir? _____
   _____

5. Que doit-on faire plusieurs fois par semaine? Pourquoi? _____
   _____

6. Que ne doit-on pas faire le matin? _____
   _____

7. Que peut-on faire pour s'amuser pendant la journée? _____
   _____

8. Quelles sont deux choses que l'on ne doit pas faire? _____
   _____

Unité 2

Leçon 2B

LECTURE SUPPLÉMENTAIRE

1 Chez le Docteur Michaux Read this conversation between a patient and her doctor. Then answer the questions using complete sentences.

PATIENTE Bonjour, Docteur.

DOCTEUR Tiens, bonjour, Madame Duchemin. Alors, qu'est-ce qui ne va pas?

PATIENTE Eh bien, je ne sais pas trop, Docteur, mais je ne me sens pas bien depuis quelques jours. Je suis toujours fatiguée et je me sens très faible.

DOCTEUR Voyons… Vous n'avez pas de fièvre… Est-ce que vous toussez?

PATIENTE Non, non, je ne tousse pas.

DOCTEUR Et vous avez d'autres symptômes?

PATIENTE Eh bien, j'ai aussi mal au ventre et j'ai des vertiges (*dizzy spells*).

DOCTEUR Dites-moi où vous avez mal… La douleur est là?

PATIENTE Non, pas là… Aïe! Aïe! Là! C'est là, dans cette partie du ventre.

DOCTEUR Est-ce que vous avez mal au cœur?

PATIENTE Oui, surtout le matin.

DOCTEUR Eh bien, Madame, je pense que vous êtes tout simplement enceinte!

PATIENTE Enceinte! C'est formidable! Mon mari va être tellement content!

DOCTEUR Toutes mes félicitations[1]! Mais il faut faire attention maintenant! Si je me souviens bien, vous ne prenez pas de médicaments en ce moment?

PATIENTE Non, non, rien.

DOCTEUR Très bien. Ne prenez pas de médicaments sans m'en parler d'abord.

PATIENTE D'accord, Docteur.

DOCTEUR Vous devez aussi manger sainement et continuer à faire de l'exercice, mais pas trop. Reposez-vous bien aussi. Revenez me voir le mois prochain.

PATIENTE D'accord. Au revoir, Docteur.

DOCTEUR Au revoir, Madame Duchemin. À bientôt.

[1] *congratulations*

1. Comment Madame Duchemin se sent-elle en ce moment? _____
   _____

2. Quels sont les symptômes de Madame Duchemin? _____
   _____

3. Quels sont deux symptômes mentionnés par le docteur que Madame Duchemin n'a pas? _____
   _____

4. Le docteur Michaux dit-il que Madame Duchemin a la grippe? Expliquez votre réponse. _____
   _____

5. Qu'est-ce que Madame Duchemin va devoir faire avant de prendre des médicaments? _____
   _____

6. Quels sont les trois conseils (*advice*) que le docteur Michaux donne à Madame Duchemin? _____
   _____

Nom _____ Date _____

Unité 3

Leçon 3A

VOCABULARY QUIZ I

1 Chassez l'intrus Choose the word that does not belong in each group. (8 x 1 pt. each = 8 pts.)

1. a. une clé USB
   b. un disque dur
   c. un fichier
2. a. un portable
   b. une souris
   c. un clavier
3. a. un écran
   b. une imprimante
   c. une télécommande
4. a. démarrer
   b. composer
   c. allumer
5. a. marcher
   b. ajouter
   c. fonctionner
6. a. un logiciel
   b. un enregistreur DVR
   c. une chaîne de télévision
7. a. un réseau social
   b. une page d'accueil
   c. un texto
8. a. une tablette
   b. un mot de passe
   c. un smartphone

2 Complétez Complete these statements with the most logical word. (8 x 1 pt. each = 8 pts.)

1. N'oublie pas de _____ ton document souvent pour ne pas tout perdre.

2. La nuit, il faut _____ ton portable pour le recharger.

3. Son petit ami est chanteur et il vient d' _____ son premier album.

4. Je n'aime pas cette personne. Je vais la _____ de mes amis.

5. Hier, Guillaume a envoyé huit textos sur mon _____!

6. Pour aller sur ton compte email, il faut un _____.

7. Les enfants jouent à des _____ sur leurs ordinateurs.

8. Nous allons acheter un _____ pour faire de belles photos pendant notre voyage.

3   Ça marche comment?   Your great uncle Fred just bought his first computer but understands nothing about it. Answer his questions with complete sentences. (4 x 1 pt. each = 4 pts.)

1. Si je veux avoir une copie de ce que je vois (*see*) sur l'écran, j'utilise quoi?

   _____

   _____

2. Qu'est-ce que je clique pour aller sur un site Internet?

   _____

   _____

3. Où est-ce qu'on sauvegarde les fichiers?

   _____

   _____

4. Qu'est-ce que je dois télécharger pour ouvrir et travailler sur ce document?

   _____

   _____

Nom _____ Date _____

Leçon 3A

VOCABULARY QUIZ II

1 Définitions Write complete sentences defining or describing these devices. (5 x 1 pt. each = 5 pts.)

1. une tablette: _____

_____

2. un disque dur: _____

_____

3. une imprimante: _____

_____

4. un smartphone: _____

_____

5. une télécommande: _____

_____

2 Répondez How tech savvy are you and your friends? Answer these questions about technology in your home. (5 x 1 pt. each = 5 pts.)

1. Est-ce que vous avez déjà effacé un document par erreur? Quand?

_____

2. Avez-vous un smartphone? L'utilisez-vous souvent? Pour faire quoi?

_____

3. Quel appareil électronique chez vous est le plus important? Pourquoi?

_____

4. Quel appareil électronique est le moins utile? Pourquoi?

_____

5. Combien d'heures par jour vos amis et vous êtes en ligne?

_____

3 Je suis cyber content(e)! Your grandmother has just bought you all kinds of new electronic equipment. Send an e-mail to a friend telling him or her about five new devices and how you are using them. (10 pts.)

_____

_____

_____

_____

_____

_____

_____

Leçon 3A.1

GRAMMAR QUIZ I
Prepositions with the infinitive

1 En cours d'informatique Philippe and his friends are in computer class. Fill in the blanks with the preposition **à** or **de**. Write an X in the blank if neither is needed. (6 x 0.5 pt. each = 3 pts.)

1. J'ai oublié _____ prendre mon portable.
2. Tu peux m'aider _____ télécharger ce logiciel?
3. Est-ce que Bernard a commencé _____ imprimer le document?
4. On ne doit _____ pas utiliser son portable en classe.
5. Carmen a raison _____ ne pas redémarrer l'ordinateur.
6. J'ai appris _____ utiliser un nouveau logiciel aujourd'hui.

2 Choisissez Complete each sentence with the correct present-tense form of a verb from the list. Use each verb only once. One verb will not be used. (7 x 1 pt. each = 7 pts.)

adorer	éviter
apprendre	hésiter
continuer	rêver
espérer	savoir

1. Le mois prochain, il va _____ à skier.
2. Pourquoi tu _____ à participer en cours? As-tu peur?
3. Pourquoi est-ce que Daniel _____ de rencontrer Stéphanie?
4. Quand il fait beau, nous _____ faire du vélo.
5. M. Charpentier est fatigué mais il _____ à travailler.
6. Mes grands-parents ne _____ pas envoyer des e-mails.
7. Vous _____ d'avoir une belle maison un jour.

3 Composez Write complete sentences using the cues. Use the appropriate tense, add prepositions as needed, and make any other necessary changes. (5 x 2 pts. each = 10 pts.)

1. hier / elle / oublier / éteindre / l'ordinateur

   _____

2. mes tantes / apprendre / aller sur Internet / la semaine dernière

   _____

3. nous / s'amuser bien / jouer / des jeux vidéo

   _____

4. mon copain / hésiter / acheter / un smartphone

   _____

5. vous / refuser / acheter une tablette / ?

   _____

Nom _____ Date _____

Leçon 3A.1

GRAMMAR QUIZ II
Prepositions with the infinitive

1 **Assemblez** Write five complete sentences using an element from each column. Add prepositions as necessary and do not repeat any elements. (5 x 1 pt. each = 5 pts.)

je	détester	faire
mon/ma meilleur(e) ami(e)	décider	sauvegarder
nos professeurs (ne…pas)	apprendre	graver
ma mère	espérer	acheter
mes camarades de classe	se préparer	télécharger
mes copains et moi	refuser	visiter

1. _____
2. _____
3. _____
4. _____
5. _____

2 **Une suite logique** Write a logical continuation for each statement using the verb in parentheses with another infinitive. (5 x 1 pt. each = 5 pts.)

1. André est très timide. (hésiter) _____
2. Mes cousins français sont vraiment drôles! (s'amuser) _____
3. Ma grand-mère est en très bonne santé. (rêver) _____
4. Je vais sortir avec mes copains dimanche soir. (vouloir) _____
5. Nous avons mal aux jambes. (arrêter) _____

3 **Problèmes de technologie** You have been experiencing trouble with your computer. Write an e-mail to customer support explaining the problem and what you have tried to do to fix it. Use at least five verbs from the list below in your e-mail. (5 x 2 pts. each 10 pts.)

aider à	devoir	éteindre	finir de	réussir à	venir de
continuer à	essayer de	éviter de	pouvoir	savoir	vouloir

_____
_____
_____
_____
_____
_____

Leçon 3A.2

GRAMMAR QUIZ I
Reciprocal reflexives

1 On fait l'accord? Lucien and Aminata are discussing their friends. Write **s** or **es** to make the past participles agree where necessary and write an X in the blank(s) where there is no agreement. (5 x 1 pt. each = 5 pts.)

1. Anne et Sébastien se sont réconcilié_____.

2. Thérèse et Mia se sont téléphoné_____ jeudi dernier?

3. Gérard et Pauline se sont aidé_____ à finir les devoirs.

4. Salima et Julie se sont retrouvé_____ devant le cinéma.

5. Lucie et Ahmed se sont écrit_____ pendant trois ans.

2 Complétez Benjamin is talking about his relationship with Émilie. Complete the paragraph with the appropriate **passé composé** forms of the verbs in parentheses. (5 x 1 pt. each = 5 pts.)

Émilie et moi, nous (1) _____ (se parler) pour la première fois à la cantine. Je l'ai trouvée très belle! Nous (2) _____ (se donner) rendez-vous le samedi suivant (*following*) au parc. Après cette journée, nous (3) _____ (se retrouver) tous les soirs. Au début, tout allait bien mais elle était trop jalouse chaque fois que je parlais à une autre fille. Finalement, nous (4) _____ (ne plus se téléphoner) et nous (5) _____ (se quitter).

3 C'est l'amour! Tristan and Éléa are in love. Write complete sentences using the **passé composé** to tell how their relationship evolved over time. (5 x 2 pts. each = 10 pts.)

1. se rencontrer à une fête

   _____

2. se regarder toute la soirée

   _____

3. se donner leurs numéros de téléphone

   _____

4. se retrouver au café tous les samedis

   _____

5. s'embrasser pour la première fois hier

   _____

Nom _____ Date _____

Leçon 3A.2

GRAMMAR QUIZ II
Reciprocal reflexives

1 Questions personnelles Answer these questions. (4 x 1 pt. each = 4 pts.)

1. En quelle année est-ce que tes parents se sont rencontrés?

_____

2. Tes camarades de classe et toi, vous entendez-vous toujours?

_____

3. Quels membres de ta famille se retrouvent souvent?

_____

4. Est-ce que tu as déjà eu un(e) correspondant(e) (*penpal*)? Vous écriviez-vous souvent?

_____

2 Histoire d'un couple Think of a real or fictional couple. Write six sentences using reciprocal reflexive verbs to tell how they met, fell in love, and either separated or lived happily ever after. (6 x 1 pt. each = 6 pts.)

_____

_____

_____

_____

_____

_____

3 On a des problèmes Imagine that you and your best friend are having an argument. Write a conversation in which you discuss the problem and come to a resolution. Use at least five reciprocal reflexive verbs. (5 x 2 pts. each = 10 pts.)

_____

_____

_____

_____

_____

_____

_____

_____

_____

Nom _____ Date _____

Unité 3
Leçon 3A

LESSON TEST I

1 **La technologie** Listen to Andréa describe how she uses technology and technological devices. Indicate whether each description is logical (**logique**) or illogical (**illogique**). (5 x 4 pts. each = 20 pts.)

1. a. logique
   b. illogique

2. a. logique
   b. illogique

3. a. logique
   b. illogique

4. a. logique
   b. illogique

5. a. logique
   b. illogique

| 137 | **Leçon 3A**   Lesson Test I

Nom _____ Date _____

2 C'est à toi? Identify the five pieces of technology as yours. (5 x 4 pts. each = 20 pts.)

Modèle

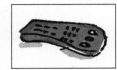

C'est ma télécommande.

1. _____

2. _____

3. _____

4. _____

5. _____

3 **Que fait-on?** What do you think people are likely to do, given each of these situations. Use the verb in parentheses and add the preposition **à** or **de** if necessary. Use the same tense as in the original situation. (6 x 4 pts. each = 24 pts.)

> **Modèle**
>
> Les Martin pensaient que la technologie était importante. (rêver)
> Ils *rêvaient d'*acheter un nouveau portable.

1. Je prépare bien mon cours de maths.
   (éviter) J' _____ rater mon examen.

2. Nous avons plusieurs cadeaux à acheter.
   (espérer) Nous _____ aller au centre commercial cet après-midi.

3. Paul a voulu mettre quelques chansons sur son ordinateur.
   (décider) Il _____ les télécharger.

4. Sandra a passé ses vacances à Grenoble.
   (apprendre) Elle _____ faire du ski.

5. J'ai beaucoup de choses à faire ce week-end.
   (aider) Est-ce que tu m' _____ faire la vaisselle?

6. Océane et Marine ont besoin d'argent.
   (détester) Mais elles _____ travailler.

4 **Tout va bien?** Use the verb in parentheses to say how these people feel about each other, based on the context. Use the present tense, the **futur proche**, or the **imparfait** according to the context. (4 x 4 pts. each = 16 pts.)

> **Modèle**
>
> Ali et moi, nous sommes de très bons copains. (s'entendre) *Nous nous entendons* bien.

1. Mes parents vont divorcer. (se quitter)
   _____ pour toujours.

2. Joël va en France pendant les vacances et toi, tu vas en Italie. (s'écrire)
   _____ tous les jours.

3. Mon cousin et moi habitions très loin. (se voir)
   _____ rarement.

4. Mon copain Richard aime Annick et elle l'aime aussi. (s'embrasser)
   _____ tout le temps!

5 **À vous!** Write a paragraph of at least five complete sentences telling about how you use computers. Tell what computer equipment you use and describe three to four activities you regularly do on a computer. (5 x 4 pts. each = 20 pts.)

_____

_____

_____

_____

Unité 3
Leçon 3A

LESSON TEST II

1 **La technologie** Listen to Paul give advice on how to use technology and technological devices. Indicate whether each piece of advice is logical (**logique**) or illogical (**illogique**). (5 x 4 pts. each = 20 pts.)

1. a. logique
   b. illogique

2. a. logique
   b. illogique

3. a. logique
   b. illogique

4. a. logique
   b. illogique

5. a. logique
   b. illogique

2 C'est à toi? Identify these five pieces of technology as yours. (5 x 4 pts. each = 20 pts.)

> **Modèle**
>
> *C'est mon portable / smartphone.*

1. _____
2. _____
3. _____
4. _____
5. _____

3 Que fait-on? What do you think people are likely to do given these situations? Use the verb in parentheses and the preposition **à** or **de** if necessary. Use the same tense as in the original situation.
(6 x 4 pts. each = 24 pts.)

> **Modèle**
>
> J'ai étudié dix heures ce week-end. (se préparer) *Je me suis préparé* pour l'examen d'histoire.

1. Tu veux économiser (*save*) l'énergie, n'est-ce pas?

   (devoir) Alors, tu _____ éteindre les appareils électroniques après les avoir utilisés.

2. Vous êtes allé au marché cet après-midi, mais vous n'avez pas tout acheté.

   (oublier) Vous _____ acheter des champignons!

3. Mes grands-parents adorent la technologie.

   (savoir) Ils _____ même télécharger de la musique.

4. Jean-Luc ne connaît pas la personne qui lui a envoyé ce message.

   (hésiter) Alors, il _____ ouvrir le fichier joint.

5. J'ai mal à la tête, moi. Je vais prendre de l'aspirine.

   (refuser) Je _____ souffrir (*suffer*) une minute de plus!

6. Gabrielle et moi, nous ne trouvons pas nos portables.

   (continuer) Nous _____ les chercher.

Nom _____ Date _____

4 On se…? Use the present tense of the reciprocal verb in parentheses to say what these people are doing, based on the context. (4 x 4 pts. each = 16 pts.)

> *Modèle*
>
> J'ai fait la connaissance de Christine il y a quinze ans. (se connaître)
> ***Nous nous connaissons*** très bien.

1. Daniel et Mélissa ont promis de ne jamais se mentir (*lie*). (se dire)
   _____ toujours la vérité (*truth*).

2. Lucie et moi, nous adorons utiliser notre portable. (se téléphoner)
   _____ souvent pendant la semaine.

3. Guillaume et Laure ont rendez-vous ce soir à 19h00. (se retrouver)
   _____ au café, près du lycée.

4. Mon ami et moi, nous avons tous les deux des examens demain. (se donner)
   _____ des conseils (*advice*).

5 À vous! Write a paragraph of at least five complete sentences telling about how you use computers. Tell what computer equipment you use and describe three to four activities you regularly do on a computer. (5 x 4 pts. = 20 pts.)

_____

_____

_____

_____

_____

_____

_____

_____

Leçon 3B

VOCABULARY QUIZ I

1 Associez Match each word or phrase in Column A with a related one in Column B. (6 x 0.5 pt. each = 3 pts.)

	A		B
_____	1. tomber en panne	a.	une amende
_____	2. les valises	b.	le moteur
_____	3. voir (*to see*) la nuit	c.	un réservoir d'essence
_____	4. démarrer	d.	ne pas fonctionner
_____	5. la limitation de vitesse	e.	un parking
_____	6. faire le plein	f.	la portière
		g.	les phares
		h.	le coffre

2 Choisissez Choose the best word to complete each sentence. (5 x 1 pt. each = 5 pts.)

1. Je vais t'acheter une voiture quand tu auras (*have*) (une amende / ton permis de conduire).
2. Tu es fatiguée, maman. Passe-moi (le volant / la roue)!
3. On doit (faire le plein / dépasser la limitation de vitesse) avant de partir.
4. Il faut ouvrir (le capot / le voyant d'huile) pour réparer le moteur.
5. Nous sommes en retard parce qu'il y avait trop de (stations-service / circulation) sur la route.

3 Complétez Fill in each blank with an appropriate word or phrase. (12 x 1 pt. each = 12 pts.)

1. Il est très important d'avoir de bons _____ quand il pleut.
2. N'oublie pas de regarder dans le _____ pour voir ce qui est derrière la voiture.
3. Mon frère n'attache jamais sa _____!
4. On va _____ dans le parking en face du bureau.
5. Vous ne pouvez pas vous arrêter parce que les _____ ne fonctionnent pas.
6. Pour changer de vitesse, on utilise l' _____.
7. Il y a une grande _____ qui passe par les deux villes.
8. Joseph a un _____ parce qu'il a probablement conduit sur des clous (*nails*).
9. Le professeur est rentré dans le kiosque et le _____ de sa voiture a une bosse (*dent*).
10. Le _____ m'a demandé mon permis de conduire.
11. Mon voisin m'emmène au lycée parce que ma voiture est tombée _____.
12. As-tu vérifié la _____ des pneus à la station-service?

Nom _____ Date _____

Leçon 3B

VOCABULARY QUIZ II

1 Répondez Answer these questions with complete sentences. (5 x 1 pt. each = 5 pts.)

1. Pour quel service tes parents sont-ils allés à la station-service la dernière fois?

_____

2. Combien de fois par mois font-ils le plein? Combien paient-ils chaque fois?

_____

3. À quel âge peut-on avoir un permis de conduire?

_____

4. Connais-tu quelqu'un qui a eu un accident récemment? Que s'est-il passé?

_____

5. Tes copains et toi, savez-vous changer un pneu crevé?

_____

2 Faites attention! You are helping the school driving instructor put together a leaflet with some basic tips for new drivers. Write complete sentences to list five tips for safe driving and good car maintenance. (5 x 1 pt. each = 5 pts.)

1. _____
2. _____
3. _____
4. _____
5. _____

3 Pas de chance! Mr. Corneille was fined three times last week for traffic violations. Write a paragraph telling what happened, why he received the fines, and how much he had to pay. (10 pts.)

_____
_____
_____
_____
_____
_____
_____
_____
_____
_____
_____

Nom _____ Date _____

Leçon 3B.1

GRAMMAR QUIZ I
The verbs *ouvrir* and *offrir*

1 Complétez Complete each statement with the correct form of the verb in parentheses. Use the present tense, **passé composé**, or the infinitive according to the context. (10 x 1 pt. each = 10 pts.)

1. Hier, mes parents _____ (découvrir) mon secret.

2. Je ne vais pas _____ (ouvrir) la fenêtre parce que j'ai froid.

3. Tu _____ (souffrir) toujours de cette douleur?

4. Pouvez-vous _____ (couvrir) votre bouche quand vous toussez?

5. Nous _____ (découvrir) beaucoup de vieux immeubles chaque fois que nous allons au centre-ville.

6. Vous _____ (offrir) des livres à Marion pour son anniversaire?

7. Les étudiants n' _____ (ouvrir) pas leurs livres pendant un examen.

8. M. Pistou _____ (ouvrir) son nouveau restaurant à Nantes le mois dernier.

9. Nous _____ (souffrir) des allergies au printemps.

10. Il va neiger demain. N'oubliez pas de _____ (couvrir) vos plantes!

2 Répondez Use the phrases from the list to answer these questions in a logical manner. (5 x 2 pts.each = 10 pts.)

couvrir les meubles avant de partir	**offrir huit mille dollars**
couvrir ses devoirs	**ouvrir nos cadeaux**
découvrir beaucoup de petits magasins chic	**ouvrir le livre**
découvrir un million de dollars	**souffrir toujours avant un examen**

1. Qu'est-ce qui ne va pas avec Rémy?
   Il _____

2. C'est la veille de Noël (*Christmas Eve*)! Qu'est-ce que vous faites demain matin?
   Nous _____

3. Tu aimes le petit village où habite ton oncle?
   Oui, je/j' _____

4. Qu'est-ce que ta mère fait dans la maison?
   Elle _____

5. Combien payez-vous pour la voiture?
   Nous _____

       Leçon 3B.1 Grammar Quiz I

Nom _____ Date _____

Leçon 3B.1

GRAMMAR QUIZ II
The verbs *ouvrir* and *offrir*

1 Répondez Answer these questions with complete sentences. (5 x 1 pt. each = 5 pts.)

1. Qu'est-ce que tes parents t'ont offert pour ton anniversaire?

_____

2. Que fais-tu quand tu souffres d'un mal de tête?

_____

3. Qu'est-ce qui (*What*) couvre les murs de ta chambre?

_____

4. As-tu découvert le secret de quelqu'un? De qui? Quand?

_____

5. D'habitude, à quelle heure ouvrent les magasins dans ta ville?

_____

2 Inventez Write sentences using the cues and words of your own choosing. (5 x 1 pt. each = 5 pts.)

1. mes grands-parents / ne pas souffrir

_____

2. mon frère cadet/ma sœur cadette / découvrir

_____

3. mon/ma meilleur(e) ami(e) / offrir

_____

4. je / ouvrir

_____

5. mon voisin / ne pas couvrir

_____

3 Malade Your friend Baptiste has not been well. Write him an e-mail to ask about his illness and to tell him what to do. Use at least five of these verbs. (5 x 2 pts. each = 10 pts.)

couvrir	espérer	oublier de	pouvoir
devoir	éviter de	ouvrir	souffrir

_____

_____

_____

_____

_____

Leçon 3B.2

GRAMMAR QUIZ I
Le conditionnel

1 Complétez Fill in the blanks with the conditional of the verbs in parentheses. (10 x 1 pt. each = 10 pts.)

1. Je t' _____ (attendre) devant la bibliothèque.

2. (Devoir) _____ -tu emmener Danielle au stade?

3. Ma meilleure amie et moi, nous _____ (faire) du sport le soir.

4. Avec sept cours, vous _____ (avoir) trop de devoirs!

5. Michel et Sally _____ (envoyer) des e-mails à leurs cousins.

6. Normalement, tu _____ (recevoir) les livres dans deux jours.

7. Le mécanicien a dit qu'il _____ (falloir) vérifier l'huile.

8. Solange et moi, nous _____ (aller) à la plage tous les matins.

9. Nos amis _____ (venir) nous rendre visite à Bordeaux pendant l'été.

10. Ne t'inquiète pas! Ton fils _____ (savoir) quoi faire.

2 Ce n'est pas poli! Rewrite the underlined segments in the conditional. (5 x 1 pt. each = 5 pts.)

1. Je veux quelque chose à manger! _____

2. Pouvez-vous me dire où se trouve la librairie? _____

3. Ça t'ennuie de faire la lessive? _____

4. Est-il possible d'aller au parc aujourd'hui? _____

5. Nous aimons regarder la télévision l'après-midi. _____

3 Restons en forme Nathan is telling his family what they would be doing if they wanted to stay healthy. Write complete sentences with the conditional using the cues. (5 x 1 pt. each = 5 pts.)

1. moi, je / ne pas prendre / dessert / chaque jour

_____

2. papa, tu / faire de la gym trois fois par semaine

_____

3. Isabelle et Françoise / se mettre au lit de bonne heure

_____

4. maman / être au régime

_____

5. nous / devoir manger beaucoup de légumes

_____

Nom _____ Date _____

Leçon 3B.2

GRAMMAR QUIZ II
Le conditionnel

1 Complétez Use the conditional form of different verbs to complete these sentences. (5 x 1 pt. each = 5 pts.)

1. Avec un smartphone, tu… _____
   _____

2. Sans ordinateurs, on… _____
   _____

3. À ta place, je… _____
   _____

4. Avec un million de dollars, mes parents... _____
   _____

5. Mes copains et moi, nous… _____
   _____

2 Je ferais tout! Your parents will buy you a new car if you can convince them that you deserve it. Make a list of five things you would do to keep your car in good condition and be a safe driver. (5 x 1pt. each = 5 pts.)

```
1. Je...
2.
3.
4.
5.
```

3 Des vacances super! You are on a fabulous vacation and wishing your best friend could be there. Write him or her a postcard saying how it would be if the two of you were together, what you woulddo, and where you would go. Use five verbs in the conditional. (5 x 2 pts. each = 10 pts.)

_____

_____

_____

_____

_____

_____

Unité 3
Leçon 3B

LESSON TEST I

1 **Une nouvelle voiture** Raoul's parents just bought him a car and he is taking Mouna for a drive. Select the most logical answer to her questions. (8 x 3 pts. each = 24 pts.)

1. a. À la station-service.
    b. Dans une auto-école.
    c. Il y a deux mois.

2. a. Oui, quand le voyant d'essence s'allume.
    b. Oui, j'ai vérifié la pression des pneus.
    c. Oui, je suis tombé en panne.

3. a. Oui, j'adore conduire.
    b. Mais, tu n'as pas ton permis!
    c. Oui, il faut payer une amende.

4. a. Un capot.
    b. Un volant.
    c. Une roue de secours.

5. a. Les essuie-glaces.
    b. Un agent de police.
    c. Une portière.

6. a. Oui, je sais faire le plein.
    b. Oui, il y a de la circulation.
    c. Non, j'appelle un mécanicien.

7. a. Les freins.
    b. Un pare-chocs.
    c. L'embrayage.

8. a. Dans le réservoir d'essence.
    b. Sur l'autoroute.
    c. Dans un parking.

Nom _____ Date _____

2 À la station-service Write sentences telling what each person is doing in the illustration.
(5 x 4 pts. each = 20 pts.)

1. _____

2. _____

3. _____

4. _____

5. _____

3 Quel verbe? Complete each sentence with the correct form of an appropriate verb from the list. Note that
1–3 are in the **présent** and 4–6 are in the **passé composé**. (6 x 3 pts. each = 18 pts.)

couvrir	découvrir	offrir	ouvrir	souffrir

1. Chez moi, toute la famille _____ les cadeaux le matin de Noël.

2. Nous _____ toute sorte de belles choses.

3. Tu me/m' _____ ce livre? Merci beaucoup!

4. Guillaume et Luc ont eu un accident de voiture et ils _____ de
   plusieurs blessures.

5. Le médecin _____ une blessure avec un pansement (*bandage*).

6. Monsieur l'agent, est-ce que vous _____ la cause de l'accident?

4 **Les vacances** Use the conditional to say whether these people would likely do or not do the indicated activities if they were on vacation. (9 x 2 pts. each = 18 pts.)

> *Modèle*
>
> Paul et moi / étudier *Nous n'étudierions pas.*

1. Suzanne et toi / réussir / à oublier le travail _____

2. je / faire une promenade / à la plage _____

3. Jean et Luc / préparer / un examen _____

4. Yves et moi / aller / à Montréal _____

5. tu / se reposer _____

6. Sophie / attendre / avec impatience / la fin des vacances _____
_____

7. on / regarder / un film / au cinéma / dans l'après-midi _____
_____

8. nous / avoir / des cours _____

9. notre professeur / assister / à une conférence _____
_____

5 **À vous!** What would your life be like without the technology you use every day? Write a paragraph of at least five sentences in which you describe five things you would do differently if you didn't have technological devices. Use the conditional and vocabulary from the lesson in your paragraph. (5 x 4 pts. each = 20 pts.)

_____

_____

_____

_____

_____

Nom _____ Date _____

Unité 3
Leçon 3B

LESSON TEST II

1 En route Bernadette's parents just bought her a car and she is taking Adrien for a drive. Select the most logical answer to each of his questions. (8 x 3 pts. each = 24 pts.)

1. a. À la station-service.
   b. Dans une auto-école.
   c. Quand j'avais dix-sept ans.

2. a. Non, j'ai déjà fait le plein.
   b. Oui, j'ai bien attaché ma ceinture de sécurité.
   c. Non, jamais.

3. a. Oui, j'ai eu un pneu crevé.
   b. Oui, j'ai fait le plein.
   c. Oui, j'ai vérifié l'huile avant de partir.

4. a. Oui, il y a deux phares.
   b. Oui, il y a toujours beaucoup de circulation.
   c. Oui, la limitation de vitesse est à 130 km/h.

5. a. Je cherche dans le coffre.
   b. Je trouve un agent de police.
   c. Je vérifie l'huile.

6. a. Quand le voyant d'essence est allumé.
   b. Mais non, j'ai déjà dépassé cette voiture.
   c. Non, il ne pleut pas.

7. a. Sous le capot.
   b. Dans le coffre.
   c. Près du volant.

8. a. Je regarde dans le réservoir d'essence.
   b. Je regarde dans le rétroviseur.
   c. Je regarde l'embrayage.

2 La voiture Write out the words indicated by the numbers in the illustration. Include definite articles.
(10 x 2 pts. each = 20 pts.)

1. _____   6. _____
2. _____   7. _____
3. _____   8. _____
4. _____   9. _____
5. _____   10. _____

3 Quel verbe? Complete each sentence with the correct form of an appropriate verb from the list. Note that items 1–3 are in the **présent** and 4–6 are in the **passé composé**. (6 x 3 pts. each = 18 pts.)

couvrir	découvrir	offrir	ouvrir	souffrir

1. Qu'est-ce que tu _____ à ton copain pour son anniversaire?

2. Nous _____ le capot pour regarder le moteur.

3. Les parents _____ la tête de leurs enfants quand il fait du soleil.

4. J'ai eu un accident de voiture la semaine dernière. Heureusement, je/j' _____ seulement d'un mal de tête.

5. Le petit garçon _____ où ses parents cachent (*hide*) les cadeaux de Noël.

6. Est-ce que vous _____ le fichier que je vous ai envoyé hier?

Nom _____ Date _____

4 Les vacances Use the conditional to say whether these people would likely do or would not do the indicated activities if they were on vacation. (9 x 2 pts. each = 18 pts.)

> *Modèle*
>
> Paul et moi / étudier *Nous n'étudierions pas.*

1. Amélie et toi / répondre / aux questions du prof _____
   _____

2. je / nager / souvent / à la piscine _____

3. Sylvain et Luc / faire / leurs devoirs _____

4. Philippe / aller / à Paris _____

5. tu / se promener / à vélo _____

6. Anne-Laure et moi / lire / un bon livre _____

7. on / faire / un pique-nique / au parc / tout l'après-midi _____
   _____

8. nous / être / à la bibliothèque _____

9. les Noirot / passer / une semaine / à la plage _____

5 À vous! What would your life be like without the technology you use every day? Write a paragraph of at least five sentences in which you describe five things you would do differently if you didn't have technological devices. Use the conditional and vocabulary from the lesson in your paragraph.
(5 x 4 pts. each= 20 pts.)

_____

_____

_____

_____

_____

Unité 3
Leçons A et B

UNIT TEST I

1 Questions Anne is learning to drive. Choose the logical response to each of the questions she asks her friend Tarek. (8 x 1 pt. each = 8 pts.)

   1. a. Oui, la circulation est mauvaise.
      b. Oui, je fais le plein.
      c. Oui, j'ai mon permis.

   2. a. Non, j'appelle un mécanicien.
      b. Non, je trouve un agent de police.
      c. Non, je vérifie la pression des pneus.

   3. a. Oui, c'est la limitation de vitesse.
      b. Oui, je ne veux pas d'amende.
      c. Oui, c'est plus prudent.

   4. a. Sous le capot.
      b. Dans le coffre.
      c. À l'avant de la voiture.

   5. a. Quand j'ai un pneu crevé.
      b. Quand le résevoir d'essence est plein.
      c. Quand le voyant s'allume.

   6. a. Dans un parking.
      b. Sur l'autoroute.
      c. À la station-service.

   7. a. Quand il y a de la circulation.
      b. Quand il pleut.
      c. Quand il fait nuit.

   8. a. Mettre la ceinture de sécurité.
      b. Dépasser les voitures.
      c. Freiner.

Nom _____ Date _____

2   **La technologie** Name the object used in each situation. Include the indefinite article.
    (10 x 1 pt. each = 10 pts.)

1. Un appareil pour enregistrer un téléfilm: _____

2. Un appareil pour sauvegarder des documents: _____

3. Un appareil pour envoyer des SMS: _____

4. Un appareil pour écouter de la musique: _____

5. Un appareil pour prendre des photos: _____

6. Un appareil pour changer de chaîne: _____

7. Un objet pour écrire avec un ordinateur: _____

8. Un objet pour déplacer le curseur sur l'écran: _____

9. Un site Internet pour rester en contact avec des amis: _____

10. Un appareil pour regarder des DVD: _____

| 157 |

Nom _____ Date _____

3 Mes habitudes Answer the questions using complete sentences. (6 x 2 pts. each = 12 pts.)

1. Qu'est-ce que tu télécharges souvent? _____

2. Qu'est-ce que tu branches tous les jours? _____

3. Qu'est-ce que tu peux faire sur les réseaux sociaux? _____

4. Qu'est-ce qu'il te faut pour regarder tes e-mails? _____

5. Qu'est-ce que tu utilises pour imprimer des documents? _____

6. Qu'est-ce que tu fais quand tu es en ligne? _____

4 L'ordinateur Complete each sentence with the correct form and tense of the verb in parentheses.
(10 x 1 pt. each = 10 pts.)

1. _____ (ouvrir) ce document, s'il te plaît.

2. Vous _____ (couvrir) l'écran quand vous tapez votre mot de passe.

3. Mon ordinateur _____ (souffrir) d'un problème étrange. Il est très lent.

4. Les grands-parents _____ (découvrir) souvent Internet avec leurs petits-enfants.

5. Pour son anniversaire, nous lui _____ (offrir) un écran plus grand.

6. Pour garder ton clavier propre, tu le _____ (couvrir) avec ça.

7. Avant, quand on _____ (ouvrir) ce fichier, on installait un virus.

8. Hier, ils _____ (découvrir) comment sauvegarder leur travail facilement.

9. Je/J' _____ (souffrir) quand mon disque dur est mort brusquement.

10. Il _____ (offrir) aux enfants un nouveau jeu vidéo.

5 Au garage M. Villon is picking up his car from the mechanic. Complete the mechanic's report with **à** or **de**, if necessary. (10 x 1 pt. each = 10 pts.)

M. Villon, nous nous sommes occupés (1) _____ réviser les freins, comme d'habitude. La dernière fois, on a décidé (2) _____ ne pas changer l'huile, donc je viens (3) _____ le faire aussi. Mais je voudrais (4) _____ vous montrer quelque chose. Aidez-moi (5) _____ ouvrir le capot. Voilà, j'ai hésité (6) _____ vous changer cette pièce tout de suite parce que je peux peut-être essayer (7) _____ la réparer d'abord. Mais il ne faut pas (8) _____ attendre. Si (*If*) vous continuez (9) _____ rouler comme ça, le moteur va avoir des problèmes. Venez, on peut finir (10) _____ en parler dans mon bureau.

6 Les relations Complete each sentence with the correct form of the present tense, the **passé composé**, or the **imparfait** of the verb in parentheses. (10 x 1 pt. each = 10 pts.)

1. Marina et Sylvain _____ (se quitter); ils ont arrêté de s'aimer!

2. Mon frère et moi, on est très proche et on _____ (s'adorer).

3. Emmanuel et lui, ils _____ (ne pas se connaître) bien. Ils viennent de se rencontrer.

4. Avant, mes copines et moi, nous _____ (s'écrire) des petits mots en classe.

5. Et le soir, après l'école, on _____ (se téléphoner) et on discutait.

6. Vous _____ (s'entendre) bien avec vos voisins?

7. Elles _____ (se dire) au revoir et elles sont parties chacune de son côté.

8. En général, nous _____ (se retrouver) au café Bertrand.

9. Nous _____ (ne pas se regarder); nous avons honte.

10. Quand vous avez eu le temps, vous _____ (se donner) les adresses de vos sites.

7 Ma voiture Xavier would have his car repaired if he had the money. Complete each sentence with the conditional form of the verb in parentheses. (12 x 1 pt. each = 12 pts.)

1. Mon mécanicien me _____ (réparer) l'embrayage.

2. J' _____ (acheter) de nouveaux pneus.

3. Ma femme et moi _____ (faire) le plein à chaque fois.

4. On _____ (changer) nos essuie-glaces.

5. Nous _____ (mettre) des freins neufs.

6. Je _____ (pouvoir) rouler autant que je veux.

7. On _____ (nettoyer) la voiture toutes les semaines.

8. Et les enfants _____ (vouloir) s'en occuper plus souvent.

9. Je _____ (faire) changer le moteur.

10. On _____ (pouvoir) partir en vacances avec cette voiture.

11. On _____ (ne pas savoir) qu'elle est si vieille.

12. Nous _____ (être) plus contents de la garder.

Nom _____ Date _____

8 Sentiments Write a sentence to describe each image. Use only reciprocal reflexive verbs in the present tense and the subjects provided. (4 x 2 pts. each = 8 pts.)

1. 2. 3. 4.

1. (elles) _____

2. (vous) _____

3. (on) _____

4. (nous) _____

9 À vous Have you ever lost work on your computer or lost some other digital content? Write a paragraph to explain what happened and what precautions you take now to keep your work, digital music, pictures, etc., safe. Tell when you use passwords, how often and where you save files, and whether you keep backup copies.(20 pts.)

_____
_____
_____
_____
_____
_____
_____
_____
_____
_____
_____
_____
_____
_____
_____
_____
_____
_____
_____
_____
_____
_____

Nom _____ Date _____

Unité 3
Leçons A et B

UNIT TEST II

1 Questions Ali is learning to drive. Choose the logical response to each of his questions.
(8 x 1 pt. each = 8 pts.)

1. a. Sur les autoroutes.
   b. Dans les rues du quartier.
   c. Dans un parking.

2. a. Quand le voyant d'essence s'allume.
   b. Quand on vérifie la pression des pneus.
   c. Quand on tombe en panne.

3. a. Arrêter.
   b. Mettre sa ceinture de sécurité.
   c. Se garer.

4. a. Sous le capot.
   b. Dans le coffre.
   c. Derrière la portière.

5. a. Quand il pleut.
   b. Quand il y a de la circulation.
   c. Quand il fait nuit.

6. a. À faire le plein.
   b. À regarder les autres voitures.
   c. À freiner.

7. a. L'embrayage.
   b. Les pare-chocs.
   c. La roue de secours.

8. a. Quand on dépasse la limitation de vitesse.
   b. Quand le moteur ne marche pas.
   c. Quand il faut réparer la voiture.

Nom _____ Date _____

2 Des descriptions Write a short explanation of how each thing is used. (5 x 2 pts. each = 10 pts.)

> *Modèle*
>
> un clavier: *pour écrire avec un ordinateur*

1. une imprimante: _____
   _____

2. un réseau social: _____
   _____

3. une clé USB: _____
   _____

4. un enregistreur DVR: _____
   _____

5. une tablette: _____
   _____

3 Dans les voitures Use the words from the list to describe what each part does in most cars.
(5 x 2 pts. each = 10 pts.)

> arrêter
> couvrir
> nettoyer
> protéger
> tourner

1. Le volant: _____
2. Le capot: _____
3. Les essuie-glaces: _____
4. Les pare-chocs: _____
5. Les freins: _____

4 Au garage Hélène is picking up her car from the repair shop. Complete the mechanic's report with **à** or **de**, if necessary. (10 x 1 pt. each = 10 pts.)

Mme Doiset, si vous voulez éviter (1) _____ avoir des problèmes en conduisant, il faut
(2) _____ vérifier la pression des pneus plus régulièrement. On vient aussi
(3) _____ vous changer l'huile et j'ai fini (4) _____ vérifier les freins. Tout va bien
pour ça. Par contre, vous devez (5) _____ vous préparer (6) _____ remplacer
l'embrayage. Le vôtre (*Yours*) est vieux et il ne va pas continuer longtemps (7) _____ bien
marcher. Vous préférez (8) _____ le faire tout de suite ou la prochaine fois? Permettez-moi
(9) _____ vous montrer nos prix, ça peut vous aider (10) _____ décider.

Nom _____ Date _____

5 **En voiture** Complete each sentence with the correct form and tense of the verb in parentheses. Use the present tense, the **passé composé** or the **imparfait** according to context. (10 x 1 pt. each = 10 pts.)

1. Tu _____ (ouvrir) ma portière.

2. Vous _____ (découvrir) une meilleure route.

3. Ces stations-service _____ (offrir) la meilleure essence.

4. Quand on roule vite à froid, le moteur _____ (souffrir).

5. Quand M. Frégères ne conduit pas sa voiture de collection, il la _____ (couvrir) pour la protéger.

6. Hier soir, je/j' _____ (découvrir) une amende sur mon pare-brise.

7. Ces pare-chocs nous _____ (offrir) un peu de protection.

8. Nous nous sommes arrêtés et nous _____ (ouvrir) le capot.

9. Quand mon mari était au volant, je _____ (souffrir) en silence. Il conduisait très mal!

10. En hiver, la neige _____ (couvrir) souvent la voiture quand nous nous garions dans la rue.

6 **Mon ordinateur** Sam would update his computer if he had the money. Complete each sentence with the conditional form of the verb in parentheses. (10 x 1 pt. each = 10 pts.)

1. J' _____ (acheter) un écran plus large.

2. Je _____ (prendre) aussi une nouvelle souris.

3. Mon disque dur _____ (être) plus gros.

4. L'imprimante et le scanner _____ (marcher) mieux.

5. Mes amis et moi _____ (pouvoir) jouer à des jeux vidéo plus intéressants.

6. Nous _____ (avoir) aussi peut-être un site Internet.

7. On _____ (jouer) en ligne avec des gens partout dans le monde.

8. Mon ordinateur _____ (démarrer) plus vite.

9. J' _____ (installer) beaucoup de nouveaux logiciels.

10. Mes amis _____ (venir) chez moi plus souvent.

7 **Sentiments** Write a sentence to describe each illustration. Use the verbs from the list, the subjects provided, and the present tense. (5 x 2 pts. each = 10 pts.)

> **se connaître**
> **se dire**
> **s'écrire**
> **ne pas s'embrasser**
> **se parler**

 1.  2.  3.  4.  5.

1. (ils) _____

_____

2. (nous) _____

_____

3. (elles) _____

_____

4. (vous) _____

_____

5. (on) _____

_____

8 **Questions personnelles** Answer the questions with complete sentences. (6 x 2 pts. each = 12 pts.)

1. Quel appareil ou gadget technologique utilises-tu le plus souvent?

_____

2. Combien d'heures par semaine passes-tu sur Internet?

_____

3. Quel appareil ou gadget est indispensable pour toi? Pourrais-tu vivre sans?

_____

4. Est-ce que tu as un smartphone? Si non, aimerais-tu en avoir un?

_____

5. Est-ce que tu télécharges de la musique ou des films?

_____

6. Aimes-tu les jeux vidéo? Lequel aimerais-tu acheter?

_____

9 **À vous** Write a paragraph to describe how you would react if you got a flat tire on the road. Tell where you would stop, what you would look for in the car, who you would call, and whether you would try to change the tire yourself. (20 pts.)

_____

_____

_____

_____

_____

_____

_____

_____

_____

_____

_____

_____

_____

_____

_____

_____

_____

_____

_____

Nom _____ Date _____

OPTIONAL TESTING SECTIONS
Unité 3

Leçon 3A
ROMAN-PHOTO

1 Vrai ou faux? Indicate whether these statements are **vrai** or **faux**. Correct the false statements.

	Vrai	Faux
1. David ne peut pas se concentrer à cause de la musique.	_____	_____
2. Technofemme et Cyberhomme ont beaucoup de choses en commun.	_____	_____
3. Amina a l'intention de rencontrer Cyberhomme.	_____	_____
4. Rachid retrouve la dissertation de David.	_____	_____
5. Cyberhomme, c'est Stéphane.	_____	_____

Leçon 3B
ROMAN-PHOTO

1 Choisissez Select the response that best completes these sentences.

1. Rachid offre _____ à Amina.   a. de l'essence
2. Il y a _____ allumé dans la voiture de Rachid.   b. un voyant
3. Rachid a _____ crevé.   c. l'huile
4. À la station-service, Rachid achète _____.   d. un pneu
5. Le mécanicien vérifie _____.   e. des fleurs

Nom _____ Date _____

OPTIONAL TESTING SECTIONS
Unité 3

Leçon 3A
CULTURE

1   Choisissez Select the answer that best completes the statement or answers the question, according to the text.

1. La fusée... transporte des satellites commerciaux vers l'espace.
    a. Kourou
    b. Ariane
    c. Europa

2. On considère que… est le prédécesseur d'Internet.
    a. l'imprimante
    b. l'enregistreur DVR
    c. le Minitel

3. En France, il y a des hotspots wi-fi gratuit dans...
    a. les rues.
    b. les magasins.
    c. les parcs.

4. L'appareil technologique qui a le plus grand succès est…
    a. la console de jeux vidéo.
    b. le téléphone portable.
    c. le scanner.

5. Si on écoute la radio Fréquence Banane, on est probablement…
    a. en Afrique.
    b. en Suisse.
    c. en Belgique.

Leçon 3B

CULTURE

1 Vrai ou faux? Indicate whether these statements are **vrai** or **faux**. Correct the false statements.

	Vrai	Faux
1. En général, les Français utilisent moins leurs voitures que les Américains. _____	_____	_____
2. En général, les Français préfèrent les petites voitures parce que l'essence coûte cher. _____	_____	_____
3. La Smart Fortwo est un ordinateur. _____	_____	_____
4. On conduit à gauche à l'île Maurice. _____	_____	_____
5. La 2CV est très populaire parmi (*among*) les jeunes d'aujourd'hui. _____	_____	_____

Nom _____ Date _____

OPTIONAL TESTING SECTIONS
Unité 3

FLASH CULTURE

1 Identifiez Identify these types of vehicles you saw in **Flash culture**.

1. _____
   - a. une décapotable
   - b. un camion
   - c. un monospace

2. _____
   - a. un péage
   - b. une mobylette
   - c. une voiture de luxe

3. _____
   - a. un monospace
   - b. un camion
   - c. une autoroute

4. _____
   - a. une mobylette
   - b. une moto
   - c. un camion

Nom _____ Date _____

PANORAMA

1   Provence-Alpes-Côte d'Azur et la Corse Select the answer that best completes the statement according to the text.

1. La région où les gardians perpétuent les traditions des cow-boys français s'appelle...
   a. la Camargue.
   b. la Corse.
   c. les Alpes.

2. Dans la réserve naturelle Scandola, les scientifiques étudient...
   a. les oiseaux.
   b. les espèces marines.
   c. les volcans.

3. La ville de Cannes est connu pour son festival...
   a. de musique.
   b. de film.
   c. de danse.

4. Le «capitale» de la parfumerie (*perfume industry*) est à...
   a. Nice.
   b. Grasse.
   c. Avignon.

5. Une institution française fondée par Naploléon est...
   a. le système éducatif.
   b. l'Armée.
   c. le système de santé.

6. Avant de devenir, Napoléon Empereur était...
   a. président.
   b. général.
   c. homme d'affaires.

7. Un cinéaste et écrivain de Provence est...
   a. Tino Rossi.
   b. Pascuale Paoli.
   c. Marcel Pagnol.

Nom _____ Date _____

OPTIONAL TESTING SECTIONS
Unité 3
Leçon 3A
LECTURE SUPPLÉMENTAIRE

1   Questions et réponses Read this excerpt from the Q&A section of a francophone web site for new computer users. Then answer the questions using complete sentences.

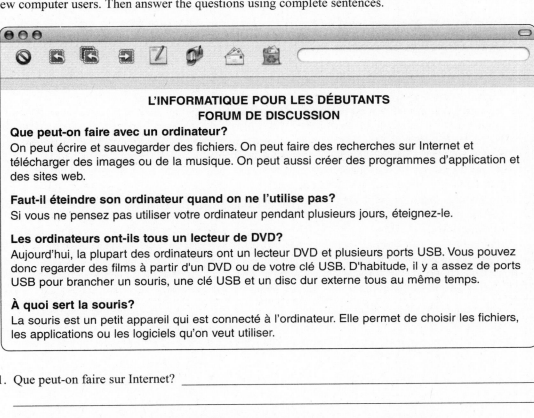

L'INFORMATIQUE POUR LES DÉBUTANTS
FORUM DE DISCUSSION

Que peut-on faire avec un ordinateur?
On peut écrire et sauvegarder des fichiers. On peut faire des recherches sur Internet et télécharger des images ou de la musique. On peut aussi créer des programmes d'application et des sites web.

Faut-il éteindre son ordinateur quand on ne l'utilise pas?
Si vous ne pensez pas utiliser votre ordinateur pendant plusieurs jours, éteignez-le.

Les ordinateurs ont-ils tous un lecteur de DVD?
Aujourd'hui, la plupart des ordinateurs ont un lecteur DVD et plusieurs ports USB. Vous pouvez donc regarder des films à partir d'un DVD ou de votre clé USB. D'habitude, il y a assez de ports USB pour brancher un souris, une clé USB et un disc dur externe tous au même temps.

À quoi sert la souris?
La souris est un petit appareil qui est connecté à l'ordinateur. Elle permet de choisir les fichiers, les applications ou les logiciels qu'on veut utiliser.

1. Que peut-on faire sur Internet? _____
   _____

2. Quelles sont trois choses supplémentaires qu'on peut faire avec un ordinateur? _____
   _____
   _____

3. Que doit-on faire si on n'utilise pas son ordinateur pendant plusieurs jours? _____
   _____

4. À partir de quoi peut-on regarder des films? _____
   _____
   _____

5. Combien de ports USB y a-t-il d'habitude? _____
   _____
   _____

6. Qu'est-ce qu'on choisit avec la souris? _____
   _____

Unité 3
Leçon 3B
LECTURE SUPPLÉMENTAIRE

1 Bien conduire Read the "ten commandments" a good driver should follow. Then answer the questions using complete sentences.

LES DIX COMMANDEMENTS DU BON CONDUCTEUR[1]

1. **Soyez prudent** Attachez toujours votre ceinture de sécurité et regardez dans le rétroviseur avant de démarrer.
2. **Respectez le code de la route** Respectez le code de la route et soyez poli, surtout quand il y a beaucoup de circulation.
3. **Ne dépassez pas quand ce n'est pas permis[2]** Il ne faut jamais dépasser quand ce n'est pas permis. C'est dangereux et vous risquez de recevoir une amende!
4. **Ne vous garez pas où ce n'est pas permis** Les parkings, c'est pour se garer! Garez toujours votre voiture dans un parking ou à un endroit où il est permis de se garer.
5. **Ne roulez pas trop vite** La vitesse augmente le temps nécessaire pour freiner. Les limitations de vitesse sont là pour vous aider et pour éviter les accidents.
6. **Respectez les règles[3] sur l'autoroute** Sur l'autoroute, ne restez pas à gauche (c'est pour dépasser). Évitez aussi de changer constamment de voie[4].
7. **Entretenez[5] bien votre véhicule** Vérifiez souvent les freins, l'huile, les pneus et le moteur. Nettoyez aussi le pare-brise, les phares et les rétroviseurs et changez les essuie-glaces quand ils sont trop vieux.
8. **«Écoutez» votre véhicule** Si un voyant s'allume (huile, moteur, etc.), arrêtez-vous à la prochaine station-service pour faire vérifier votre voiture.
9. **Aidez les autres** Si vous voyez une voiture en panne, arrêtez-vous pour aider ou si vous avez un portable, proposez d'appeler un mécanicien. Si vous voyez un accident, appelez la police.
10. **Ayez le sens des responsabilités** Ne prenez jamais le volant quand vous êtes trop fatigué.

---

[1] driver [2] allowed [3] rules [4] lane [5] Keep up

1. Qu'est-ce qu'un bon conducteur doit toujours faire avant de démarrer? _____
   _____

2. Pourquoi est-ce qu'il ne faut jamais rouler trop vite? _____
   _____
   _____

3. Quelles sont deux choses qu'un bon conducteur fait toujours sur l'autoroute? _____
   _____

4. Quelles sont trois choses qu'il faut faire pour s'assurer que sa voiture fonctionne bien? _____
   _____

5. Qu'est-ce qu'un bon conducteur doit faire si le voyant d'huile s'allume? _____
   _____

6. Qu'est-ce qu'un bon conducteur doit faire s'il voit une voiture en panne ou s'il y a un accident?
   _____
   _____

7. Quand ne faut-il jamais conduire? _____
   _____

8. Citez trois choses supplémentaires qu'un bon conducteur doit faire ou ne pas faire, d'après le texte.
   _____

Unités préliminaire–3
Leçons PA–3B

EXAM I

1 À l'écoute Look at the four photos. You will hear various people make comments or ask questions. Select the scene that you would associate with each comment or question. (10 x 1 pt. each = 10 pts.)

A.

B.

C.

D.

1. A   B   C   D
2. A   B   C   D
3. A   B   C   D
4. A   B   C   D
5. A   B   C   D
6. A   B   C   D
7. A   B   C   D
8. A   B   C   D
9. A   B   C   D
10. A   B   C   D

2 On fait sa toilette Write two sentences for each of these photos. First, say what the person is doing, then mention the equipment or product he or she is using in the picture. (4 x 2 pts. each = 8 pts.)

1.   2.   3.   4.

1. _____
_____

2. _____
_____

3. _____
_____

4. _____
_____

3 Le savez-vous? Abdul and Alicia are visiting the town where they used to live. Complete their conversation with the correct present tense form of **savoir**, **connaître**, or **reconnaître**. (6 x 1 pt. each = 6 pts.)

ABDUL Je ne (1) _____ pas ce quartier.

ALICIA Moi non plus. Mais je (2) _____ que l'école élémentaire n'est pas très loin. Ah!
La voilà!

ABDUL Attends. Je (3) _____ cette femme.

ALICIA Qui est-ce?

ABDUL C'était la directrice de l'école. Je (4) _____ même où elle habitait. Allons
lui parler!

ALICIA Bonjour, Madame. Nous vous (5) _____. Nous étions à votre école il y a
des années. Ça a beaucoup changé!

LA DIRECTRICE Vous avez raison. Oui je vous (6) _____, Abdul n'est-ce pas?
Eh bien, à bientôt et bonne journée!

4 L'incident Jean-Paul is on the phone with his mother relating the story of an incident that happened at the market. Use the **imparfait** or the **passé composé** to complete the paragraph. (8 x 1 pt. each = 8 pts.)

Je/J' (1) _____ (être) au marché, je (2) _____ (faire) les
courses, quand j' (3) _____ (commencer) à observer un homme.
Il (4) _____ (être) près d'une femme qui (who) (5) _____
(acheter) du fromage. Il (6) _____ (avoir) l'air bizarre. Tout à coup, il
(7) _____ (prendre) le sac de la femme et il (8) _____ (se mettre)
à courir très vite.

5 Quoi faire? You can't always do what you want. Express this by completing the sentences with the correct form of **vouloir**, **pouvoir**, or **devoir**. Pay attention to context for verb tenses. (6 x 1 pt. each = 6 pts.)

1. Je _____ (vouloir) aller au cinéma avec vous ce soir, mais je
_____ (devoir) préparer mon cours d'histoire.

2. Samedi dernier, tu _____ (ne pas pouvoir) sortir avec nous parce que tu
_____ (devoir) rentrer tôt.

3. Autrefois, je _____ (vouloir) sortir avec mes copains aussi souvent que je le
_____ (pouvoir).

6 Tout changer Everyone has ideas about what they would do to change the world if they had the time or money. Express this by completing the sentences with the **conditionnel** of the verbs in parentheses.
(12 x 1 pt. each = 12 pts.)

1. Asia _____ (apprendre) à bricoler et _____ (s'occuper)
mieux de sa maison.

2. Nous _____ (contruire) des hôpitaux en Afrique et nous
y _____ (ouvrir) aussi des écoles.

3. Vous _____ (offrir) plus souvent le restaurant à vos amis.

4. Mes copains _____ (aller) visiter les musées de la ville.

5. Moi, j' _____ (essayer) le football américain.

6. Nicole et Fabio _____ (voir) enfin Rome.

7. Sofien et toi, vous _____ (courir) ensemble plus souvent.

8. Coco _____ (écrire) le livre de sa vie.

9. On _____ (essayer) de moins emprunter.

10. Tu _____ (s'entendre) mieux avec tes parents.

7 Qu'est-ce qu'ils font? Rewrite the sentences using reciprocal reflexive verbs that mean approximately the same thing as the original statements. (5 x 1 pt. each = 5 pts.)

1. Anna envoie des e-mails à Maxime et Maxime envoie des e-mails à Anna.
Que font-ils? _____

2. Je te raconte tout ce qui s'est passé pendant ma journée et tu me racontes tout ce qui s'est passé pendant ta journée.
Que faisons-nous? _____

3. Pauline rencontre Ousmane à la soirée et Ousmane rencontre Pauline.
Que font-ils _____

4. Mon anniversaire est le sept août et mon meilleur ami m'offre un cadeau et son anniversaire est le sept août aussi et je lui offre un cadeau.
Que faisons-nous? _____

5. Laure doit aider sa meilleure amie en maths et sa meilleure amie doit aider Laure en espagnol.
Que doivent-elles faire? _____

Nom _____ Date _____

8 Il y a 20 ans How do things compare with the way they were 20 years ago? Give your opinion as to whether they are better, worse, or the same. Answer the questions using **plus**, **moins**, or **aussi**. Also include a reason for your opinion. (3 x 2 pts. each = 6 pts.)

1. Est-il important d'avoir une éducation universitaire?

   _____

   _____

   _____

   _____

2. Une voiture coûte-t-elle cher?

   _____

   _____

   _____

   _____

3. Le choix (*choice*) de fruits au marché est-il bon?

   _____

   _____

   _____

   _____

9 Que préfères-tu? You are being interviewed as part of a campus opinion poll on your likes and dislikes. Answer the questions using **y** or **en**. (5 x 1 pt. each = 5 pts.)

—Vous faites souvent du sport?

—Oui, j' (1) _____ fais tous les jours.

—Vous allez aussi au gymnase?

—Oui, avec un ami, nous (2) _____ allons au moins une fois par semaine.

—Vous faites du jogging?

—Oui, j' (3) _____ fais au stade une ou deux fois par semaine.

—Est-ce que vous préférez nager à la mer ou à la piscine?

—Oh, je préfère aller à la piscine. En fait, j' (4) _____ vais toutes les semaines.

—Vous aimez vraiment le sport!

—Oui, c'est vrai. J'aime (5) _____ faire.

10 **Une journée typique** Dominique describes a typical day for he and his brother. Complete the paragraph with the correct form of these reflexive verbs: **se depêcher, se détendre, s'énerver, se lever, s'occuper, se préparer, se réveiller**. (7 x 1 pt. each = 7 pts.)

À 6h00 du matin, nous (1) _____. Moi, je (2) _____ tout de

suite, mais Philippe reste au lit dix minutes de plus. Ça veut dire qu'il est déjà en retard. Alors, je lui

dis toujours (3) « _____ »! Ensuite, nous (4) _____ et je

(5) _____ parce qu'il (6) _____ trop longtemps. On mange et on

part. L'après-midi, je (7) _____ des chiens et on prend le goûter.

11 **Pas de problème** Today, you are doing everything that needs to be done. Answer these questions using a direct and an indirect object pronoun. Pay attention to verb tenses. (4 x 2 pts. each = 8 pts.)

> *Modèle*
>
> Est-ce que tu vas promettre <u>à ta mère</u> <u>de ranger ta chambre</u>?
> *Oui, je vais le lui promettre.*

1. Est-ce que tu as demandé <u>les clés</u> <u>aux Desmoulins</u>?
   Oui, _____

2. Tu vas montrer <u>ton nouvel ordinateur</u> <u>à Dimitri</u>?
   Oui, _____

3. As-tu envoyé <u>le cadeau</u> <u>à tes amis</u>?
   Oui, _____

4. Est-ce que tu achètes <u>ces livres</u> <u>à ton neveu</u>?
   Oui, _____

12 **À vous!** Write a paragraph describing your last vacation. Tell when you left, how you got there, how long you stayed, what clothes you took, what the hotel was like, what you did, and when you returned. (19 pts.)

_____

_____

_____

_____

_____

_____

_____

_____

_____

_____

_____

_____

Nom _____ Date _____

_____
_____
_____
_____
_____
_____
_____
_____
_____
_____
_____
_____
_____
_____
_____
_____
_____
_____
_____
_____
_____
_____
_____
_____
_____

Unités préliminaire–3
Leçons PA–3B

EXAM II

1 À l'écoute Look at the four photos. You will hear various people make comments or ask questions. Select the scene that you would associate with each. (10 x 1 pt. each = 10 pts.)

A.

B.

C.

D.

1. A   B   C   D
2. A   B   C   D
3. A   B   C   D
4. A   B   C   D
5. A   B   C   D
6. A   B   C   D
7. A   B   C   D
8. A   B   C   D
9. A   B   C   D
10. A   B   C   D

| 180 | **Unités P–3** Exam II

2 On fait sa toilette Write two sentences for each of these illustrations. First, say what the person is doing, then tell what equipment or product he or she is using in the picture.
(4 x 2 pts. each = 8 pts.)

 1.  2.  3.  4.

1. _____
   _____

2. _____
   _____

3. _____
   _____

4. _____
   _____

3 Aux urgences Marina is telling a friend about an incident that happened when she was downtown. Use either the **imparfait** or the **passé composé** to complete the paragraph. (8 x 1 pt. each = 8 pts.)

Sylvie et moi, nous (1) _____ (être) en ville dans la rue où on
(2) _____ (faire) toujours notre shopping. Soudain, une femme (3) _____
(tomber) devant nous. Elle (4) _____ (ne pas avoir) l'air bien du tout. Elle nous
(5) _____ (dire) qu'elle (6) _____ (vouloir) aller aux urgences.
Très vite, je/j' (7) _____ (sortir) mon portable et je/j' (8) _____
(téléphoner) à l'hôpital.

4 Quoi faire? Complete these sentences with the correct form of **vouloir**, **pouvoir**, or **devoir**. Pay attention to context to know which verb tense to use. (6 x 1 pt. each = 6 pts.)

1. Quand il était petit, Jérémy (1) _____ (vouloir) rendre visite à ses grands-parents aussi souvent qu'il le (2) _____ (pouvoir).

2. C'est vrai que tu me (3) _____ (devoir) de l'argent, mais je (4) _____ (vouloir) que tu le gardes (*keep*).

3. L'été dernier, vous (5) _____ (vouloir) partir en vacances avec nous, mais vous (6) _____ (ne pas pouvoir).

5 Le savez-vous? Complete each sentence with the correct present tense form of **savoir**, **connaître**, or **reconnaître**. (6 x 1 pt. each = 6 pts.)

1. Nous sommes perdus. Est-ce que tu _____ utiliser un plan?

2. Je _____ Fabrice depuis des années.

3. Les profs de lycée _____ souvent les étudiants qu'ils ont eus en classe il y a des années.

4. Monsieur Courtemanche est chauffeur de taxi. Il _____ très bien la ville.

5. Est-ce que vous _____ mon oncle Charles?

6. Ma copine et moi, nous _____ qu'il faut partir.

6 Ça change tout! Everyone has ideas about what they would do to change the world if they had the time or money. Express this by completing the sentences with the **conditionnel** of the verbs in parentheses. (12 x 1 pt. each = 12 pts.)

1. Vous _____ (faire) des surprises à vos amis.

2. Suzanne _____ (être) rarement chez elle le week-end.

3. Moi, je _____ (passer) moins de temps devant l'ordinateur.

4. Monsieur et Madame Lallier _____ (ne pas avoir) besoin de travailler.

5. Nous _____ (aller) en Australie et nous _____ (voir) le désert.

6. Laurent _____ (ne rien payer) avec sa carte de crédit.

7. Les filles _____ (marcher) plus et _____ (prendre) moins souvent le taxi.

8. Tu _____ (repartir) immédiatement en Chine.

9. Arnaud et toi, vous _____ (recevoir) toute la famille chez vous.

10. On _____ (se retrouver) au café tous les jours pour discuter.

7   Qu'est-ce qu'ils font? Rewrite the sentences using a reciprocal reflexive that means approximately the same thing as the original. (5 x 1 pt. each = 5 pts.)

1. Malheureusement, Monsieur Charlevoix n'aime plus sa femme. Madame Charlevoix n'aime plus son mari.
   Que font-ils?

   _____

2. Je suis sur mon portable avec Manon et Manon est sur son portable avec moi.
   Que faisons-nous?

   _____

3. Valentine donne un bisou (*kiss*) à Matthieu et Matthieu donne un bisou à Valentine.
   Que font-ils?

   _____

4. Florence tombe amoureuse de Thomas et Thomas tombe amoureux de Florence.
   Que font-ils

   _____

5. Anne te regarde et tu regardes Anne.
   Que faites-vous?

   _____

8   Il y a 20 ans How do things compare with the way they were 20 years ago? Give your opinion as to whether they are better, worse, or the same. Answer each question in a complete sentence using **plus**, **moins**, or **aussi** and explain why you feel this way. (3 x 2 pts. each = 6 pts.)

1. Une maison coûte-t-elle cher?

   _____

   _____

   _____

   _____

2. Est-ce important de connaître des langues étrangères?

   _____

   _____

   _____

   _____

3. La qualité des produits est-elle bonne?

   _____

   _____

   _____

   _____

9   Il y a... You are being interviewed about sports and leisure activities in your area. Complete the answers using **y** or **en**. (5 x 1 pt. each = 5 pts.)

1. Vous allez souvent au club de sport de votre ville?

    Oui, j' _____ vais deux ou trois fois par semaine après les cours.

2. Vous faites parfois de l'aérobic?

    Oui, mon meilleur ami et moi, nous _____ faisons le mardi et le jeudi.

3. À votre avis, est-ce qu'il y a des activités intéressantes dans votre ville?

    Oui, il _____ _____ a.

4. Vous allez souvent à la piscine?

    J' _____ vais en été.

10   Une journée typique Océane describes a typical day for her and her sister. Complete the paragraph with the correct form of these reflexive verbs: **s'arrêter, s'asseoir, se brosser, se dépêcher, s'entendre, se laver, se regarder**. (7 x 1 pt. each = 7 pts.)

Quand mon réveil sonne à 7h00, je saute du lit et je vais dans la salle de bains. D'abord, je

(1) _____ les dents. Après ça, je (2) _____ le

visage et je (3) _____ un instant dans le miroir. Laure, elle est toujours

en retard, elle doit donc (4) _____. Quand elle finit sa toilette, elle

(5) _____ pour prendre le petit-déjeuner avec moi. Nous (6) _____

à table et nous bavardons un peu. On (7) _____ bien.

11   D'accord Today, you are doing everything that needs to be done. Answer these questions using a direct and an indirect object pronoun. Pay attention to verb tenses. (4 x 2 pts. each = 8 pts.)

> *Modèle*
>
> Est-ce que tu vas montrer <u>les photos</u> <u>à tes cousins</u>?
> *Oui, je vais les leur montrer.*

1. Est-ce que tu as acheté <u>le pull</u> <u>à Louise</u>?

    Oui, _____

2. Est-ce que tu envoies <u>cette carte</u> <u>à ta grand-mère</u>?

    Oui, _____

3. Tu vas demander <u>les billets</u> <u>à Sophie</u>.

    Oui, _____

4. As-tu promis <u>à tes voisins</u> <u>de t'occuper du chat</u>?

    Oui, _____

Nom _____ Date _____

12 **À vous!** Write a paragraph to describe the last party you went to. Tell who and what it was for, where it was, what you wore, what there was to eat, and what you did. Use both the **passé composé** and the **imparfait**. (19 pts.)

_____

_____

_____

_____

_____

_____

_____

_____

_____

_____

_____

_____

_____

_____

_____

_____

_____

_____

_____

_____

_____

_____

_____

_____

_____

_____

_____

_____

_____

_____

_____

Leçon 4A

VOCABULARY QUIZ I

Unité 4

1 Où vont-ils? Write where these people are going based on what they need. (5 x 1 pt. each = 5 pts.)

1. Mélanie veut envoyer un colis. Elle va au... _____.
2. Éva et Joséphine veulent se faire couper les cheveux. Elles vont au... _____.
3. Christian doit acheter des feuilles de papier. Il va à la... _____.
4. Élias cherche une montre pour la fête des mères. Il va à la... _____.
5. Amadou doit acheter un journal pour son père. Il va chez le... _____.

2 Choisissez Select the appropriate phrases to complete these conversations. (5 x pt. each = 5 pts.)

a. Tous mes vêtements sont sales.
b. Où est-ce que je dois signer?
c. Je passe par la poste ce matin.

d. Il y a un distributeur près du kiosque.
e. J'ai très faim.
f. Que fait-on pour avoir un compte?

1. —_____
   —Tu me prends des timbres?
2. —Nous n'avons pas d'argent sur nous.
   —_____
3. —Voilà votre colis Mme Larivière.
   —_____
4. —_____
   —Il faut remplir ces formulaires.
5. —_____
   —Allons à la laverie à côté de l'hôtel.

3 Complétez Complete each sentence with an appropriate vocabulary word. (10 x 1 pt. each = 10 pts.)

1. N'oublie pas de mettre un _____ sur l'enveloppe.
2. Ils sont allés à la _____ pour vérifier les documents de mariage.
3. Tu as de la _____ pour cinquante euros?
4. La banque est _____ le dimanche.
5. Quand vous n'avez pas assez d'argent, vous devez faire attention à vos _____.
6. Allons manger un steak à la _____ derrière le cinéma.
7. Nous vous payons en _____. Voilà 150 dollars.
8. Mon voisin a déménagé et je n'ai pas sa nouvelle _____.
9. Est-ce que le _____ a déjà apporté le courrier?
10. Il faut faire la _____ devant le guichet.

Leçon 4A

VOCABULARY QUIZ II

1   En ville Baptiste is talking about the errands he and his friends did in town last weekend. Write two things they did at each of these places. (4 x 2 pts. each = 8 pts.)

1. moi, je / au bureau de poste _____

_____

2. Pascale et Chloé / à la laverie _____

_____

3. Luc et toi / à la boutique _____

_____

4. Maryse / à la papeterie _____

_____

2   Répondez Answer these questions with complete sentences. (4 x 1 pt. each = 4 pts.)

1. Nomme quatre endroits où on fait la queue.

_____

2. Quels genres de courses fais-tu le week-end?

_____

3. D'habitude, comment tes parents préfèrent-ils payer leurs achats (*purchases*)?

_____

4. Quel est ton café préféré? Où se trouve-t-il?

_____

3   À la banque You went to the bank yesterday to open your first account. Write your best friend an e-mail about four different transactions you completed at the bank. (4 x 2 pts. each = 8 pts.)

_____

_____

_____

_____

_____

_____

_____

_____

_____

_____

Nom _____ Date _____

Leçon 4A.1

GRAMMAR QUIZ I
Voir, croire, recevoir, and *apercevoir*

1   Choisissez Select the appropriate verbs to complete these statements. (4 x 1 pt. each = 4 pts.)

1. Nous ne/n' _____ pas les montagnes de cette fenêtre.
   a. voient
   b. apercevons
   c. croyons
   d. reçoivent

2. Vous _____ la papeterie devant le stade?
   a. voyez
   b. croyez
   c. apercoivent
   d. recevez

3. Ma mère _____ que la boutique est ouverte aujourd'hui.
   a. reçois
   b. vois
   c. croit
   d. aperçois

4. Son voisin _____ des colis régulièrement.
   a. croit
   b. aperçoit
   c. vois
   d. reçoit

2 Complétez Complete each sentence with a verb from the list. Use the present tense or **passé composé** according to the context. (6 x 1 pt. each = 6 pts.)

apercevoir	**recevoir**
croire	**voir**

1. Mes parents _____ toujours beaucoup d'argent de mes grands-parents.
2. Est-ce que ta copine _____ de bonnes notes l'année dernière?
3. Tu _____ ma nouvelle voiture rouge quand tu es arrivé?
4. Mon frère et toi ne _____ pas que c'est possible?
5. Mes cousins ne/n'_____ pas les filles près du parking.
6. Mon copain a peur parce qu'il _____ que j'ai eu un accident.

3 Au passé Rewrite the sentences in the **passé composé** or the **imparfait** based on the cues. (5 x 2 pts. each = 10 pts.)

1. Fabrice et moi recevons beaucoup de cadeaux. (d'habitude)

   _____

2. On voit les montagnes derrière l'église. (tout à coup)

   _____

3. Je crois aux extraterrestres. (quand j'étais enfant)

   _____

4. Tu reçois un appel urgent de ton bureau? (le week-end dernier)

   _____

5. Il s'aperçoit de ses erreurs. (hier)

   _____

Nom _____ Date _____

Leçon 4A.1

GRAMMAR QUIZ II
Voir, croire, recevoir, and *apercevoir*

1 Des conversations Complete these conversations logically using (**s'**)**apercevoir**, **voir**, **croire**, or **recevoir**. Use each verb only once. (4 x 1 pt. each = 4 pts.)

1. —Tu as parlé à Perrine?

   —_____

2. —Quel temps va-t-il faire là-bas?

   —_____

3. —Tu t'amuses bien chez tes grands-parents?

   —_____

4. —Tu aimes ta maison?

   —_____

2 Imaginez Write sentences in the present tense or the **passé composé** using these cues. (5 x 1 pt. each = 5 pts.)

1. mes parents / croire _____

2. mon oncle / recevoir _____

3. mes voisins / apercevoir _____

4. mon ami(e) / voir _____

5. je / s'apercevoir _____

3 Une petite aventure Write a short story about something that happened in town last time you were there with friends. Use eleven of the words listed below. (11 pts.)

accompagner	bijouterie	distributeur automatique	recevoir
apercevoir	commissariat de police	fermé(e)	retirer de l'argent
banque	croire	marchand de journaux	voir

_____

_____

_____

_____

_____

_____

_____

_____

_____

Nom _____ Date _____

Leçon 4A.2

GRAMMAR QUIZ I
Negative/affirmative expressions

1 Répondez Answer each question using one of these negative expressions: **ne... aucun(e), ne... ni... ni, personne... ne, ne, ne... plus, ne... rien**. (5 x 1 pt. each = 5 pts.)

1. Tu as biologie ou chimie à neuf heures?

    _____

2. Qui est venu à la maison hier?

    _____

3. Ta copine a-t-elle lu quelque chose d'intéressant?

    _____

4. Y a-t-il plusieurs salons de beauté près d'ici?

    _____

5. Est-ce que tu sors toujours avec Laure?

    _____

2 Il a tort! Christophe thinks he knows everything about his sister Léonie but is in fact completely mistaken about her. Negate every statement he makes. (5 x 1 pt. each = 5 pts.)

1. Léonie se réveille toujours à sept heures. _____

2. Léonie parle trois langues étrangères. _____

3. Léonie va avec quelqu'un au cinéma. _____

4. Léonie est allée plusieurs fois à Dakar. _____

5. Léonie a mangé quelque chose ce matin. _____

3 Des souvenirs différents Brigitte and her brother have opposite things to say about their vacation. Rewrite Brigitte's journal from her brother's point of view. (5 x pts. each = 10 pts.)

> Mardi, nous avons fait beaucoup de choses à Paris. Le soir, nous avons retrouvé tous nos amis au café Renoir. Je vais sûrement retourner à ce café un jour. Mercredi, nous avons visité le Louvre et la tour Eiffel. Jeudi, nous avons vu un grand spectacle sur la place Mercure.

_____

_____

_____

_____

_____

_____

Leçon 4A.2

GRAMMAR QUIZ II
Negative/affirmative expressions

1 Toujours négative Your aunt just moved and has lots of negative things to say about her new town and its people. Use these expressions to write five negative statements she makes. (5 x 1 pt. each = 5 pts.)

    1. (ne… rien) _____

    2. (personne… ne) _____

    3. (ne… ni… ni) _____

    4. (ne… aucun(e)) _____

    5. (ne… que) _____

2 Des explications For each statement, write a logical explanation or follow-up statement using a different negative expression each time. (5 x 1 pt. each = 5 pts.)

    1. Benoît n'a pas de petite amie.

    _____

    2. Je dois aller en ville aujourd'hui.

    _____

    3. Malik était très triste.

    _____

    4. Les étudiants ont eu de mauvaises notes.

    _____

    5. Didier est rentré dans un kiosque hier.

    _____

3 Un rêve bizarre! You had a very strange dream last night. Write your best friend about it using seven of these expressions. (10 pts.)

ne… aucun(e)	ne… personne	ne… rien	quelqu'un
ne… jamais	ne… plus	personne ne…	rien ne…
ne… ni… ni	ne… que	quelque chose	

_____

_____

_____

_____

_____

_____

_____

_____

Unité 4
Leçon 4A

LESSON TEST I

1 Conversations Listen to the conversations and select the most logical continuation for each.
(5 x 4 pts. each = 20 pts.)

1. a. Oui, j'ai besoin d'un compte d'épargne.
   b. Oui, je voudrais payer en espèces.
   c. Oui, je dois envoyer un colis.

2. a. J'ai acheté une montre.
   b. J'ai retiré de l'argent.
   c. J'ai acheté quelques timbres.

3. a. Je veux acheter un journal.
   b. J'ai besoin d'argent.
   c. Je vais poster une lettre.

4. a. Je vais faire la queue.
   b. Je vais remplir un formulaire.
   c. Je vais déposer de l'argent.

5. a. Non, vous ne pouvez pas retirer de l'argent ici.
   b. Non, mais vous pouvez payer par carte bancaire.
   c. Non, il faut utiliser le distributeur automatique.

2 Où va-t-on? Look at the illustrations. Write six short sentences saying where Jacqueline is going. (6 x 3 pts. each = 18 pts.)

1.   2.   3.

4.   5.   6.

1. _____
2. _____
3. _____
4. _____
5. _____
6. _____

3 Quel verbe? Complete the sentences with the appropriate forms of **voir**, **recevoir**, **apercevoir**, or **croire**. Use the present tense or the **passé composé** according to the context. (6 x 3 pts. each = 18 pts.)

1. Vous _____ que le facteur est déjà passé aujourd'hui? Je ne
   le/l' _____.

2. —Nous _____ toujours les cadeaux du Père Noël chez nous.
   —Est-ce que tu _____ le «Père Noël» au centre commercial hier?

3. Hier soir, je/j' _____ Marc et Philippe assis devant l'ordinateur.
   Ils _____ beaucoup d'e-mails tous les jours.

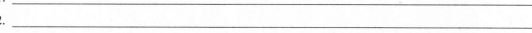

Nom _____ Date _____

4   Un cambriolage There was a break-in (**un cambriolage**) at your house. Complete the answers to the questions in the negative. (6 x 4 pts. each = 24 pts.)

1. Vous avez vu quelqu'un? Non, je _____ .

2. Vous avez entendu quelque chose? Non, je _____ .

3. Vous habitez toujours ici? Non, je _____ ici. Je déménage aujourd'hui.

4. Est-ce que le voleur (*thief*) a pris quelque chose? Oui, mais il _____ mon ordinateur ni ma tablette.

5. Pardon Monsieur l'inspecteur, mais est-ce qu'il y a des empreintes digitales (*fingerprints*)? Non, il _____ empreinte.

6. Est-ce que vous avez déjà vu un désordre (*mess*) comme celui-là? Non, c'est vrai, je _____ de désordre comme celui-là.

5   À vous! Write a paragraph with five sentences about a real or imaginary trip you took to the bank. Tell when you went, what you did there, if you stood in line, and whether you used the ATM. (20 pts.)

_____

_____

_____

_____

_____

_____

_____

_____

_____

_____

_____

Unité 4
Leçon 4A

LESSON TEST II

1 **Conversations** Listen to the conversations and select the most logical continuation for each.
(5 x 4 pts. each = 20 pts.)

1. a. Oui, il me faut de l'argent.
   b. Oui, j'ai payé par chèque.
   c. Oui, j'y dépose souvent de l'argent.

2. a. Pour leur parler de l'accident de voiture.
   b. Pour acheter des timbres.
   c. Pour poster une lettre.

3. a. De timbres, s'il te plaît.
   b. De chèques, s'il te plaît.
   c. De pièces de monnaie, s'il te plaît.

4. a. Une boîte aux lettres.
   b. Un colis de mon oncle.
   c. Un distributeur automatique.

5. a. Non, je n'ai rien entendu.
   b. Non, je n'ai pas de café.
   c. Non, je n'y vais plus.

2 À la poste Look at the illustration. Write six short sentences saying what these people are doing at the post office. (6 x 3 pts. each = 18 pts.)

1. Bernard _____
2. M. Martin _____
3. Mme Ménard _____
4. M. Thibault et son fils _____
5. Yves _____
6. Le facteur _____

3 Quel verbe? Complete the sentences with the appropriate forms of **voir, recevoir, (s')apercevoir,** or **croire**. Use the present tense or the **passé composé** according to the context. (6 x 3 pts. each = 18 pts.)

1. Ton anniversaire, c'était hier, n'est-ce pas? Qu'est-ce que tu _____
   comme cadeau?

2. Stéphanie et moi _____ que le bureau de poste est ouvert aujourd'hui. Il ne
   l'est pas?

3. Chloé _____ qu'il fallait payer en liquide.

4. D'ici, nous _____ la mairie et le commissariat de police.

5. Alexandre _____ souvent des colis de sa grand-mère.

6. Je/J' _____ que le facteur avait un colis pour toi.

Nom _____ Date _____

4 Non! Your friend seems to always be saying «**Non!**» Write your friend's answers to your questions using negative expressions. (6 x 4 pts. each = 24 pts.)

1. Est-ce que le prof est toujours en retard?

   _____.

2. Tu fais toujours du jogging le matin?

   _____.

3. Avec qui est-ce que tu as parlé ce matin?

   _____.

4. Tu as un timbre ou une enveloppe?

   _____.

5. Est-ce que tu as envie de m'accompagner au cinéma?

   _____.

6. Qu'est-ce que tu veux faire cet après-midi?

   _____.

5 À vous! Write a paragraph of five sentences about the last time you went to the bank and to the post office. If you haven't gone recently, imagine the trip. Tell what you did at each place. Include five tasks in all. (20 pts.)

_____

_____

_____

_____

_____

Leçon 4B

VOCABULARY QUIZ I

1 Où se trouve... ? Philippe is new in town, and he is asking for directions from various locations. Follow the directions and write what his final destinations are. (5 x 2 pts. each = 10 pts.)

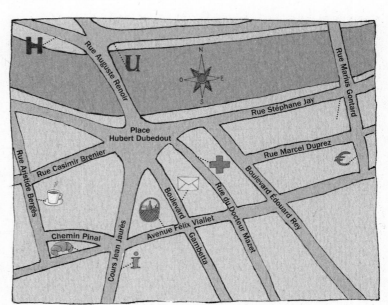

Café de la Gare

Boulangerie Le Pain Chaud

H Hôpital St-Jean

i Office du tourisme

Épicerie Bresson

Bureau de poste

Pharmacie Molière

€ Banque

U Université Joseph Fourier

1. Du bureau de poste, suivez le boulevard jusqu'à l'avenue Félix Viallet. Prenez à gauche et continuez tout droit jusqu'à la rue Marius Gontard. Prenez à gauche et _____ est à gauche juste avant la rue Duprez.

2. De l'hôpital, prenez la rue Renoir et allez tout droit jusqu'à la place Dubedout. Prenez la troisième rue à votre droite. Continuez tout droit sur le cours Jean Jaurès. Traversez le carrefour. _____ est à votre gauche.

3. De la pharmacie, suivez la rue du Docteur Mazet jusqu'à l'avenue Félix Viallet. Prenez à droite et continuez tout droit. _____ est à droite juste après le cours Jean Jaurès.

4. De l'office du tourisme, suivez le cours Jean Jaurès. Traversez la place Hubert Dubedout et continuez dans la rue Auguste Renoir. _____ se trouve à droite, pas loin de l'hôpital.

5. De la pharmacie, suivez la rue du Docteur Mazet jusqu'à la place Dubedout. Traversez la place et prenez la rue Casimir Brenier. Tournez à gauche dans la rue Aristide Bergès et _____ est à gauche. Si vous arrivez au chemin Pinal, vous êtes allé trop loin.

2 Les synonymes Write a synonym for each word. Include any indefinite articles. (5 x 2 pts. each = 10 pts.)

1. un grand boulevard _____

2. un angle _____

3. une rue _____

4. un immeuble _____

5. aller d'un point à l'autre _____

| 199 |

Leçon 4B

VOCABULARY QUIZ II

1 Les définitions Write a definition for each word. You might find the phrases in the box useful for writing your definitions. (6 x 1 pt. each = 6 pts.)

Ça sert à…	C'est une sorte de…	C'est un endroit où…
C'est où on va pour…	C'est le contraire de…	C'est un synonyme de…

1. les escaliers: _____

_____

2. un carrefour: _____

_____

3. un office du tourisme: _____

_____

4. les indications: _____

_____

5. s'orienter: _____

_____

6. un bâtiment: _____

_____

2 Ma ville Write directions from your school to these places in your town. Be sure to specify any landmarks that would help a tourist find his or her way. (2 x 3 pts. each = 6 pts.)

1. Du lycée à la banque: _____

_____

_____

2. Du lycée au bureau de poste: _____

_____

_____

3 Les indications You are lost in a French city. Write a conversation in which you ask a passerby for directions to a place downtown and the person responds. Remember to be polite. (8 pts.)

_____

_____

_____

_____

_____

_____

Leçon 4B.1

GRAMMAR QUIZ I
Le futur simple

1. **Notre calendrier** Andreas and his family are preparing for a party. Complete the sentences with the future tense form of the verbs in parentheses. (8 x 1 pt. each = 8 pts.)

   1. Papa _____ (s'occuper) des courses pour la fête ce samedi.

   2. Moi, je _____ (chercher) un cadeau pour l'anniversaire de David.

   3. Bernice et Agathe _____ (mettre) la table.

   4. Marie-Claire, tu _____ (prendre) de la glace au supermarché.

   5. Maman et moi _____ (choisir) la musique.

   6. Agathe et toi _____ (téléphoner) aux invités.

   7. Nous _____ (rendre) les chaises à M. Hobbard après la fête.

   8. Bernice _____ (sortir) la poubelle.

2. **Assemblez** Write complete sentences with the **futur simple** using the cues provided. Make any necessary changes. (3 x 2 pts. each = 6 pts.)

   1. mes amis et moi / partir / en voyage

      _____

   2. Ian et toi / apprendre / français

      _____

   3. tu / ne pas conduire / nouvelle voiture de papa

      _____

3. **Des paresseux** Christian and his siblings always leave everything for tomorrow. Write Christian's answers to his mother's questions using the **futur simple**. (6 x 1 pt. each = 6 pts.)

   1. Est-ce que tu as acheté le gâteau?

      _____

   2. Anne et toi avez-vous nettoyé le salon?

      _____

   3. Est-ce qu'Anne a répété au stade hier?

      _____

   4. Est-ce que tu as appelé oncle Louis?

      _____

   5. Est-ce que Tristan et Anne ont payé leur amende à la bibliothèque?

      _____

   6. Est-ce que Tristan a balayé le balcon?

      _____

Nom _____ Date _____

Leçon 4B.1

GRAMMAR QUIZ II
Le futur simple

1   Répondez Answer these questions using the **futur simple**. (5 x 1 pt. each = 5 pts.)

1. Avec qui vas-tu manger demain soir?

   _____

2. Qu'est-ce que tu vas mettre pour aller au lycée demain?

   _____

3. Est-ce que tes parents vont te permettre de conduire leur voiture?

   _____

4. Qu'est-ce que tes amis et toi allez faire demain?

   _____

5. Qu'est-ce que ta mère va préférer faire ce week-end?

   _____

2   On va faire quoi? Write complete sentences using the **futur simple** to tell what these people will do and why. (3 x 2 pts. each = 6 pts.)

   _____

_____

1. Sylvain et Julie

   _____

_____

2. mon/ma meilleur(e) ami(e) et moi

   _____

_____

3. tu

3   Je me détends! Tomorrow is your first day of vacation and you intend to take it easy. Write five sentences using the **futur simple** to say what you will do. (9 pts.)

_____

_____

_____

_____

_____

© by Vista Higher Learning, Inc. All rights reserved. | 202 | **Leçon 4B.1**   Grammar Quiz II

Nom _____ Date _____

Leçon 4B.2

GRAMMAR QUIZ I
Irregular stems in the *futur simple*

1 On rêve de l'avenir You and your friends are graduating soon and everyone is talking about their future. Fill in the blanks with the future tense forms of the verbs in parentheses. (8 x 1 pt. each = 8 pts.)

1. Mon meilleur ami et moi _____ (être) voisins.

2. Je _____ (recevoir) une nouvelle voiture.

3. Mes amis et moi _____ (faire) des études supérieures.

4. Sébastien et toi _____ (pouvoir) voyager en Afrique.

5. Heidi, tu _____ (aller) voir tes cousins en Suisse.

6. Adèle _____ (devoir) travailler avec ses parents.

7. Djénéba _____ (avoir) un bon emploi.

8. Je _____ (devenir) médecin.

2 Ça se passera demain Jessica has mixed up what will happen tomorrow with today's events. Rewrite her statements using the **futur simple**. (6 x 1 pt. each = 6 pts.)

1. Il pleut et il fait mauvais.

    _____

2. Mes cousines viennent nous rendre visite.

    _____

3. Nous allons au cinéma avec des amis.

    _____

4. Les parents de Micheline nous envoient les livres.

    _____

5. C'est l'anniversaire de Mirabelle.

    _____

6. Je dois aller chez le dentiste.

    _____

3 Répondez Answer these questions with the **futur simple** using the cues. (3 x 2 pts. each = 6 pts.)

1. Quand est-ce que tu fais du cheval? (ce vendredi matin)

    _____

2. Est-ce que ton ami sait sa nouvelle adresse? (la semaine prochaine)

    _____

3. Les filles ont beaucoup de devoirs cette année? (l'année prochaine)

    _____

Leçon 4B.2

GRAMMAR QUIZ II
Irregular stems in the *futur simple*

1 Imaginez For each situation, write a complete sentence using the **futur simple** form of the verb in parentheses to say what these people will or will not do. (4 x 1 pt. each = 4 pts.)

1. J'ai un match de foot demain. (aller)

    _____

2. Ma mère a mal aux jambes. (faire)

    _____

3. Mes amis n'ont plus d'argent. (pouvoir)

    _____

4. Mon/Ma meilleur(e) ami(e) me rend visite. (venir)

    _____

2 L'avenir Imagine the future and write two statements using verbs with an irregular stem in the **futur simple** to complete each phrase. (3 x 2 pts. each = 6 pts.)

1. Dans dix ans, je _____

    _____

2. Dans vingt ans, mes parents _____

    _____

3. Dans cinquante ans, le monde (*world*) _____

    _____

3 Vive les vacances! You and your family are planning your next vacation. Say where and when you will go and what you will do there. (10 pts.)

_____

_____

_____

_____

_____

_____

_____

_____

_____

_____

Unité 4
Leçon 4B

LESSON TEST I

1 **Conversations** Listen to the conversations and select the most logical continuation for each. (5 x 4 pts. each = 20 pts.)

1. a. On prend le métro, alors?
   b. Nous sommes perdus.
   c. Ah, je la vois au coin.

2. a. Elle est dans ce bâtiment-là.
   b. Elle est dans cette boîte aux lettres.
   c. Elle traverse le pont.

3. a. Descendez les escaliers.
   b. Je n'en ai aucune idée.
   c. Il n'y a pas de fontaine au coin.

4. a. On va à l'office du tourisme?
   b. On s'assied pour regarder le plan?
   c. On continue?

5. a. Donc, on tourne à gauche.
   b. On traverse le pont, alors.
   c. Ah, oui. Juste au coin.

Nom _____ Date _____

2 **Où sommes-nous?** Look at the map and read each set of directions to determine the destination of each person. (3 x 4 pts. each = 12 pts.)

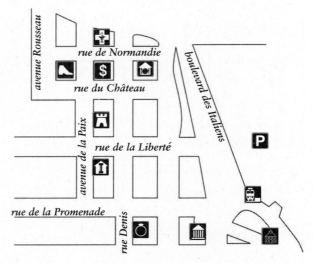

1. Du lycée, prends à gauche, puis à droite. Passe devant la gare et continue tout droit. Ensuite, tourne à gauche dans la rue de Normandie. _____ se trouve tout de suite à gauche à l'angle de la rue.

2. De la banque, tourne à gauche dans l'avenue de la Paix, continue tout droit jusqu'à la rue de la Liberté, prends à gauche. _____ est au bout de la rue.

3. Du magasin de chaussures, prends à droite dans l'avenue de la Paix, continue tout droit jusqu'à la rue de la Promenade, tourne à gauche. Au troisième carrefour, _____ sera en face de toi.

3 **Demain** No one feels like doing anything today. Say that they will do these things tomorrow by completing the sentences with the correct form of the **futur simple**. (8 x 3 pts. each = 24 pts.)

1. Je ne dépose pas mon argent aujourd'hui. Je le _____ demain.

2. Nous ne nettoyons pas l'appartement aujourd'hui. Nous le _____ demain.

3. Pierre n'attend pas à la poste aujourd'hui. Il _____ demain.

4. Caroline ne choisit pas de cadeaux aujourd'hui. Elle en _____ demain.

5. Yasmine et toi, vous ne cherchez pas de travail aujourd'hui. Vous en _____ demain.

6. Fatou et Habib ne finissent pas leurs devoirs aujourd'hui. Ils les _____ demain.

7. Tu ne réfléchis pas à l'opinion de Diane aujourd'hui. Tu y _____ demain.

8. Karine et sa famille ne déménagent pas aujourd'hui. Elles _____ demain.

Nom _____ Date _____

4 **Une surprise** You and some friends are planning a surprise party that will take place in two weeks. Say what each person's task or tasks will be and what still has to be organized. Use the correct forms of the **futur simple** of the verbs in parentheses. (8 x 3 pts. each = 24 pts.)

1. Moi, je/j' _____ (envoyer) les invitations.

2. Pierre _____ (aller) à la papeterie acheter des décorations.

3. Hélène, est-ce que tu _____ (pouvoir) téléphoner à quelques invités?

4. Nicolas et Marco _____ (devoir) faire leur sauce tomate pour tout le monde.

5. Quelques invités _____ (venir) avec leurs copains. Ça va?

6. Est-ce qu'il y _____ (avoir) assez de chaises pour tout le monde?

7. Il _____ (il faut) en emprunter plusieurs.

8. Nous _____ (recevoir) tout le monde ici, dans le salon, n'est-ce pas?

5 **À vous!** Write a paragraph of at least five complete sentences in which you predict your future ten years from now. Tell where you will live, what work you will do, if you will be married, if you will have children, and where you will go on vacation. (20 pts.)

_____

_____

_____

_____

_____

_____

_____

_____

Unité 4
Leçon 4B

LESSON TEST II

1   Conversations Listen to the conversations and select the most logical continuation for each.
(5 x 4 pts. each = 20 pts.)

1. a. Oui, la voilà.

   b. Il faut prendre le bus, alors.

   c. On est vraiment perdu.

2. a. Elle est dans la fontaine.

   b. Elle est fermée.

   c. Elle est à côté de l'office du tourisme.

3. a. On regarde la carte et on s'oriente!

   b. On traverse le boulevard.

   c. La fontaine est là.

4. a. Je suis les indications.

   b. Je monte les escaliers.

   c. Je prends le métro.

5. a. C'est en face de la fontaine.

   b. C'est au coin de la rue suivante.

   c. C'est la deuxième rue à votre droite.

Nom _____ Date _____

2 Où sommes-nous? Look at the map and then read where your friends would like to go. Write directions for them to reach their destinations. (3 x 4 pts. each = 12pts.)

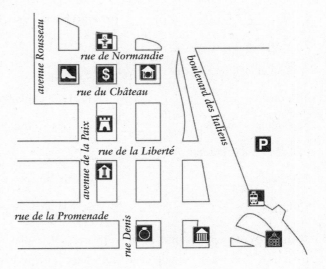

1. Yannick: Je suis à l'office du tourisme. Comment est-ce que je vais à la gare? _____
   _____
   _____

2. Élisabeth: Je suis au magasin de chaussures et j'ai rendez-vous avec Christophe à midi.
   Où se trouve la brasserie Chez Pierre? _____
   _____
   _____

3. André: Je suis à la bijouterie et je veux aller à la mairie. _____
   _____
   _____

3 Demain No one feels like doing things today. Say that they will do them tomorrow by completing the sentences with the correct form of the **futur simple**. (8 x 3 pts. each = 24 pts.)

1. Je ne poste pas le colis aujourd'hui. Je le _____ demain.

2. Nous ne remplissons pas le formulaire aujourd'hui. Nous le _____ demain.

3. Youssef ne retire pas d'argent aujourd'hui. Il en _____ demain.

4. Tu ne lis pas ce livre aujourd'hui. Tu le _____ demain.

5. Malika et toi, vous n'achetez pas de pain aujourd'hui. Vous en _____ demain.

6. Emmanuel et Lily n'écrivent pas de lettres aujourd'hui. Ils en _____ demain.

7. Tu ne rends pas visite au voisin aujourd'hui. Tu lui _____ demain.

8. Mariama et ses copines ne traversent pas le pont aujourd'hui. Elles le _____ demain.

4   Une fête You and some friends are planning a party that will take place in two weeks. Discuss the details of the party, using the **futur simple** of the verbs in parentheses. (8 x 3 pts. each = 24 pts.)

1. Je _____ (revenir) bientôt avec les décorations.

2. Morgane _____ (faire) sa quiche spéciale.

3. Saïd et Delphine, est-ce que vous _____ (prendre) les boissons?

4. Nous _____ (aller) à la boulangerie pour acheter du pain.

5. Quelques invités _____ (être) en retard.

6. Est-ce que Vladimir _____ (savoir) comment venir?

7. Alicia _____ (devoir) amener son nouveau copain.

8. Tu _____ (venir) à la fête, n'est-ce pas Hakim?

5   À vous! Write a paragraph of at least five complete sentences in which you predict your future ten years from now. Tell what you will be doing, where you will live, if you will be married, if you will have children, and where you will go on vacation. (20 pts.)

_____

_____

_____

_____

_____

_____

_____

_____

_____

_____

Unité 4
Leçons A et B

UNIT TEST I

1 C'est vrai? Listen to these conversations then decide whether each statement is true (**Vrai**) or false (**Faux**) or whether there is no way of knowing (**On ne sait pas.**). (6 x 1 pt. each = 6 pts.)

	Vrai	Faux	On ne sait pas
1. La banque est sur l'avenue Jean Jaurès.	____	____	____
2. Le pont Mirabeau est près d'ici.	____	____	____
3. Vincennes est à 10 km.	____	____	____
4. Le distributeur est à droite de la papeterie.	____	____	____
5. La mairie n'est pas loin.	____	____	____
6. Ils cherchent une brasserie.	____	____	____

2 Définitions Match each word or expression in Column B with its definition in Column A.
(10 x 1 pt. each = 10 pts.)

A	B
_____ 1. Plusieurs rues s'y rencontrent.	a. une pièce de monnaie
_____ 2. On y met les cartes et les enveloppes.	b. la queue
_____ 3. On peut s'y reposer.	c. un timbre
_____ 4. Il s'occupe du courrier.	d. un carrefour
_____ 5. C'est de l'argent, mais pas un billet.	e. s'orienter
_____ 6. Le prix d'une lettre	f. le facteur
_____ 7. Il faut s'arrêter quand il est rouge.	g. traverser
_____ 8. Quand on attend à la banque, on la fait.	h. une boîte aux lettres
_____ 9. Retrouver son chemin	i. un feu de signalisation
_____ 10. Passer sur un pont	j. un banc

3 Complétez Complete the sentences with the correct forms of the verbs in parentheses. Use the present tense in items 1–5 and the **passé composé** or the **imparfait** in 6–8. (10 x 1 pt. each = 10 pts.)

1. Je _____ (voir) un agent de police au bout de la rue.

2. Est-ce que tu _____ (apercevoir) un distributeur près d'ici?

3. Vous _____ (croire) que nous sommes perdus.

4. Ils _____ (s'apercevoir) que la voiture est garée à l'autre bout de la ville.

5. Nous _____ (voir) le feu passer au rouge.

6. Avant, on _____ (ne pas apercevoir) ce bâtiment de la route; maintenant, si.

7. Hier, Laure _____ (recevoir) une amende et elle _____ (s'apercevoir) qu'elle ne pouvait pas se garer ici.

8. Nous _____ (ne pas voir) la voiture quand elle est arrivée et nous _____ (croire) que nous étions seuls au carrefour.

4 Les directions Finish the sentences to help Marie-France find these places. (10 x 1 pt. each = 10 pts.)

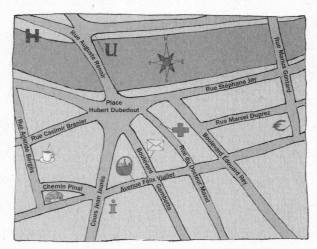

1. La pharmacie est dans _____.

2. La banque est au bout de _____.

3. La poste n'est pas loin de _____.

4. L'épicerie est près du _____.

5. L'office du tourisme est après _____.

6. L'hôpital St-Jean est tout près de _____.

7. Le café de la gare est à l'ouest de _____.

8. La boulangerie est autour du _____.

9. Au carrefour de plusieurs rues et au sud de la rivière se trouve _____.

10. L'université Joseph Fourier est au bout du _____.

Nom _____ Date _____

5 En ville Complete each sentence with the correct futur simple form of the verb in parentheses.
(10 x 1 pt. each = 10 pts.)

1. Pour aller au café, vous _____ (tourner) à gauche sur l'avenue Maupassant.

2. À Paris, on _____ (se déplacer) en métro et en bus.

3. Nous _____ (descendre) place de l'Opéra.

4. Leïla et Cédric _____ (finir) leur chemin ensemble.

5. Demain matin, les gens _____ (acheter) le pain à cette boulangerie.

6. Si (*If*) je n'ai pas assez pour payer mon café, je t' _____ (emprunter) un peu de monnaie.

7. Pour trouver mon immeuble, tu _____ (suivre) cette rue jusqu'au bout.

8. À l'avenir, nous _____ (sortir) prudemment de ce parking.

9. À la poste, il ne _____ (remplir) aucun formulaire sur place (*on site*).

10. On _____ (payer) en liquide chez le marchand de journaux.

6 Le bon chemin Complete each sentence with the correct futur simple form of the verb in parentheses.
(10 x 1 pt. each = 10 pts.)

1. Pour trouver le boulevard St-Germain, vous _____ (devoir) prendre la prochaine rue à gauche.

2. On _____ (voir) la statue sur la gauche.

3. Ils _____ (être) perdus dans les petites rues.

4. Quand vous ne _____ (savoir) plus où vous êtes, demandez votre chemin.

5. Au retour, nous _____ (vouloir) peut-être rentrer par ici.

6. Tu _____ (pouvoir) voir la fontaine au bout du pont.

7. J' _____ (avoir) peut-être du mal à retrouver ce bâtiment.

8. Fabien _____ (ne pas venir) avec nous.

9. Ils _____ (faire) une pause sur ce banc.

10. Nous _____ (aller) jusqu'à ce feu.

---

7 Et non! Rewrite the sentences by using negative expressions to say the opposite. (6 x 2 pts. each = 12 pts.)

1. Il y avait beaucoup de clients dans la boutique.

   _____

   _____

2. J'ai toujours vu des enfants ici.

   _____

   _____

3. En général, on paie en espèces ou par chèque.

   _____

   _____

4. Loubna fréquente encore ce salon.

   _____

   _____

5. Ils ont signé quelque chose.

   _____

   _____

6. Vous avez reçu un colis aujourd'hui.

   _____

   _____

Nom _____ Date _____

8 Cet après-midi Write six sentences to say what these people will do this afternoon and where they will do it. Use the cues and the futur simple of the verbs in the list. (6 x 2 pts. each = 12 pts.)

acheter	choisir	laver
aller	envoyer	retirer

1. je

2. les Gervais

3. vous

4. tu

5. nous

6. Mme Pradier

1. _____

2. _____

3. _____

4. _____

5. _____

6. _____

   Unité 4 Unit Test I

Nom _____ Date _____

9 **À vous** You will go on a class trip to New York City next spring. Write a paragraph with five sentences to tell what you and your classmates will see and visit, how you will get around, and where you will stay. (20 pts.)

_____

_____

_____

_____

_____

_____

_____

_____

_____

_____

_____

_____

_____

_____

_____

_____

_____

_____

_____

_____

_____

_____

_____

_____

Unité 4
Leçons A et B

UNIT TEST II

1 C'est vrai? Listen to these conversations then decide whether each statement is true (**Vrai**) or false (**Faux**) or whether there is no way of knowing (**On ne sait pas**). (6 x 1 pt. each = 6 pts.)

	Vrai	Faux	On ne sait pas
1. Elles vont à la banque ensemble.	____	____	____
2. Le boulevard Carnot n'est pas loin.	____	____	____
3. La poste est au coin du carrefour de l'Odéon.	____	____	____
4. Le commissariat est au prochain feu.	____	____	____
5. On va à la papeterie.	____	____	____
6. Le marchand de journaux est sur la gauche.	____	____	____

2 Descriptions Name the place where you can do each the following things. (6 x 2 pts. each = 12 pts.)

> ### Modèle
> acheter une montre: *la bijouterie*

1. acheter des timbres: _____

2. demander des indications: _____

3. ouvrir un compte d'épargne: _____

4. laver des vêtements: _____

5. retirer de l'argent: _____

6. acheter un journal: _____

3 En ville Complete the sentences with the correct forms of the verbs in parentheses. Use the present tense for items 1–5 and the **passé composé** or the **imparfait** for 6– 10. (10 x 1 pt. each = 10 pts.)

1. De la banque, on _____ (ne pas apercevoir) bien la statue.

2. Est-ce que tu _____ (croire) que l'office de tourisme est près d'ici?

3. Vanessa _____ (recevoir) sa monnaie et s'en va.

4. Vous _____ (s'apercevoir) que la laverie est fermée le dimanche.

5. Nous _____ (ne pas voir) de cinéma dans cette rue.

6. Quand ils ont discuté avec le marchand de journaux, les policiers _____ (ne pas le croire).

7. Avant, j' _____ (apercevoir) cette avenue de ma fenêtre.

8. Hier midi, tu _____ (recevoir) une lettre de ta banque.

9. Est-ce que vous _____ (voir) une boîte aux lettres sur votre chemin hier?

10. Nous _____ (ne pas s'apercevoir) tout de suite que nous étions perdus.

4   Les directions Complete the sentences to help Jacques find his way. (10 x 1 pt. each = 10 pts.)

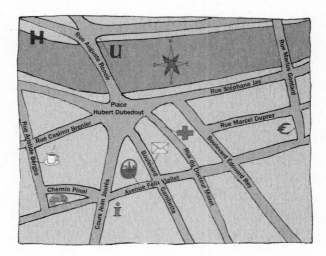

1. Pour aller à l'université, il faut _____ le pont.

2. Pour aller de l'office du tourisme au café, il faut _____ à gauche dans le chemin Pinal.

3. On trouve la boulangerie _____ du chemin Pinal.

4. Pour aller de la rivière à la banque, il faut _____ dans la rue Gontard.

5. Pour aller de la banque à l'office de tourisme, il faut tourner à gauche _____ de l'avenue Félix Viallet.

6. L'épicerie est tout _____ de la poste.

7. Pour trouver la pharmacie de la place Dubedout, il faut _____ la rue du Docteur Mazet.

8. Pour aller de la boulangerie à la pharmacie, on suit l'avenue Viallet _____ la rue du Docteur Mazet.

9. De l'épicerie, allez _____ sur l'avenue Viallet, puis tournez à gauche dans la rue Gontard.

10. Quand on vient du _____ sur le boulevard Gambetta, la poste est à droite.

5   On se déplace Complete each sentence with the correct futur simple form of the verb in parentheses. (10 x 1 pt. each = 10 pts.)

1. Pour trouver la banque, tu _____ (devoir) prendre l'avenue St-Étienne.

2. Ensuite, il _____ (falloir) tourner à gauche.

3. Au bout du pont, vous _____ (apercevoir) une grande rue.

4. Vous _____ (prendre) la première à droite.

5. Je _____ (ne pas faire) le chemin toute seule.

6. Nous _____ (envoyer) ces gens à la brasserie.

7. Ils _____ (suivre) leur propre chemin.

8. Nous _____ (aller) à l'office du tourisme ensemble.

9. Est-ce que tu _____ (savoir) t'orienter?

10. Tu _____ (ne pas traverser) tout seul.

Nom _____ Date _____

6 **Et non!** Rewrite the sentences by using negative expressions to say the opposite. (6 x 2 pts. each = 12 pts.)

1. Beaucoup de gens font la queue.

   _____

   _____

2. J'utilise trois cartes bancaires.

   _____

   _____

3. Il y a une statue de Louis XIII et un pont sur ce boulevard.

   _____

   _____

4. Tu vois quelque chose là-bas.

   _____

   _____

5. Cette boutique est toujours fermée le dimanche.

   _____

   _____

6. Ils connaissent encore le chemin.

   _____

   _____

Nom _____ Date _____

7   Cet après-midi Write six sentences to say what will happen this afternoon at these places. Use the futur simple of the verbs provided. (6 x 2 pts. each = 12 pts.)

1. être ouvert

2. ne plus donner de billets

3. pouvoir aller

4. apercevoir une amie

5. ouvrir tard

6. avoir peu de clients

1. _____
2. _____
3. _____
4. _____
5. _____
6. _____

8 Questions personnelles Answer the questions with complete sentences. (4 x 2 pts. each = 8 pts.)

1. Est-ce que tu iras (ou retourneras) en Europe un jour? _____

_____

2. Vivras-tu dans une grande ville plus tard? Si oui, laquelle?

_____

3. Que feras-tu et où seras-tu dans cinq ans?

_____

4. Quel endroit visiteras-tu dès que (*as soon as*) tu le pourras?

_____

9 À vous Imagine it was your birthday recently and someone gave you quite a bit of money as a gift. Write a paragraph with five sentences telling what you will do with the money. Tell what you will buy, where you will go, and whether you will open a savings account or not. (20 pts.)

_____

_____

_____

_____

_____

_____

_____

_____

_____

_____

_____

_____

_____

_____

_____

_____

_____

_____

_____

_____

OPTIONAL TESTING SECTIONS
Unité 4

Leçon 4A

ROMAN-PHOTO

1 Vrai ou faux? Indicate whether these statements are **vrai** or **faux**. Correct the false statements.

	Vrai	Faux
1. La charcuterie accepte les cartes de crédit.	_____	_____
2. Amina emprunte de l'argent à Rachid.	_____	_____
3. La banque est fermée parce que c'est dimanche.	_____	_____
4. Rachid et Amina vont faire des courses ensemble dans l'après-midi.	_____	_____
5. Amina vend ses bijoux et ses vêtements dans des boutiques.	_____	_____
6. Les quatre amis vont aller dans une brasserie.	_____	_____

Leçon 4B
ROMAN-PHOTO

1   Identifiez Identify the person described in each statement according to what happened in **Roman-photo**.

_____ 1. Il/Elle cherche le bureau de poste.
      a. Sandrine
      b. Amina
      c. Rachid
      d. David
      e. Stéphane
      f. le touriste

_____ 2. Il/Elle chante très mal.
      a. Sandrine
      b. Amina
      c. Rachid
      d. David
      e. Stéphane
      f. le touriste

_____ 3. Il/Elle n'aime pas Pauline Ester.
      a. Sandrine
      b. Amina
      c. Rachid
      d. David
      e. Stéphane
      f. le touriste

_____ 4. Il/Elle pense que le bureau de poste est à côté de l'office du tourisme.
      a. Sandrine
      b. Amina
      c. Rachid
      d. David
      e. Stéphane
      f. le touriste

_____ 5. Il/Elle pense que le bureau de poste est à côté de la gare.
      a. Sandrine
      b. Amina
      c. Rachid
      d. David
      e. Stéphane
      f. le touriste

_____ 6. Il/Elle sait où se trouve le bureau de poste.
      a. Sandrine
      b. Amina
      c. Rachid
      d. David
      e. Stéphane
      f. le touriste

OPTIONAL TESTING SECTIONS
Unité 4

Leçon 4A
CULTURE

1 Choisissez Select the answer that best completes the statement, according to the text.

1. Les Français aiment faire leurs courses dans les petits commerces parce que les produits y sont...
   a. moins chers.
   b. plus variés.
   c. plus authentiques.

2. On trouve des produits alimentaires de luxe dans les...
   a. épiceries fines.
   b. crémeries.
   c. épiceries de quartier.

3. Le petit commerce français le plus fréquenté est...
   a. la boulangerie.
   b. la boucherie.
   c. la poissonnerie.

4. On peut faire ses courses dans une ville souterraine...
   a. en Côte d'Ivoire.
   b. à Montréal.
   c. à Paris.

5. Alain Robert, le «Spiderman» français, aime...
   a. aider les personnes
   b. consulter la police
   c. escalader les gratte-ciel.

Leçon 4B

CULTURE

1 Choisissez Select the answer that best completes the statement, according to the text.

1. Au milieu d'une ville ou d'un village français, on trouve souvent…
   a. une bibliothèque.
   b. une église.
   c. un stade.

2. La grande place d'une ville ou d'un village est souvent…
   a. le quartier commercial.
   b. le quartier résidentiel.
   c. le quartier universitaire.

3. Les rues françaises portent assez souvent le nom…
   a. d'un arbre.
   b. d'une couleur.
   c. d'un personnage historique.

4. La place Djem'a el-Fna se trouve…
   a. au Maroc.
   b. au Québec.
   c. au Sénégal.

5. En 1853, le baron Haussmann a commencé à…
   a. moderniser la ville de Paris.
   b. dessiner l'arc de Triomphe.
   c. changer la route de la Seine.

Nom _____ Date _____

OPTIONAL TESTING SECTIONS
Unité 4

FLASH CULTURE

1 Choisissez Using what you remember from **Flash culture**, select the answer that best completes each sentence.

1. On veut acheter des livres, on va dans _____.
   a. un bureau de poste
   b. une bibliothèque
   c. une librairie-papeterie

2. On y trouve toute sorte d'aliments, des produits et même des appareils ménagers, c'est _____.
   a. une boutique
   b. un hypermarché
   c. une brasserie

3. Pour acheter des diamants et des perles, on va dans _____.
   a. une bijouterie
   b. une mairie
   c. un salon de beauté

4. C'est un petit commerce où on vend du jambon et des saucisses, c'est _____.
   a. un hypermarché
   b. une charcuterie
   c. une boulangerie

5. Les gens, surtout les femmes, aiment y aller pour avoir de beaux cheveux, c'est _____.
   a. une laverie
   b. un centre commercial
   c. un salon de coiffure

6. On y achète des magazines et le journal quotidien, c'est _____.
   a. une banque
   b. une boutique
   c. un marchand de journaux

PANORAMA

1 **Choisissez** Select the answer that best completes the statement, according to the text.

1. L'architecture du château de Chambord a été influencée par…
   a. Léon Bollée.
   b. George Sand.
   c. Léonard de Vinci.

2. Dans les régions des Pays de la Loire et du Centre-Val de Loire, une des industries principales est…
   a. le tourisme.
   b. l'élevage d'animaux.
   c. la pêche.

3. L'auteur des Pays de la Loire qui a écrit *Vingt mille lieues sous les mers* est…
   a. Gérard Depardieu.
   b. Honoré de Balzac.
   c. Jules Verne.

4. La vallée de la Loire s'appelle aussi…
   a. la vallée des jardins.
   b. la vallée des rois.
   c. la vallée de la lumière.

5. Les 24 heures du Mans est une course…
   a. automobile.
   b. cycliste.
   c. de chevaux.

6. Le Printemps de Bourges est…
   a. un grand château.
   b. un festival de musique.
   c. une grande course de motos.

7. Les Machines de l'Île sont…
   a. des animaux mécaniques.
   b. des automobiles.
   c. des inventions électroniques.

8. Les Machines de l'Île ont donné une vocation nouvelle aux anciens…
   a. chantiers navals.
   b. châteaux.
   c. ports.

Nom _____ Date _____

OPTIONAL TESTING SECTIONS
Unité 4

Leçon 4A
LECTURE SUPPLÉMENTAIRE

1 **Conversation** Read this conversation between Mr. and Mrs. Lemoîne. Then answer the questions using complete sentences.

> **M. LEMOÎNE**   Chérie, est-ce que tu vas aller en ville ce matin?
> **MME LEMOÎNE**   Oui, je dois faire des courses. Et j'ai besoin de retirer de l'argent. Je n'ai plus d'espèces.
> **M. LEMOÎNE**   Notre nouvelle carte bancaire est arrivée, tu sais. Il faut aller la chercher.
> **MME LEMOÎNE**   Pas de problème. Je peux le faire en même temps.
> **M. LEMOÎNE**   Merci. Et tu pourrais aller à la poste pour envoyer ce colis?
> **MME LEMOÎNE**   Oui, je pensais y aller de toute façon. J'ai besoin de timbres pour les États-Unis.
> **M. LEMOÎNE**   Pour les États-Unis? Pourquoi?
> **MME LEMOÎNE**   La fille de Nadine y passe quelques mois. Elle nous a envoyé une carte, alors je vais lui écrire une petite lettre.
> **M. LEMOÎNE**   Et qu'est-ce que tu vas faire d'autre en ville?
> **MME LEMOÎNE**   Eh bien, j'ai rendez-vous au salon de beauté à 10 heures pour me faire coiffer. Et ensuite, je vais aller à la boutique de vêtements de la rue Victor Hugo pour acheter quelque chose pour l'anniversaire de mon amie Nathalie.
> **M. LEMOÎNE**   Tu veux manger avec moi en ville?
> **MME LEMOÎNE**   Oui, bonne idée. Où veux-tu aller?
> **M. LEMOÎNE**   Il y a une nouvelle brasserie en ville. On m'a dit qu'on y mange très bien. Ça te dit?
> **MME LEMOÎNE**   Oui, pourquoi pas? Elle est où?
> **M. LEMOÎNE**   Avenue de la République, près de la bijouterie.
> **MME LEMOÎNE**   Bon. On se retrouve à midi et demie?
> **M. LEMOÎNE**   D'accord. Ah! Et si tu as le temps, prends-moi le journal chez le marchand de journaux.
> **MME LEMOÎNE**   D'accord. À tout à l'heure.

1. Pourquoi Madame Lemoîne va-t-elle aller en ville aujourd'hui? _____
   _____

2. Qu'est-ce que son mari lui demande d'aller chercher? Où va-t-elle aller et que va-t-elle faire d'autre à cet endroit? _____
   _____

3. Qu'est-ce que Madame Lemoîne va faire à la poste? _____

4. Où Madame Lemoîne va-t-elle aller à 10 heures? Pourquoi? _____

5. Que va-t-elle acheter dans la boutique de vêtements? _____

6. Que propose Monsieur Lemoîne à Madame Lemoîne pour le déjeuner? _____

7. Où et quand les Lemoîne vont-ils se retrouver? _____
   _____

8. Madame Lemoîne va dans quels autres magasins? Que va-t-elle y acheter? _____
   _____

Nom _____ Date _____

Unité 4

Leçon 4B

LECTURE SUPPLÉMENTAIRE

1 Les bateaux-mouches Many people visiting Paris enjoy taking a sightseeing cruise along the Seine aboard the famous bateaux-mouches. Read this brochure about the sights one can see while on the tour, and answer the questions using complete sentences.

Croisière[1] en bateau-mouche

Adultes 13,50 €   Enfants (moins de 12 ans) 6 €

L'embarquement pour la croisière se fait tout près de la tour Eiffel, sur la rive[2] droite de la Seine. Pour y arriver, traversez le pont et descendez par l'escalier qui est près des bancs. Allez tout au bout du quai et vous verrez notre bateau. Embarquement toutes les 20 minutes de 10h00 à 22h30.

Les sites dans l'ordre où ils seront vus

Vous verrez d'abord le musée d'Orsay et l'Institut de France qui sera un peu plus loin, sur votre droite. Nous continuerons ensuite jusqu'à Notre-Dame et l'île Saint-Louis. Ensuite, le bateau tournera après l'île Saint-Louis et il partira dans l'autre direction. Notre-Dame sera à nouveau devant vous. Nous continuerons tout droit et vous verrez l'Hôtel de Ville, sur votre droite. La Conciergerie sera juste en face sur l'île de la Cité. Puis, le grand bâtiment que vous verrez sur votre droite sera le musée du Louvre. Après le Louvre, nous verrons la place de la Concorde avec son grand rond-point et son célèbre obélisque. Toujours à droite, vous verrez ensuite le Grand Palais, sur l'avenue Winston Churchill. Vous aurez alors une vue magnifique sur les Invalides et puis sur la tour Eiffel, sur votre gauche. Cetter dernière sera en face du Trocadéro. Pendant la croisière, le bateau passera sous de nombreux ponts, dont le célèbre Pont Neuf. Vous pourrez alors admirer les magnifiques statues qu'on trouve sur ces ponts. La croisière durera environ 1h10 et se terminera au même endroit qu'à l'embarquement.

---

[1] Cruise [2] bank

1. Comment va-t-on jusqu'au bateau? _____

   _____

2. Que fera le bateau après avoir dépassé l'île Saint-Louis? _____

   _____

3. L'Hôtel de Ville est-il loin de Notre-Dame? _____

   _____

4. Quel bâtiment se trouve à droite après avoir dépassé la Conciergerie? _____

   _____

5. Qu'est-ce qu'il y a sur la place de la Concorde? _____

   _____

6. Où se trouve le Grand Palais? _____

   _____

7. Sous quoi le bateau passera-t-il? _____

   _____

8. Où se trouve la tour Eiffel? _____

   _____

9. Combien de temps durera la croisière? _____

   _____

Leçon 5A

VOCABULARY QUIZ I

1 Les définitions Match the words in Column B with their definitions in Column A. (6 x 1 pt.each = 6 pts.)

	A		B
_____	1. Ça fonctionne comme un répondeur éléctronique.		a. un combiné
_____	2. Une description des études et de l'expérience professionnelle		b. un curriculum vitæ
_____	3. Un autre mot pour «des études»		c. faire un stage
_____	4. L'argent qu'on reçoit chaque mois pour son travail		d. une formation
_____	5. Travailler dans une entreprise en même temps qu'on fait ses études		e. une mention
_____	6. Le synonyme de «une profession»		f. une messagerie
			g. un métier
			h un salaire

2 Un appel Complete this telephone conversation between Gilles and his friend Mélanie with the appropriate words and expressions from the lesson vocabulary. (5 x 1 pt. each = 5 pts.)

MME BOTIER Allô, bonjour.

GILLES Bonjour, Mme Botier, c'est Gilles (1) _____. Est-ce que je pourrais parler à Mélanie, s'il vous plaît?

MME BOTIER Ne (2) _____ pas. Je te la passe.

MÉLANIE Allô, Gilles. Ça va?

GILLES Oui. Dis, tu as vu le poste que Mercier et Fils offre?

MÉLANIE Oui! Tu vas prendre un (3) _____ avec le patron?

GILLES Je crois que oui. Est-ce que tu penses que notre professeur me donnera une lettre de (4) _____?

MÉLANIE J'en suis sûre! Demande-lui des conseils avant de passer l'entretien.

GILLES Bonne idée! Tu as son (5) _____ de téléphone?

3 Complétez Complete these sentences with the correct vocabulary words. (9 x 1 pt. each = 9 pts.)

1. Combien de _____ ont passé l'entretien?

2. Mes amis lisent les _____ chaque matin parce qu'ils cherchent du travail.

3. Personne n' _____ dans cette mauvaise économie. Il y a très peu de nouveaux postes.

4. Dans quel _____ est-ce que ton frère va se spécialiser?

5. Tu veux parler au chef du _____ de cette entreprise?

6. _____ le téléphone tout de suite, Marie! Tu parles à ta copine depuis une heure!

7. Les gens qui travaillent dans une entreprise s'appellent les _____.

8. Nous allons écrire une lettre de _____ pour entrer à l'université.

9. _____ quelques minutes, s'il vous plaît. M. Hubert arrive tout de suite.

Nom _____ Date _____

Leçon 5A

VOCABULARY QUIZ II

1 Répondez Answer these questions with complete sentences. (7 x 1 pt. each = 7 pts.)

1. As-tu déjà écrit une lettre de motivation? Quand?

   _____

2. Dans quel domaine est-ce que ton père travaille?

   _____

3. Quel métier vas-tu choisir plus tard?

   _____

4. À ton avis, quel est l'aspect le plus important d'un CV? Pourquoi?

   _____

5. Dans quelle entreprise aimerais-tu faire un stage? Pourquoi?

   _____

6. Quels projets tes amis et toi avez-vous faits pour le week-end prochain?

   _____

7. Tu crois que tes professeurs te donneront une bonne lettre de recommandation? Pourquoi?

   _____

2 Un entretien Imagine that you are the hiring manager at a large company. Write five questions you might ask a candidate during a job interview. (5 x 1 pt. each = 5 pts.)

1. _____?
2. _____?
3. _____?
4. _____?
5. _____?

3 Au téléphone You want to apply for a summer internship at a company. Write a conversation in which you call their human resources director to try to get an interview. (8 pts.)

_____

_____

_____

_____

_____

_____

_____

_____

Leçon 5A.1

GRAMMAR QUIZ I
Le *futur simple* with *quand* and *dès que*

1 Plus tard Rewrite the statements in the **futur simple**. (5 x 1 pt. each = 5 pts.)

   1. Je vous envoie le colis dès que je le reçois.

   _____

   2. Ils cherchent du travail dès qu'ils finissent leurs études.

   _____

   3. Les employés sont contents quand ils ont un salaire élevé.

   _____

   4. Nous embauchons des spécialistes dès que nous obtenons de l'argent.

   _____

   5. Tu prends un rendez-vous dès que tes parents arrivent.

   _____

2 Complétez Complete each sentence with the appropriate tense of the verb in parentheses.
   (5 x 1 pt.each = 5 pts.)

   1. Tu ne regardes pas la télé quand tu _____ (être) chez toi?

   2. Avez-vous fait un stage quand vous _____ (aller) à Bruxelles?

   3. Je mettrai mon anorak dès qu'il _____ (faire) froid.

   4. Pourquoi ne parlent-elles pas au professeur quand elles ne _____ (comprendre) pas?

   5. La patronne me téléphonera quand elle _____ (quitter) le bureau.

3 Assemblez Write complete sentences using the **futur simple** and the cues provided.
   (5 x 2 pts. each = 10 pts.)

   1. quand je / avoir un travail / mes enfants / faire des projets

   _____

   2. dès que / vous gagner de l'argent / vous acheter une voiture

   _____

   3. dès que / pleuvoir / les enfants / rentrer chez eux

   _____

   4. je / appeler Paul / quand / ma mère / raccrocher

   _____

   5. nous / commencer le traitement / dès que / nous / savoir / les résultats

   _____

Leçon 5A.1

GRAMMAR QUIZ II
Le futur simple with *quand* and *dès que*

1 Complétez Complete these sentences in a logical manner. (6 x 1 pt. each = 6 pts.)

1. _____ dès qu'il saura la vérité (*truth*).
2. Les professeurs seront contents quand _____.
3. Quand mes parents gagneront la loterie, _____.
4. Nous nous coucherons dès que _____.
5. _____ quand j'habiterai à l'étranger.
6. Vous nous écrirez dès que _____.

2 Assemblez Write six complete sentences with the **futur simple** using elements from each column and making any necessary changes. (6 x 1 pt. each = 6 pts.)

faire un voyage		parler au patron
poster son CV		finir les études
finir les tâches ménagères		prendre sa retraite
organiser une fête	dès que	obtenir un visa
s'occuper des enfants	quand	se marier
faire un stage		se réveiller
aller au cinéma		rentrer à la maison
trouver un travail		avoir le temps

1. (nous) _____
2. (je) _____
3. (mes amis) _____
4. (mon/ma meilleur(e) ami(e) et moi) _____
5. (les élèves) _____
6. (on) _____

3 Mes projets Your best friend is coming home after completing a year as an exchange student. Write a journal entry of four sentences talking about your future plans together using **quand** and **dès que**. (4 x 2 pts. each = 8 pts.)

_____
_____
_____
_____
_____

Leçon 5A.2

GRAMMAR QUIZ I
The interrogative pronoun *lequel*

1   La suite logique Select the logical continuation for these phrases. (5 x 1 pt. each = 5 pts.)

A	B
_____ 1. Les lettres…	a. auquel tu penses n'est pas bon.
_____ 2. Le film…	b. Lesquelles?
_____ 3. J'ai reçu un colis de mes oncles.	c. auxquelles tu t'intéresses sont chères.
_____ 4. Les voitures…	d. auxquelles j'ai répondu sont là-bas.
_____ 5. J'ai perdu deux clés.	e. Desquels?
	f. desquels il parle sont très grands.
	g. Lesquels veux-tu?

2   Choisissez Choose the appropriate interrogative pronouns to complete these sentences.
(5 x 1 pt. each = 5 pts.)

1. Et les sports? (Auxquelles / Desquels / Auxquels) s'intéresse-t-elle?

2. L'entreprise (à laquelle / auquel / auxquelles) j'ai téléphoné est près d'ici.

3. L'hôpital à côté (de laquelle / duquel / desquels) nous habitons a beaucoup de spécialistes.

4. (Lequel / Lesquels / Laquelle) de ces montres ne fonctionne pas?

5. (Lesquelles / Laquelle / Lequel) de mes amies viennent à la fête?

3   Complétez Complete these sentences with the appropriate interrogative pronouns.
(10 x 1 pt. each = 10 pts.)

1. Ma mère a acheté deux robes. _____ préfères-tu?
2. _____ de ces livres avez-vous lus?
3. Il m'a donné plusieurs formulaires. _____ dois-je remplir d'abord?
4. Les candidats _____ je pense sont très timides.
5. Les questions _____ nous avons réfléchi étaient profondes.
6. J'aime les cafés en face _____ il y a une terrasse avec des chaises.
7. L'examen _____ vous avez réussi est très difficile.
8. _____ de ces trois ordinateurs aimes-tu?
9. Regarde toutes ces fleurs! _____ a-t-elle choisies?
10. Connaissez-vous l'adresse de la maison _____ elle est allée?

Leçon 5A.2

GRAMMAR QUIZ II
The interrogative pronoun *lequel*

1 Posez la question Ask a question about these cues using a form of the pronoun **lequel**. Do not use the same form more than once. (4 x 1 pt. each = 4 pts.)

> **Modèle**
>
> Robert Pattinson / Will Smith / Brad Pitt
> *Lequel de ces acteurs est le plus beau?*

1. *Avatar / Toy Story / Harry Potter et l'Enfant maudit*

   _____

2. Audi / Ferrari / Ford

   _____

3. New York / Paris / Rome

   _____

4. le français / l'allemand / le japonais

   _____

2 Un choix difficile You have been accepted to two colleges and cannot decide which one to choose. Write a conversation in which you and one of your parents compare three aspects between the two schools. Use different forms of the pronoun **lequel** in your conversation. (6 pts.)

   _____

   _____

   _____

   _____

3 Une conversation You are giving your new employee instructions, and for each one she wants more specific information. Write this conversation using five forms of the interrogative pronoun **lequel** and some of the cues below. (10 pts.)

téléphoner aux clients	envoyer des lettres	appeler les candidats
télécharger un logiciel	parler à des vendeuses	travailler sur un projet

   _____

   _____

   _____

   _____

   _____

Unité 5
Leçon 5A

LESSON TEST I

1   Conversations Listen to the conversations and select the most logical continuation for each.
(5 x 4 pts. each = 20 pts.)

1. a. Qui est à l'appareil?
    b. Ne quittez pas.
    c. Vous faites un stage?

2. a. Oui, bien sûr, je t'écoute.
    b. Oui, je décroche.
    c. Oui, je vais l'embaucher.

3. a. Ah bon? À laquelle?
    b. Ah bon? De laquelle?
    c. Ah bon? Laquelle?

4. a. Le poste avec le salaire le plus élevé.
    b. Le stage à l'étranger.
    c. La formation de deux semaines.

5. a. Oui, mais tout commence avec une bonne formation.
    b. Non, les stages ne sont pas importants.
    c. Oui, les spécialistes sont bien payés.

Nom _____ Date _____

2 Au bureau Look at the illustrations and tell what each person is doing. (6 x 3 pts. each = 18 pts.)

1.

2.

3.

4.

5.

6.

1. _____

2. _____

3. _____

4. _____

5. _____

6. _____

Nom _____ Date _____

3 Des projets You and your friends are eager to find summer jobs. Complete the sentences with the correct form of the verbs in parentheses. Pay attention to context in order to know which tense to use.
(6 x 3 pts. each = 18 pts.)

1. Je finirai mon CV dès que j' _____ (avoir) le temps.

2. Pierre achètera un costume quand il _____ (réussir) à avoir un entretien.

3. Nous ferons des projets dès que nous _____ (prendre) un rendez-vous.

4. Je t'écrirai une lettre de motivation quand tu en _____ (avoir) besoin.

5. Anne _____ (lire) le journal tous les matins quand elle cherche un nouveau travail.

6. Le directeur m'a donné des conseils quand il m' _____ (embaucher). J'ai de la chance!

4 Choisissez Complete the questions asking about which choice to make with the correct form of **lequel**.
(6 x 4 pts. each = 24 pts.)

1. Il y a deux entreprises. Pour _____ voulez-vous travailler?

2. Il y a deux stages. _____ voulez-vous aller?

3. Il y a deux candidats, Monsieur Leblanc et Monsieur Lenoir. _____ parlez-vous?

4. Il y a plusieurs références. _____ pensez-vous?

5. Il y a deux spécialistes pour ce poste, Mademoiselle Lacour et Mademoiselle Lacroix.
_____ avez-vous besoin?

6. Il y a plusieurs lettres de motivation. _____ voulez-vous voir d'abord, celles des femmes ou celles des hommes?

5 À vous! You have a job interview! Write an e-mail to a friend in which you tell what the job is, list the documents that you have prepared to accompany your application, and describe the training, experience, and/or education that will make you a good candidate for the position. (20 pts.)

_____

_____

_____

_____

_____

_____

_____

_____

Unité 5
Leçon 5A

LESSON TEST II

1 **Conversations** Listen to the conversations and select the most logical continuation for each. (5 x 4 pts. each = 20 pts.)

1. a. Ne quittez pas.
   b. Je peux lui laisser un message?
   c. C'est de la part de qui?

2. a. Oui, bien sûr. Je cherche le patron.
   b. Oui, c'est de la part de qui?
   c. Oui, c'est son père à l'appareil.

3. a. Ah bon? À laquelle?
   b. Ah bon? De laquelle?
   c. Ah bon? Avec laquelle?

4. a. C'est vrai! Pour laquelle?
   b. Pourquoi?
   c. Il me faut une lettre de recommandation.

5. a. Oui, je suis spécialiste.
   b. Oui, on va m'embaucher.
   c. Oui, l'expérience professionnelle, c'est important.

2 Au bureau Look at the illustrations and tell what each person is doing. (6 x 3 pts. each = 18 pts.)

1.

2.

3.

4.

5.

6.

1. _____

2. _____

3. _____

4. _____

5. _____

6. _____

3   Le travail You and your friends are eager to find summer jobs. Complete the sentences with the correct form of the verbs in parentheses. Pay attention to context in order to know which tense to use.
(6 x 3 pts. each = 18 pts.)

1. Je prendrai rendez-vous dès que j' _____ (avoir) une lettre de recommandation.

2. Paul laisse un message pour le directeur quand il _____ (ne pas être) au bureau.

3. Cette entreprise embauchera Monsieur Proulx quand elle _____ (s'apercevoir) de son expérience professionnelle.

4. Mes parents étaient contents de moi quand j' _____ (obtenir) une mention au stage.

5. Quand elle en _____ (avoir) besoin, Monsieur Beauchemin donnera des conseils à Lucie pour chercher du travail.

6. Dès que vous _____ (trouver) du travail, vous nous le direz, n'est-ce pas?

4   Choisissez Complete the questions asking about which choice to make with the correct form of **lequel**.
(6 x 4 pts. each = 24 pts.)

1. Il y a deux domaines intéressants. Dans _____ voulez-vous travailler?

2. Il y a deux conseils. _____ est-ce que vous suivez?

3. Il y a deux spécialistes, Madame Bertrand et Mademoiselle Beaulieu. _____ parlez-vous?

4. Il y a deux entreprises. Pour _____ est-ce que vous voulez travailler?

5. Il y a plusieurs candidats pour ce poste. _____ est-ce que vous voulez d'abord rencontrer, les femmes ou les hommes?

6. Il y a deux postes. _____ préférez-vous?

5   À vous! Write a paragraph of at least five sentences in which you describe a future job. In your paragraph, tell what the job is, the tasks you will perform, and what kind of training, experience, and/or education you will need to be a good candidate for the position. (20 pts.)

_____

_____

_____

_____

_____

_____

_____

_____

Leçon 5B

VOCABULARY QUIZ I

1   Chassez l'intrus Select the word that does not belong in each group. (5 x 1 pt. each = 5 pts.)

1. un pompier, un conseiller, un voisin

2. à mi-temps, à plein temps, à temps partiel

3. embaucher, démissionner, renvoyer

4. une carrière, une profession, une promotion

5. une femme cadre, une réussite, une banquière

2   Les professions Write which careers these students should pursue based on the descriptions.
Include the indefinite articles. (7 x 1 pt. each = 7 pts.)

1. Josiane adore les animaux. _____

2. Guillaume aime conduire. _____

3. Makim aime cultiver des légumes. _____

4. Michelle s'occupe toujours de la maison et des enfants. _____

5. Lucie répare toutes les lampes chez elle. _____

6. Paul prépare des plats délicieux! _____

7. Farida aide son oncle à louer et à vendre des maisons. _____

3   Complétez Complete each sentence with an appropriate word from the lesson vocabulary.
(8 x 1 pt. each = 8 pts.)

1. L'_____ rembourse (*reimburses*) les gens pour leurs factures (*bills*) médicales.

2. Ses cousins lui rendent visite aujourd'hui, donc M. Bérenger prend un _____.

3. Être médecin, c'est difficile. C'est une profession _____.

4. Avons-nous une _____ cet après-midi pour discuter le budget?

5. Les employés sont contents. Ils vont recevoir une _____ de salaire cette année.

6. Ma tante a perdu son emploi et elle est au _____ depuis mai.

7. Les ouvriers ont formé un _____ pour défendre leurs intérêts.

8. Il y a un problème avec le lavabo. Appelle le _____.

Leçon 5B

VOCABULARY QUIZ II

1   Répondez Answer these questions with complete sentences. (5 x 1 pt. each = 5 pts.)

1. À ton avis, quel métier est le plus intéressant? Pourquoi?

   _____

2. Qu'est-ce que tes parents feront quand ils seront retraités?

   _____

3. Connais-tu quelqu'un qui est au chômage? Depuis combien de temps est-il/elle au chômage?

   _____

4. Pourquoi est-il important d'avoir une assurance-maladie?

   _____

5. À ton avis, quelle profession est très exigeante? Pourquoi?

   _____

2   Les définitions Write complete sentences to describe these occupations. (5 x 1 pt. each = 5 pts.)

1. un cadre: _____

2. une conseillère: _____

3. une chercheuse: _____

4. un agent immobilier: _____

5. un vétérinaire: _____

3   Un texto You have just resigned from your part-time job! Send your best friend a quick text message telling him or her the news and giving three reasons why you resigned. (4 pts.)

_____

_____

_____

_____

4   Mon métier idéal Write a paragraph about your ideal career. Describe your working conditions, your coworkers, and your salary. (6 pts.)

_____

_____

_____

_____

_____

Nom _____ Date _____

Leçon 5B.1

GRAMMAR QUIZ I
Si clauses

1 Choisissez Select the best combination of verb tenses to complete these statements. (5 x 1 pt. each = 5 pts.)

1. Si je/j' _____ au chômage, je _____ les petites annonces régulièrement.
   a. suis… lirais
   b. serai… lisais
   c. étais… lirais

2. Si son père ne _____ pas le contrat, il ne _____ pas louer la maison.
   a. signe… pourra
   b. signait… peut
   c. signera… pourrait

3. Si on _____ voir ce spectacle, on _____ acheter les tickets maintenant.
   a. voulait… devrait
   b. voulait… doit
   c. voulait… devra

4. Tes copains ne _____ pas s'ils n' _____ pas de manger des éclairs!
   a. maigrissaient… arrêteront
   b. maigrissent… arrêtent
   c. maigriront… arrêtent

5. Mes parents me _____ une voiture si je/j' _____ de bonnes notes.
   a. paient… aurais
   b. paieraient… avais
   c. paieront… avais

2 Complétez Complete each sentence with the appropriate form of the verb in parentheses. Be sure to use the correct tense. (5 x 1 pt. each = 5 pts.)

1. Si j'étais malade, je _____ (rester) au lit.
2. Mon oncle _____ (chercher) un autre emploi si le patron le renvoie.
3. S'il fait un temps épouvantable, le vol _____ (être) annulé.
4. Si mes amis _____ (avoir) mal aux jambes, ils perdraient le match.
5. Si vous ne faites pas attention, vous _____ (tomber) dans les escaliers.

Nom _____ Date _____

3 **Les suppositions** Use the elements given, the **imparfait**, and the conditional to write hypothetical statements using **si** clauses. Make all the necessary changes. (5 x 2 pts. each = 10 pts.)

1. si / les enfants / être fatigué / ils / dormir

   _____

2. si / le professeur / expliquer la grammaire / les élèves / comprendre mieux

   _____

3. si je / aller à l'étranger / je / avoir un passeport

   _____

4. si / vous / étudier bien / vous / réussir à l'examen

   _____

5. si / tu / passer un entretien / tu / mettre un tailleur

   _____

Nom _____ Date _____

Leçon 5B.1

GRAMMAR QUIZ II
Si clauses

1 **Si on... ?** Make a suggestion using a **si** clause based on each situation. (5 x 1 pt. each = 5 pts.)

1. Tes parents doivent travailler ce week-end.

   _____

2. Ta copine vient de se disputer avec son petit ami.

   _____

3. Tes cousins s'ennuient et ne veulent pas rester à la maison.

   _____

4. Ton frère cadet a des difficultés avec ses devoirs.

   _____

5. Ta famille veut partir en vacances.

   _____

2 **Imaginez** Complete these sentences using a verb in the correct tense. (5 x 1 pt. each = 5 pts.)

1. Si mes parents étaient riches, … _____

   _____

2. Si mon/ma meilleur(e) ami(e) déménage, … _____

   _____

3. Si on voulait être en forme, … _____

   _____

4. Si je faisais un effort, … _____

   _____

5. Si personne ne se souvient de mon anniversaire, … _____

   _____

3 **L'utopie** Write a paragraph describing at least five things that would be different if you could change the world. (5 x 2 pts. each = 10 pts.)

Si je pouvais changer le monde…

_____

_____

_____

_____

_____

_____

_____

Leçon 5B.2

GRAMMAR QUIZ I
Relative pronouns *qui, que, dont, où*

1 Choisissez Select the correct relative pronouns to complete these statements. (6 x 1 pt. each = 6 pts.)

1. *Twilight* est l'histoire d'un vampire et d'une jeune fille (que / qui / dont) tombent amoureux.

2. C'est un endroit (que / dont / où) tout le monde aime aller.

3. L'homme (que / dont / qui) tu as peur habite près de chez moi.

4. Le cours (que / qui / dont) je déteste, c'est la gestion.

5. Ils ont vu quelqu'un (que / qui / dont) nous ne connaissons pas.

6. Il n'y a rien (que / dont / qui) fonctionne dans cette voiture.

2 Complétez Complete these sentences with the appropriate relative pronouns. (6 x 1 pt. each = 6 pts.)

1. Tu n'as pas fini les devoirs _____ je t'ai donnés hier?

2. C'était un Belge _____ est venu me parler.

3. Les livres _____ ils ont besoin ne sont plus à la bibliothèque.

4. «Malaga» est le restaurant _____ j'ai vu Sabine pour la première fois.

5. Ce n'est pas le comptable _____ a eu tort.

6. La fille _____ le père est mort a déménagé le mois dernier.

3 En bref Combine these sentences using relative pronouns and make any necessary changes. (4 x 2 pts. each = 8 pts.)

1. Il a perdu les lunettes. Il a reçu les lunettes hier.

   _____

2. C'est un film classique. L'actrice de ce film classique s'appelle Rebecca.

   _____

3. Le plombier a les cheveux noirs. Le plombier est très gentil.

   _____

4. Arnaud a acheté les pulls. Nicole a choisi les pulls.

   _____

Nom _____ Date _____

Leçon 5B.2

GRAMMAR QUIZ II
Relative pronouns *qui, que, dont, où*

1 Désolé(e) You have not finished your homework, run errands, or done any of the chores that your mother asked you to do. Write her a note to explain why you did not do five things you were supposed to do. Use each relative pronoun at least once. (5 x 1 pt. each = 5 pts.)

_____

_____

_____

_____

_____

_____

_____

2 Décrivez Write complete sentences using relative pronouns as indicated to describe your preferences regarding these people and things. (5 x 1 pt. each = 5 pts.)

1. le poste / que

_____

2. les professeurs / dont

_____

3. la profession / qui

_____

4. l'entreprise / où

_____

5. la personne / qui

_____

3 Un poste idéal Write a paragraph about the perfect job. Tell what the job is and four things, such as its location, the salary, the benefits, the work hours, etc., that make it ideal. Use **qui**, **que**, **dont**, and **où** in your sentences. (10 pts.)

_____

_____

_____

_____

_____

_____

_____

Unité 5
Leçon 5B

LESSON TEST I

1   Questions et réponses Listen to the questions and select the most logical response for each. (5 x 4 pts. each = 20 pts.)

1. a. Elle est bien payée.
   b. Elle est au chômage.
   c. Elle a une bonne assurance-maladie.

2. a. Parce qu'il veut faire de la politique.
   b. Parce qu'il a une bonne carrière.
   c. Parce qu'il a une femme au foyer.

3. a. J'ai un emploi à plein temps.
   b. Je n'ai pas d'assurance-vie.
   c. J'ai une réunion dans quelques minutes.

4. a. Oui, j'ai besoin d'un plombier.
   b. Oui, j'ai besoin d'un ouvrier.
   c. Oui, j'ai besoin d'un comptable.

5. a. Je veux être chauffeur de taxi.
   b. Je veux être cuisinière.
   c. Je veux être chercheuse.

Nom _____ Date _____

2   Les métiers Tell what each person's job is based on the illustration. (5 x 2 pts. each = 10 pts.)

1.   2.   3.

4.   5.

1. Monsieur Roland est _____.

2. Monsieur Leduc est _____.

3. Mademoiselle Rouleau est _____.

4. Monsieur Delmas est _____.

5. Monsieu r Lafontaine est _____.

3   À condition que… Complete the statements with the correct form of the verbs in parentheses. Be sure to use the correct tense. (8 x 3 pts. each = 24 pts.)

> **Modèle**
>
> (démissionner) Si je n'étais pas content, je *démissionnerais*.

1. Si Monsieur Moreau dirige bien la section, nous _____ (être) bien payés.

2. Si je _____ (gagner) assez d'argent, je m'achèterai une voiture.

3. Si tu ne faisais pas ton travail, tu ne _____ (prendre) pas de congé.

4. Si vous dépensez trop ici, vous n' _____ (avoir) plus d'argent.

5. Si mon copain ne _____ (se reposer) pas, il sera malade.

6. Si tu étais gérant, tu _____ (renvoyer) Bernard.

7. Si Bruno _____ (travailler) à plein temps, il recevrait une augmentation.

8. Si tu étais riche, est-ce que tu _____ (voyager) partout dans le monde?

Nom _____ Date _____

4 Souhaits Complete these wishes with the correct form of the verbs in parentheses. (4 x 2 pts. each = 8 pts.)

1. Si seulement (*only*) il _____ (faire) beau demain!

2. Si seulement cette compagnie m' _____ (embaucher)!

3. Si seulement j' _____ (aller) à Paris ce week-end!

4. Si seulement tu _____ (être) mieux payé!

5 Pronoms Complete each statement with the appropriate relative pronoun. (6 x 3 pts. each = 18 pts.)

1. Le métier _____ j'ai choisi est dans le domaine des arts.

2. Le candidat _____ je vous ai parlé n'est pas venu pour l'entretien.

3. Une femme au foyer _____ a des enfants travaille beaucoup.

4. Prendre un congé est quelque chose _____ je voudrais faire le mois prochain.

5. Le bureau _____ je travaille n'est pas loin du centre-ville.

6. La ville _____ j'habite a beaucoup de possibilités d'emplois, heureusement.

6 À vous! Write a paragraph of at least five complete sentences telling what you would like to be doing in fifteen years. Tell where you would be working, what you would do there, what salary you would be earning, where you would live, etc. (20 pts.)

_____

_____

_____

_____

_____

_____

_____

_____

Nom _____ Date _____

Unité 5
Leçon 5B

LESSON TEST II

1 Questions et réponses Listen to the questions and select the most logical response for each.
(5 x 4 pts. each = 20 pts.)

1. a. Il est très bien payé.
   b. Il a une profession exigeante.
   c. Il est comptable.

2. a. Parce qu'elle a reçu une augmentation de salaire.
   b. Parce qu'elle va déménager.
   c. Parce qu'elle est femme au foyer.

3. a. J'ai un emploi à plein temps.
   b. Je n'ai pas d'assurance-maladie.
   c. J'ai une réunion dans quelques minutes.

4. a. Oui, j'ai besoin d'un vétérinaire.
   b. Oui, j'ai besoin d'un électricien.
   c. Oui, j'ai besoin d'un psychologue.

5. a. Oui, je suis mal payé.
   b. Oui, j'ai obtenu une promotion.
   c. Oui, je suis retraité.

2 Les métiers Tell what each person's job is based on the illustrations. (5 x 2 pts. each = 10 pts.)

1. Monsieur Bonnet est _____.

2. Madame Leroy est _____.

3. Mademoiselle Morel est _____.

4. Monsieur Dubois est _____.

5. Mademoiselle Laurent est _____.

3   À condition que… Complete the statements with the correct form of the verbs in parentheses. Be sure to use the correct tense. (8 x 3 pts. each = 24 pts.)

> **Modèle**
>
> Si j'étais patron, je *dirigerais* (diriger) avec prudence.

1. Si j' _____ (avoir) un meilleur poste, je serais mieux payé.

2. Si je n'avais pas trop de travail, je _____ (prendre) un congé.

3. Si la patronne renvoie Jean-David, il _____ (trouver) un autre emploi.

4. Si vous travailliez, vous _____ (obtenir) une augmentation de salaire.

5. Si tu perdais ton poste, tu _____ (être) au chômage.

6. Si nous _____ (regarder) la carte, nous ne serions pas perdus.

7. Si Monsieur David ne signe pas son contrat, il _____ (ne pas gagner) d'argent.

8. Si tu avais beaucoup d'argent, est-ce que tu _____ (quitter) ton travail?

4   Si... Complete the suggestions and wishes with the correct form of the verbs in parentheses. (4 x 2 pts. each = 8 pts.)

1. Si nous _____ (prendre) un congé?

2. Si seulement (*only*) Monsieur Leclerc _____ (renvoyer) Mireille! Elle est trop paresseuse.

3. Si seulement j' _____ (être) mieux payé!

4. Si nous _____ (lire) les annonces?

5   Pronoms Complete each sentence with an appropriate relative pronoun. (6 x 3 pts. each = 18 pts.)

1. Le comptable _____ travaille au sixième étage voudrait te parler.

2. Je ne retrouve pas le numéro de téléphone _____ j'ai besoin.

3. La maison _____ j'ai grandi est à la campagne.

4. Le conseil _____ elle m'a donné était de faire une formation de cuisinier.

5. Le candidat _____ a laissé un message voulait prendre rendez-vous pour un entretien.

6. Tu auras la promotion _____ tu veux cette année.

6 **À vous!** Write a paragraph of five sentences telling what you would like to be doing in ten years. Tell where you would be working, what type of work you would do there, if you would have a full or a part-time job, what salary you would be earning, what you would do when you took time off, etc. (20 pts.)

_____

_____

_____

_____

_____

_____

_____

Leçon 5B Lesson Test II

Unité 5
Leçons A et B

UNIT TEST I

1 Entretiens Tao is at a job interview. Listen to the interviewer's questions and select the most logical response to each one. (6 x 1 pt. each = 6 pts.)

1. a. Parce que je suis déjà un employé de cette compagnie.
   b. Parce que je connais bien votre compagnie et je l'admire.
   c. Parce que la patronne de votre compagnie est absente.

2. a. J'ai fait un stage.
   b. J'ai un diplôme.
   c. C'est mon domaine préféré.

3. a. Oui j'aime parce que je suis indépendant.
   b. Oui, j'aime parce que c'est motivant.
   c. Oui, j'aime parce que c'est bien payé.

4. a. Oui, je peux commencer demain.
   b. Oui, je suis libre samedi prochain.
   c. Oui, quand c'est nécessaire.

5. a. Je travaillais à mi-temps.
   b. J'avais beaucoup de congés.
   c. J'étais assez bien payé.

6. a. J'espérais en avoir, mais je peux attendre.
   b. Je voulais faire carrière.
   c. Je désirais une bonne assurance-maladie.

Nom _____ Date _____

2 Quelle profession? Say whom you would call to get each job done. (12 x 1 pt. each = 12 pts.)

   A. First, list only male professionals.

   1. Pour ouvrir un compte-chèques: un _____

   2. Pour préparer un délicieux repas: un _____

   3. S'il y a un incendie (*fire*): un _____

   4. Si votre chien est malade: un _____

   5. Si vous avez des problèmes d'électricité: un _____

   6. Pour cultiver un jardin: un _____

   B. Now, list the female professionals for the same professions.

   7. une _____

   8. une _____

   9. une _____

   10. une _____

   11. une _____

   12. une _____

3 Au téléphone Complete each sentence with the correct word from the list. (6 x 1 pt. each = 6 pts.)

appareil	décrocher	messagerie
combiné	laisser un message	raccrocher

   1. Le téléphone sonne et je suis occupée. Je ne peux pas _____.

   2. La conversation est finie. Je vais _____.

   3. C'est pour toi. Tiens, voilà le/la/l' _____.

   4. J'ai peut-être des messages. Je vais vérifier ma/mon _____.

   5. Je réponds au téléphone et je demande: «C'est qui à le/la/l' _____?»

   6. Alain m'appelle mais je suis au cinéma. Il va _____.

Nom _____ Date _____

4   Au travail Complete each question with a form of **lequel**. (10 x 1 pt. each = 10 pts.)

1. Nous avons deux postes disponibles. _____ vous intéresse le plus?

2. Voici les meilleurs candidats. _____ ont déjà travaillé dans notre domaine?

3. Toutes ces entreprises veulent vous embaucher. _____ a répondu à votre lettre le plus vite?

4. Vous avez beaucoup d'employées. _____ sont les plus efficaces?

5. Ce sont deux formations utiles. _____ offrez-vous en premier?

6. Nous avons deux chefs du personnel. _____ pensiez-vous?

7. Nos directrices, Mme Jaubert et Mme Vareilles, sont toutes les deux en réunion. _____ voulez-vous laisser le message?

8. Nous avons plusieurs projets importants. _____ parlez-vous?

9. Vos réussites sont nombreuses. _____ êtes-vous le plus fier?

10. Tous ces cadres travaillent beaucoup. _____ voulez-vous augmenter le salaire?

Nom _____ Date _____

5 **Lequel?** Use the cues and a form of **lequel** to ask a question about the people in each drawing. (5 x 2 pts. each = 10 pts.)

1. être au chômage

2. être la mieux payée

3. venir de postuler

4. prendre un congé

5. travailler pour la même compagnie

1. _____
2. _____
3. _____
4. _____
5. _____

6 **Si...** Complete each sentence with the correct form of the verb in parentheses. (8 x 1 pt. each = 8 pts.)

1. Si mon patron me le _____ (demande), je resterais plus tard ce soir.

2. Si le niveau de ton travail _____ (être) meilleur, tu recevrais une augmentation.

3. Si nous démissionnons, nous _____ (être) au chômage.

4. Si l'entretien se passe bien, ils l' _____ (embaucher) tout de suite.

5. Si le projet était bon, l'équipe le _____ (finir).

6. Si vous laissez un message, nous vous _____ (rappeler).

7. On _____ (embaucher) du personnel à mi-temps, s'il faut.

8. Ces ouvriers seraient mieux payés s'ils _____ (être) plus qualifiés.

7 **Dans l'entreprise** Combine two sentences into one by using the correct relative pronoun.
(8 x 2 pts. each = 16 pts.)

1. Voici Mme Planaud. Elle vous montrera votre bureau.

   _____

   _____

2. C'est une profession exigeante. Vous avez choisi cette profession.

   _____

   _____

3. L'électricien vient d'arriver. Je l'ai appelé il y a une semaine.

   _____

   _____

4. Voici la grande salle. Nous y avons nos réunions.

   _____

   _____

5. M. Durand est le patron du syndicat. Il nous rendra visite bientôt.

   _____

   _____

6. Le poste a trop de responsabilités. J'ai démissionné de ce poste.

   _____

   _____

7. Cette entreprise a beaucoup d'employés. On y a fait carrière.

   _____

   _____

8. Je vous parle de ce projet. Il est important.

   _____

   _____

8 Quand? Answer the questions by using the cues, **quand** or **dès que**, and the future tense.
(6 x 2 pts. each = 12 pts.)

> *Modèle*
>
> Quand est-ce que tu vas appeler cette compagnie? (avoir le bon numéro)
> *J'appellerai cette compagnie dès que j'aurai le bon numéro.*

1. Quand vas-tu être mieux payé? (diriger ma propre équipe) _____
   _____

2. Quand est-ce que la réunion va avoir lieu? (cette salle, être libre) _____
   _____

3. Quand est-ce que tu vas gagner autant que ton patron? (l'entreprise, faire des bénéfices (*profits*))
   _____
   _____

4. Quand va-t-on embaucher quelqu'un pour ce poste? (recevoir un bon CV) _____
   _____

5. Quand est-ce que vous allez renvoyer du personnel? (devoir le faire) _____
   _____

6. Quand est-ce que Mathilde et toi allez démissionner? (le pouvoir) _____
   _____

9 À vous What professional sacrifices would you make if you got your dream job? Would you accept to work part-time, long hours, for a lower salary, or without vacation? Would you stay on the job if your boss was not very supportive? Write a paragraph telling what your dream job would be and four sacrifices you would make to have it. (20 pts.)

_____
_____
_____
_____
_____
_____
_____
_____
_____
_____
_____
_____
_____
_____
_____
_____
_____

     Unité 5 Unit Test I

Nom _____ Date _____

Unité 5
Leçons A et B

UNIT TEST II

1 Entretiens Laurent is at a job interview. Listen to his questions and select the most logical response to each one. (6 x 2 pts. each = 12 pts.)

1. a. En ce moment, nous en avons 25.
    b. Il y a des cadres et des ouvriers.
    c. Nous n'avons pas de chef du personnel.

2. a. Le poste est très important.
    b. Vous n'aurez pas d'augmentation les six premiers mois.
    c. Le salaire de départ est de 3.000 par mois.

3. a. Vous pourriez prendre un congé.
    b. Vous pourriez travailler en équipe.
    c. Vous pourriez devenir cadre.

4. a. Oui, c'est un poste à plein temps.
    b. Oui, à tous nos employés.
    c. Oui, c'est une promotion.

5. a. Oui, les formations sont essentielles chez nous.
    b. Oui, vous aurez de l'expérience.
    c. Oui, vous pouvez faire des stages.

6. a. Nous avons embauché beaucoup de gens.
    b. Nous avons reçu soixante CV.
    c. Nous n'avons pas leurs numéros.

2 Les métiers Write a short sentence to describe what each of these people might do on the job. (6 x 2 pts. each = 12 pts.)

> *Modèle*

Un chercheur: *Il travaille dans un laboratoire.*

1. Un chauffeur de taxi: _____

2. Un chef d'entreprise: _____

3. Une conseillère: _____

4. Un psychologue: _____

5. Une banquière: _____

6. Un agent immobilier: _____

Nom _____ Date _____

3 **Au téléphone** Complete each sentence with an expression appropriate for a phone conversation. (4 x 2 pts. each = 8 pts.)

1. Le téléphone sonne. Je décroche: «_____!»

2. Je ne sais pas qui parle: «_____?»

3. C'est un ami de Stéphanie. Elle est dans sa chambre et je dois aller la chercher. Je dis: «_____» et je pose le combiné sur la table.

4. Zut! J'ai déjà oublié son nom. Je reprends le combiné et je demande: «_____?»

4 **Au travail** Complete these questions with a form of **lequel**. (8 x 1 pt. each = 8 pts.)

1. Vous avez le choix entre deux assurances-maladie. _____ préférez-vous?

2. Ce sont tous des métiers intéressants. _____ offrent les meilleurs emplois?

3. Nous employons ces deux conseillers. _____ voulez-vous parler?

4. Ces deux candidats viennent de passer un entretien. _____ voulez-vous me parler?

5. Ces deux professions sont exigeantes. Dans _____ voulez-vous réussir?

6. Vous avez eu plusieurs mentions. _____ parlez-vous?

7. Il y a plusieurs syndicats dans l'entreprise. _____ avez-vous entendu parler?

8. Toutes ces candidates sont excellentes. _____ avez-vous choisies pour l'entretien?

5 **Si...** Complete each sentence with the correct form of the verb in parentheses. (8 x 1 pt. each = 8 pts.)

1. Si vous le vouliez, vous _____ (pouvoir) commencer comme cadre.

2. J' _____ (avoir) moins de temps libre si je prends un emploi à plein temps.

3. Si vous voulez prendre un congé, vous _____ (devoir) nous le dire un mois à l'avance.

4. Si tu commençais à ce niveau, tu _____ (avoir) un salaire modeste.

5. Vous _____ (prendre) un message si je ne suis pas rentrée.

6. Ils auraient le choix s'ils _____ (postuler) dans plusieurs compagnies à la fois.

7. Si ta lettre de motivation est bonne, tu _____ (trouver) un travail plus facilement.

8. Je _____ (déménager) s'il n'y avait plus de postes dans la région.

Nom _____ Date _____

6 Dans l'entreprise Combine two sentences into one by using the correct relative pronoun.
(6 x 2 pts. each = 12 pts.)

1. Vous recevrez une promotion. Nous avons parlé de cette promotion à la réunion.

   _____

   _____

2. Je suis un cadre. Je dirige ce projet.

   _____

   _____

3. Nous avons appelé une comptable. Elle viendra cet après-midi.

   _____

   _____

4. Ce sont les spécialistes de ce domaine. Le domaine nous intéresse.

   _____

   _____

5. Tu as pris rendez-vous avec la banquière. Nous avons déjà appelé cette banquière.

   _____

   _____

6. La carrière est à la mode. J'ai toujours rêvé de cette carrière.

   _____

   _____

7 Quand? Answer the questions by using the cues, **quand** or **dès que**, and the future tense.
(6 x 2 pts. each = 12 pts.)

> *Modèle*
>
> Quand est-ce que nous allons demander des références? (commencer à postuler pour des emplois)
> *Nous demanderons des références quand nous commencerons à postuler pour des emplois.*

1. Quand est-ce qu'on va m'appeler? (toute l'équipe, être sûre)

   _____

   _____

2. Quand est-ce que vous allez être prête à passer un entretien? (vous, le vouloir)

   _____

   _____

3. Quand la patronne va-t-elle prendre un congé? (le pouvoir)

   _____

   _____

4. Quand vas-tu lire les petites annonces? (savoir ce que je veux faire)

   _____

   _____

5. Quand est-ce que les étudiants vont gagner de l'expérience professionnelle? (faire un stage)

   _____

   _____

6. Quand est-ce que Raïssa et toi allez avoir des responsabilités? (avoir un meilleur poste)

   _____

   _____

8 Si... Finish the sentences to express your opinion. (5 x 2 pts. each = 10 pts.)

1. Si j'avais le choix, je deviendrais...

   _____

   _____

2. Si je devais choisir une carrière traditionnelle, je...

   _____

   _____

3. S'il me fallait une référence, je...

   _____

   _____

4. Si je devenais homme ou femme au foyer, je...

   _____

   _____

5. Si j'étais mal payé(e) dans mon emploi, je...

   _____

   _____

9 À vous Write a paragraph describing what your job would be if you were a member of this team. Tell what your job title would be, with whom you would work, how often you would have meetings in that room, and what your salary and hours would be. Also mention something that would not be part of your job. (18 pts.)

_____

_____

_____

_____

_____

_____

_____

_____

_____

_____

_____

_____

_____

_____

_____

_____

_____

_____

_____

_____

_____

_____

_____

OPTIONAL TESTING SECTIONS
Unité 5
Leçon 5A
ROMAN-PHOTO

1 Vrai ou faux? Indicate whether these statements are **vrai** or **faux**. Correct the false statements.

	Vrai	Faux
1. Stéphane va étudier la médecine.	_____	_____
_____		
2. Michèle va étudier l'architecture.	_____	_____
_____		
3. Caroline cherche un travail au P'tit Bistrot.	_____	_____
_____		
4. Michèle cherche un travail de réceptionniste.	_____	_____
_____		
5. Astrid va aller à l'Université de Marseille.	_____	_____
_____		
6. Stéphane va aller à l'Université de Bordeaux.	_____	_____
_____		
7. Caroline parle anglais.	_____	_____
_____		

Leçon 5B
ROMAN-PHOTO

1 Expliquez Explain why each of these characters is upset or worried according to what happened in **Roman-photo**.

1. _____
_____
_____

2. _____
_____
_____

3. _____
_____
_____

OPTIONAL TESTING SECTIONS
Unité 5

Leçon 5A

CULTURE

1 **Répondez** Answer the questions as completely as possible, according to the text.

1. Combien y a-t-il d'abonnements aux services mobiles en France aujourd'hui?

   _____

2. Que doit-on avoir pour pouvoir choisir un forfait mobile mensuel?

   _____

3. Quel est le prix moyen d'un abonnement?

   _____

4. Comment est le langage des SMS?

   _____

5. Votre copain vous envoie ce SMS: kestufé? Comment répondez-vous?

   _____

6. Quel métier est bien payé au Sénégal?

   _____

7. Comment les artisans apprennent-ils leurs métiers?

   _____

8. Quels sont deux exemples d'artisans?

   _____

Leçon 5B
CULTURE

1 Choisissez Select the answer that best completes the statement or answers the question, according to the text.

1. La plupart des grèves en France ont lieu…
   a. au printemps.
   b. en été.
   c. en automne.

2. Aujourd'hui on fait souvent la grève en France pour…
   a. changer la loi.
   b. avoir plus d'argent.
   c. obtenir des droits sociaux.

3. La plupart des grèves sont organisées par…
   a. le gouvernement.
   b. les ouvriers.
   c. les syndicats.

4. Quel est le pourcentage d'ouvriers syndiqués en France?
   a. 11 pour cent
   b. 13 pour cent
   c. 91 pour cent

5. Une personne qui a beaucoup de fric est…
   a. intelligente.
   b. riche.
   c. courageuse.

6. Quel pays francophone offre les congés payés les plus longs?
   a. le Québec
   b. le Luxembourg
   c. la Tunisie

7. Une personne sur cinq en France travaille comme…
   a. avocat.
   b. fonctionnaire.
   c. agriculteur.

OPTIONAL TESTING SECTIONS
Unité 5

FLASH CULTURE

1   Identifiez Identify these professions you saw in **Flash culture**.

1. _____

2. _____

3. _____

4. _____

    a. agent de police
    b. pompier
    c. serveuse
    d. chauffeur de taxi

PANORAMA

1 **La Bourgogne-Franche-Comté et l'Auvergne-Rhône-Alpes** Choose the response that best completes each statement.

1. La Bourgogne est bien connue pour sa recette traditionnelle de/d'…
   a. poisson.
   b. fromage.
   c. escargots.

2. Louis et Auguste Lumière sont les inventeurs…
   a. du synchrotron.
   b. du cinématographe.
   c. de la pasteurisation.

3. En Bourgogne, on trouve des toits…
   a. en ardoise (*slate*).
   b. en chaume (*thatch*).
   c. en tuiles multicolores.

4. Louis Pasteur est célèbre parce qu'il…
   a. a montré la relation entre le microbe et la maladie.
   b. a inventé un accélérateur de particules.
   c. a construit l'Hôtel Dieu de Beaune.

5. La ville de Grenoble est connue comme…
   a. ville d'art.
   b. ville technologique.
   c. ville de musique.

6. La région Auvergne-Rhône-Alpes est connue pour ses plats composés de…
   a. poisson.
   b. fromage.
   c. légumes frais.

Nom _____ Date _____

OPTIONAL TESTING SECTIONS
Unité 5

Leçon 5A
LECTURE SUPPLÉMENTAIRE

1 Un CV réussi Read this magazine article about how to write a good résumé. Then answer the questions using complete sentences.

Conseils pour un bon curriculum vitæ

Le curriculum vitæ, ou CV, est un document dont on a besoin quand on cherche du travail. Il raconte la vie de quelqu'un en trois grandes sections: Études; Expériences professionnelles; Autres renseignements. En général, le CV ne doit pas dépasser une page tapée à l'ordinateur.

Voici quelques conseils pour préparer un bon CV:

- En titre, indiquez le type de travail que vous recherchez. Exemple: Chef du personnel.
- En haut[1] du CV, indiquez: votre nom et vos prénoms, votre adresse, votre numéro de téléphone et votre adresse e-mail.
- Dans la première section, présentez vos études et formations, des plus récentes aux plus anciennes (*old*).
- Dans la deuxième section, décrivez vos expériences professionnelles. Indiquez: le domaine d'activité (par exemple, marketing) et le poste occupé (par exemple, directeur), la période d'activité, le nom de l'entreprise et la ville où elle se trouve. Décrivez aussi vos responsabilités, par exemple: accueil des clients, commandes, prise de rendez-vous. N'oubliez pas de mentionner vos stages.
- Dans la troisième section, indiquez les langues étrangères que vous parlez, vos compétences en informatique et vos activités culturelles ou associatives (par exemple: Bénévole dans un hôpital) et vos loisirs. Ajoutez aussi les distinctions éventuelles que vous avez reçues (par exemple: Employé de l'année) et les références que vous désirez utiliser.

---

[1] *At the top*

1. Quelles sont les trois grandes sections du CV? _____
    _____

2. Quels sont deux conseils généraux qu'on donne pour un bon CV? _____
    _____

3. Que doit-on indiquer dans le titre du CV? _____
    _____

4. Dans quel ordre décrit-on ses études et autres formations? _____
    _____

5. Que doit-on indiquer pour chaque expérience qu'on a eue? _____
    _____

6. Où mentionne-t-on les langues étrangères que l'on connaît? _____
    _____

7. Quelles sortes d'activités décrit-on dans la section *Autres renseignements*? _____
    _____

8. Si on veut utiliser des références, où les indique-t-on? _____
    _____

Nom _____ Date _____

Unité 5

Leçon 5B

LECTURE SUPPLÉMENTAIRE

1 **Petites annonces** Read these ads from a Francophone website that posts job openings. Then answer the questions using complete sentences.

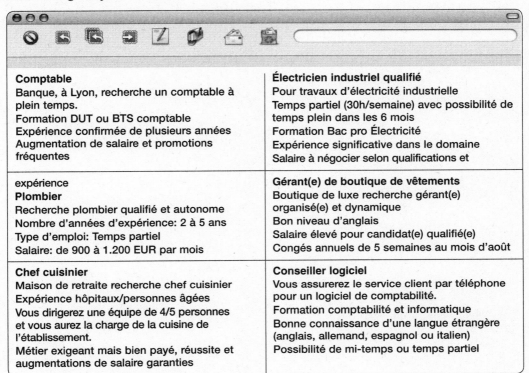

Comptable
Banque, à Lyon, recherche un comptable à plein temps.
Formation DUT ou BTS comptable
Expérience confirmée de plusieurs années
Augmentation de salaire et promotions fréquentes

expérience
Plombier
Recherche plombier qualifié et autonome
Nombre d'années d'expérience: 2 à 5 ans
Type d'emploi: Temps partiel
Salaire: de 900 à 1.200 EUR par mois

Chef cuisinier
Maison de retraite recherche chef cuisinier
Expérience hôpitaux/personnes âgées
Vous dirigerez une équipe de 4/5 personnes et vous aurez la charge de la cuisine de l'établissement.
Métier exigeant mais bien payé, réussite et augmentations de salaire garanties

Électricien industriel qualifié
Pour travaux d'électricité industrielle
Temps partiel (30h/semaine) avec possibilité de temps plein dans les 6 mois
Formation Bac pro Électricité
Expérience significative dans le domaine
Salaire à négocier selon qualifications et

Gérant(e) de boutique de vêtements
Boutique de luxe recherche gérant(e) organisé(e) et dynamique
Bon niveau d'anglais
Salaire élevé pour candidat(e) qualifié(e)
Congés annuels de 5 semaines au mois d'août

Conseiller logiciel
Vous assurerez le service client par téléphone pour un logiciel de comptabilité.
Formation comptabilité et informatique
Bonne connaissance d'une langue étrangère (anglais, allemand, espagnol ou italien)
Possibilité de mi-temps ou temps partiel

1. Comment cette annonce décrit-elle l'emploi de chef cuisinier? _____
   _____

2. Pour quel(s) métier(s) demande-t-on un bon niveau en langue étrangère? _____
   _____

3. Quels sont les deux avantages mentionnés pour l'emploi de comptable? _____
   _____

4. Quels sont les métiers qui ne sont pas à plein temps? _____
   _____

5. Quelle formation est-ce qu'on demande pour l'emploi de comptable? Et pour l'emploi d'électricien?
   _____

6. Quelles seront les responsabilités du chef cuisinier? _____
   _____

7. Quand est-ce que la personne qui acceptera le travail de gérant(e) pourra prendre ses congés?
   _____

8. Résumez en une phrase les responsabilités du conseiller logiciel téléphonique.
   _____

Leçon 6A

VOCABULARY QUIZ I

1 **Complétez** Choose the ending in Column B that best completes each phrase in Column A
(5 x 1 pt. each = 5 pts.)

A	B
_____ 1. La surpopulation...	a. du plastique et du papier est très important.
_____ 2. Le recyclage...	b. contribue au réchauffement climatique
_____ 3. Une façon de réduire la pollution, c'est...	c. si on est en plein air.
_____ 4. On peut consommer moins d'eau...	d. est un vrai problème dans certains pays.
_____ 5. L'effet de serre...	e. le covoiturage.
	f. si on ne prend pas de douches trop longues.

2 **Faites correspondre** Choose the word or expression from the list that fits each definition.
(5 x 1 pt. each = 5 pts.)

développer	l'énergie solaire	la pluie acide
gaspiller	une usine	les emballages en plastique

1. Un endroit où on fabrique (*manufacture*) des automobiles: _____

2. Quelque chose que tout le monde doit recycler: _____

3. Le contraire de «préserver»: _____

4. Une des conséquences de la prolifération des usines chimiques: _____

5. Une source alternative d'énergie pour les appareils électriques: _____

3 **Il faut sauver la planète!** Laurent is an active environmentalist. Complete his statements with the appropriate words. (10 x 1 pt. each = 10 pts.)

1. Il y a toujours le danger d'un accident dans une centrale _____.
2. Les écologistes veulent protéger l' _____.
3. Beaucoup d'industries produisent des _____ toxiques.
4. Il est _____ de jeter (*throw*) des bouteilles par terre.
5. Le _____ de pollution dans le ciel (*sky*) est le résultat d'un accident dans l'usine.
6. La pluie a provoqué un _____ en Californie.
7. Le ramassage des _____ se fait le mercredi dans ce quartier.
8. Le gouvernement essaie de créer (*create*) des _____ pour préserver la nature.
9. Il faut _____ la situation environnementale pour éviter un désastre.
10. Pour préserver la nature, on doit choisir des produits _____.

Leçon 6A

VOCABULARY QUIZ II

1 Répondez Answer these questions with complete sentences. (5 x 1 pt. each = 5 pts.)

1. Est-ce que tes parents et toi recyclez régulièrement? Quels objets recyclez-vous?

_____

2. Quel est le plus gros problème écologique de ta région?

_____

3. À ton avis, quelle sorte d'énergie va être utilisée de plus en plus dans l'avenir?

_____

4. Connais-tu quelqu'un qui a vécu une catastrophe naturelle? Qui? Où?

_____

5. À ton avis, quel sera le plus grand problème écologique de l'an 2050?

_____

2 Les problèmes écologiques You are interviewing a politician about environmental issues. Use the cues provided to write five questions that you would ask him or her. (5 x 1 pt. each = 5 pts.)

abolir	améliorer	développer	gaspiller	préserver

1. _____
2. _____
3. _____
4. _____
5. _____

3 Protégeons l'environnement! You are doing a radio spot at school for Green Week. Write the script of your broadcast telling your schoolmates five things that they and their families can do to be more environmentally responsible. (5 x 2 pts. each = 10 pts.)

_____

_____

_____

_____

_____

_____

_____

_____

_____

Leçon 6A.1

GRAMMAR QUIZ I
Demonstrative pronouns

1 On parle de quoi? Choose the correct pronoun to complete each sentence. (6 x 1 pt. each = 6 pts.)

1. Quel film vas-tu voir? (Celle / Celui) dont Marianne a parlé hier?
2. Sa fiancée, c'est (celle / celui) aux cheveux noirs.
3. Quelles voitures vend-il? (Ceux / Celles) de ses grands-parents?
4. Mon lycée est plus grand que (celle / celui) de mon cousin.
5. Le recyclage dans cette ville est pire que (celui / celle) dans cette autre ville.
6. Ces produits-ci sont plus écologiques que (celles-là / ceux-là).

2 Complétez Complete each sentence with an appropriate demonstrative pronoun. (6 x 1 pt. each = 6 pts.)

1. De ces deux immeubles, l'architecte aime mieux _____ -là.
2. Ces espaces verts sont _____ dont nous nous sommes occupés.
3. M. Monastier est _____ qu'on a entendu à la radio lundi dernier.
4. Les entreprises japonaises sont _____ que j'aime le plus.
5. De toutes les catastrophes, _____ qui nous inquiète le plus est l'incendie.
6. _____ qui sont à côté de Danielle sont des employés de cette usine.

3 Répondez Answer these questions using the cues provided and appropriate demonstrative and relative pronouns. (4 x 2 pts. each = 8 pts.)

> **Modèle**
>
> Quel spectacle va-t-il voir? (Il commence à 20h30.)
> *Celui qui commence à 20h30.*

1. Quelles bouteilles sont plus écologiques? (Elles sont faites en verre.)

   _____

2. Quels livres empruntent-ils? (Ils en ont besoin.)

   _____

3. Quelle usine est plus près? (Pierre y travaille.)

   _____

4. Quel tailleur est plus classique? (Marion l'a acheté hier.)

   _____

Leçon 6A.1

GRAMMAR QUIZ II
Demonstrative pronouns

1   Qui c'est? You are attending a meeting of the environmental club at your school. Use demonstrative pronouns to answer a friend's questions about the other students there. (5 x 1 pt. each = 5 pts.)

   1. Qui est la présidente du club?

   _____

   2. Où est le professeur de biologie?

   _____

   3. Quels sont les gentils élèves dont tu m'as parlé?

   _____

   4. Quelles sont les filles avec qui tu travailles sur le projet de recyclage?

   _____

   5. Qui est le garçon qui a écrit au conseil municipal (*city council*)?

   _____

2   Vos opinions Answer these questions using demonstrative pronouns. (5 x 2 pts. each = 10 pts.)

   > *Modèle*

   Quel genre de livre aimes-tu lire?
   J'aime ceux qui parlent des animaux.

   1. Quelle catastrophe te fait peur?

   _____

   2. Quelles actions peuvent sauver la planète?

   _____

   3. Qui est ta personnalité scientifique préférée? Hawking, Galilée ou Einstein?

   _____

   4. Que fait un écologiste?

   _____

   5. Quelle sorte de problème t'inquiète le plus?

   _____

3   Au magasin Write a conversation between you and Camille, who is helping you choose a gift for a friend who likes to hike. Use three demonstrative pronouns in your conversation. (5 pts.)

   _____

   _____

   _____

Nom _____ Date _____

Leçon 6A.2

GRAMMAR QUIZ I
The subjunctive (Part 1)

1 **Choisissez** Choose the appropriate ending for each phrase. (7 x 1 pt. each = 7 pts.)

_____ 1. Il faut que tu…

_____ 2. Il est bon que vous…

_____ 3. Il faut…

_____ 4. Il est dommage que nous…

_____ 5. Il est important que je…

_____ 6. Il entend que vous...

_____ 7. Il dit que je...

a. dois faire un stage.

b. ne parlions pas espagnol.

c. ne partiez pas ce mois.

d. finisse les devoirs.

e. recycler les emballages en plastique.

f. attendes Mme Robichon ici.

g. parlez au professeur.

2 **Complétez** Complete each sentence with the appropriate subjunctive form of the verb in parentheses.
(10 x 1 pt. each = 10 pts.)

1. Il est essentiel que vous _____ (manger) beaucoup de légumes.

2. Il vaut mieux que ta tante _____ (vendre) la maison avant de partir.

3. Il est nécessaire que nous _____ (boire) du lait chaque jour.

4. Il faut que tu _____ (prendre) le taxi pour aller à l'aéroport.

5. Il est indispensable que le gouvernement _____ (interdire) les voitures polluantes.

6. Il est bon que tu _____ (obtenir) la permission de tes parents.

7. Il est important que toutes les usines _____ (améliorer) leurs systèmes de recyclage.

8. Il est possible que je _____ (mettre) une jupe à la fête ce soir.

9. Il est dommage que les élèves n' _____ (étudier) pas sérieusement.

10. Il faut que vous _____ (comprendre) bien le problème avant de proposer une solution.

3 **Mettez au subjonctif** Rewrite these statements using the cues provided. (3 x 1 pt. each = 3 pts.)

> **Modèle**
>
> On utilise des produits écologiques. (Il vaut mieux que...)
> *Il vaut mieux qu'on utilise des produits écologiques.*

1. Tu viens chez moi ce soir. (Il est essentiel que...)

_____

2. Bernice sort avec Jacques et Denise cet après-midi. (Il est possible que...)

_____

3. Vous ne gaspillez pas d'eau. (Il est bon que...)

_____

Leçon 6A.2

GRAMMAR QUIZ II
The subjunctive (Part 1)

1   Sauvegardez la nature! You are preparing a flyer to increase awareness in your school about the need to protect the environment. Suggest how. (6 x 1 pt. each = 6 pts.)

1. Il est essentiel que nous _____
2. Il est indispensable qu'on _____.
3. Il est nécessaire que tes copains et ta famille _____.
4. Il faut que vous, les étudiants, _____.
5. Il est important que le gouvernement _____
6. Il faut toujours _____.

2   Assemblez Write five complete sentences using an element from each column. Do not repeat any elements. (5 x 1 pt. each = 5 pts.)

il faut que	je	prévenir	l'énergie solaire
il est dommage que	tu	recycler	la nature
il vaut mieux que	mon/ma meilleur(e) ami(e)	gaspiller	les écoproduits
il est possible que	mes parents	choisir	les déchets toxiques
il est bon que	le président des États-Unis	prendre	l'eau
	mes ami(e)s et moi	interdire	les catastrophes

1. _____
2. _____
3. _____
4. _____
5. _____

3   Il faut... Write a short letter to the editor of your school newspaper stating four things that must be done to make your school a better place. Use four different impersonal expressions. (9 pts.)

_____
_____
_____
_____

Unité 6
Leçon 6A

LESSON TEST I

1   Questions et réponses Listen to each statement about what should be done to protect the environment and select the most logical reason why. (5 x 4 pts. each = 20 pts.)

1. a. Pour prévenir les incendies.
   b. Pour sauver la planète.
   c. Pour éviter la surpopulation.

2. a. Avec le covoiturage on économise (*saves*) de l'essence.
   b. Ça préserve les espaces verts.
   c. Il faut éviter le gaspillage d'eau.

3. a. Parce qu'il y a un trou dans la couche d'ozone.
   b. Parce que les glissements de terrain sont catastrophiques.
   c. Parce qu'il n'y aura pas assez de ressources pour tout le monde.

4. a. Pour pouvoir continuer à s'amuser en plein air.
   b. Pour abolir l'emballage en plastique.
   c. Pour ramasser les ordures.

5. a. Pour développer des produits écologiques.
   b. Pour améliorer les lois.
   c. Pour ne pas tout gaspiller.

2 **Quelle catastrophe!** Write two sentences that describe and express your opinion of the issue depicted in each illustration. (3 x 6 pts. each =18 pts.)

1.   2.   3.

1. _____
_____

2. _____
_____

3. _____
_____

3 **Projets de voyage** Marie-Lou is making vacation plans with a friend but needs to narrow down the choices. Complete each blank with the correct form(s) of **celui**. Add **-ci** and **-là** if necessary.
(7 x 3 pts. each = 21 pts.)

—Quelle ville veux-tu visiter?

—Je préfère visiter (1) _____ où il y a beaucoup de choses à voir (*see*).

—Et comme hôtel?

—(2) _____ dont on parlait hier—avec de grandes chambres de luxe.

—Et qu'est-ce que tu préfères comme restaurants?

—J'aime (3) _____ qui offrent des cuisines différentes. Par exemple, (4) _____ sert de la cuisine tunisienne et (5) _____ sert de la cuisine vietnamienne.

—Il y a plusieurs musées dans le coin. Lequel veux-tu visiter?

—Je préfère (6) _____ qui a une exposition (*exhibit*) d'art impressionniste—ou peut-être
(7)_____ qui ont des expositions d'art chinois ou égyptien.

Nom _____ Date _____

4 **Faisons attention** You and your friends are talking about various things people can do to protect the environment. Complete each statement with the correct form of the verb in parentheses.
(7 x 3 pts. each = 21 pts.)

1. Il est dommage que tu _____ (conduire) beaucoup.

2. Il est indispensable que le gouvernement _____ (prévenir) le gaspillage.

3. Il vaut mieux que les habitants de cette ville _____ (recycler).

4. Il est essentiel que nous _____ (finir) ce travail.

5. Il faut que j' _____ (acheter) une voiture hybride.

6. Il est possible que le président _____ (annoncer) des changements.

7. Il est nécessaire que vous _____ (ne pas attendre) trop longtemps.

5 **À vous!** Write a paragraph of at least five sentences in which you state three things that you feel need to be done to protect the environment and two things you do personally to help in this effort. (20 pts.)

_____

_____

_____

_____

_____

_____

_____

_____

Unité 6
Leçon 6A

LESSON TEST II

1 Questions et réponses Listen to each statement about what should be done to protect the environment and select the most logical reason why.

1. a. Pour faire des économies (*savings*) d'électricité.
   b. Pour éviter des incendies.
   c. Pour prévenir la surpopulation.

2. a. Pour éliminer le trou dans la couche d'ozone.
   b. Pour prévenir des glissements de terrain.
   c. Pour en avoir assez pour tout le monde.

3. a. Pour prévenir les pluies acides.
   b. Pour prévenir le gaspillage.
   c. Pour réduire les déchets toxiques.

4. a. Pour éviter un incendie.
   b. Pour ramasser les ordures.
   c. Pour recycler le papier.

5. a. Parce que ça contribue à la surpopulation.
   b. Parce que ça contribue à l'effet de serre.
   c. Parce que ça aide à sauver la planète.

Nom _____ Date _____

2 **Quelle catastrophe!** For each illustration, write two sentences that describe and express your opinion of the issue depicted. (3 x 6 pts. each = 18 pts.)

1.   2.   3.

1. _____
   _____

2. _____
   _____

3. _____
   _____

3 **Projets de voyage** André is making vacation plans with a friend but needs to narrow down the choices. Complete the conversation with the correct forms of **celui**. Add **-ci** and **-là** if necessary. (6 x 3 pts. each = 18 pts.)

—Tu veux visiter quel pays?

—Moi, j'aimerais bien visiter (1) _____ où il y a le plus de choses à faire.

—D'accord. Si on allait en Italie?

—Bonne idée. On peut commencer le voyage à Rome.

—On reste dans une auberge de jeunesse?

—Oui, (2) _____ dont on parlait hier, tout près de la gare.

—Est-ce que tu aimes les expositions (*exhibits*) d'art?

—Bien sûr. J'aime surtout (3) _____ qui ont une grande variété d'art.

—Bon. Il y a deux musées dans le coin. Lesquels veux-tu visiter?

—Peut-être (4) _____, il a beaucoup d'art ancien—ou bien (5) _____, il a des expositions d'art moderne.

—Et ces deux autres musées? Ça te dit?

—(6) _____ qui sont en banlieue? Non, pas vraiment.

 Leçon 6A Lesson Test II

4   Il faut qu'on…   You and your friends are talking about various things that people can do to protect the environment. Complete each statement with the correct form of the verb in parentheses.
(8 x 3 pts. each = 24 pts.)

1. Il faut qu'on _____ (protéger) la Terre et les océans.

2. Il est bon que nous _____ (interdire) les produits toxiques.

3. Il est possible que les usines _____ (diminuer) la quantité d'émissions de déchets toxiques.

4. Il est essentiel que les gens _____ (prévenir) le gaspillage.

5. Il vaut mieux que je _____ (ne pas gaspiller) l'eau quand je prends une douche.

6. Il est important que le gouvernement _____ (abolir) des lois qui ne protègent pas l'environnement.

7. Il est dommage que vous _____ (ne pas préserver) l'environnement.

8. Il est nécessaire que tu _____ (prendre) des actions pour sauver la planète! Les changements commencent par toi!

5   À vous!   Write a paragraph of at least five sentences in which you state three things that you feel need to be done to protect the environment and two things you and your family do to help in this effort. (20 pts.)

_____

_____

_____

_____

_____

_____

Leçon 6B

VOCABULARY QUIZ I

1 Chassez l'intrus Select the word that does not belong in each group. (5 x 1 pt. each = 5 pts.)

    1. le bois, la jungle, la falaise

    2. la vache, le serpent, la pierre

    3. le ciel, la lune, la vallée

    4. l'arbre, les plantes, le lapin

    5. le lac, la rivière, l'île

2 Tu inventes! Félix tends to make things up to add drama to his stories. Indicate which of his statements are probably true (**Vrai**) and which are false (**Faux**). (5 x 1 pt. each = 5pts.)

	Vrai	Faux
1. Tu sais, les lapins adorent nager dans la rivière.	_____	_____
2. J'ai vu beaucoup d'écureuils dans les bois.	_____	_____
3. La vache est une espèce menacée.	_____	_____
4. Les serpents ne sont jamais dangereux.	_____	_____
5. Ma petite amie est tombée d'une grande falaise mais n'a pas eu mal.	_____	_____

3 Complétez Complete each sentence with an appropriate vocabulary word. (10 x 1 pt. each = 10 pts.)

    1. Son village a été détruit (*destroyed*) par l'éruption d'un _____ en 1857.

    2. Il est interdit de _____ des ordures par terre.

    3. Chaque pays doit avoir des lois pour sauvegarder ses _____ naturelles.

    4. Il y a beaucoup d'animaux en danger d' _____ dans le monde.

    5. L'Amazone est une _____ tropicale.

    6. Regarde les vaches qui mangent l' _____ dans le champ!

    7. Léa et Max ont regardé les _____ dans le ciel toute la nuit. C'était romantique!

    8. Le _____ pose un grand problème parce qu'on coupe trop d'arbres.

    9. Le Sahara, c'est un _____ en Afrique.

    10. Quand on fait une randonnée, il vaut mieux rester sur les _____.

Leçon 6B

VOCABULARY QUIZ II

1   Répondez Answer these questions with complete sentences. (5 x 1 pt. each = 5 pts.)

1. Quelles sont les ressources naturelles dans ta région?

    _____

2. Tes amis et toi, aimeriez-vous faire de l'écotourisme? Pourquoi?

    _____

3. Es-tu pour ou contre (*against*) la chasse? Pourquoi?

    _____

4. Pouquoi est-il important de préserver les habitats naturels?

    _____

5. Quelles activités tes parents aiment-ils pratiquer dans la nature?

    _____

2   Définissez Write complete sentences to define or describe these places. (5 x 1 pt. each = 5 pts.)

1. une île: _____

    _____

2. une falaise: _____

    _____

3. une vallée: _____

    _____

4. une forêt tropicale: _____

    _____

5. un désert: _____

    _____

3   Mon journal You and your friends are on an eco-tour. Write a journal entry of five sentences about the scenery and animals you have seen and what you have done on the trip. Give detailed descriptions. (10 pts.)

_____

_____

_____

_____

_____

_____

_____

_____

Nom _____ Date _____

Leçon 6B.1

GRAMMAR QUIZ I
The subjunctive (Part 2)

1 **Complétez** Complete these sentences with the correct forms of the verbs in parentheses.
(6 x 1 pt. each = 6 pts.)

1. Mes parents désirent que je _____ (faire) mes études supérieures en Europe.

2. Est-ce que tu préfères que nous _____ (venir) demain?

3. M. et Mme Desnaud exigent que leurs enfants _____ (prendre) le bus.

4. J'ai peur que tu ne _____ (être) pas heureuse avec lui.

5. Nous recommandons que tu _____ (dormir) au moins sept heures par nuit.

6. Mon meilleur ami est furieux que son grand frère _____ (vendre) les livres de leurs parents.

2 **C'est mon avis** Provide the logical reaction to each situation. Choose from the phrases in the list.
(7 x 2 pts. each = 14 pts.)

boire de la limonade	faire une grande fête
apprendre la mauvaise nouvelle	garder le secret
être jalouse sans raison	ne plus avoir d'argent
faire un pique-nique	se lever à quatre heures

1. Tu viens de dire à ta sœur que tu sors avec quelqu'un.

   J'exige que tu _____.

2. Le vol de tes cousins part à six heures du matin.

   Je suggère que vous _____.

3. Raoul a dépensé tout son argent.

   Je suis surpris qu'il _____.

4. Il fait très beau aujourd'hui.

   Je souhaite _____.

5. Ta cousine et son petit ami se sont fiancés.

   Je veux que vous _____.

6. Les grands-parents de ton ami ont eu un accident.

   Je suis triste de/d' _____.

7. Monica a très soif.

   Je recommande que tu _____.

Leçon 6B.1

GRAMMAR QUIZ II
The subjunctive (Part 2)

1 En forme? Imagine that you're helping a friend get into shape. Complete this fitness checklist for him or her. Use a different verb each time. (5 x 1 pt. each = 5 pts.)

- Je recommande que tu _____.
- Je propose que tes amis et toi _____.
- Je souhaite que tu _____.
- Je préfère que tu _____.
- Je veux que tu _____.

2 Les règles You are a national park ranger. Use these expressions to write five rules or suggestions that all park visitors must follow. (5 x 1 pt. each = 5 pts.)

demander que	exiger que	recommander que	suggérer que	vouloir que

1. _____
2. _____
3. _____
4. _____
5. _____

3 Une lettre Your friend Ayesha wrote you this letter. Write her a response using the subjunctive following at least five different verbs of will and emotion. (10 pts.)

> Salut! Ça va? Je suis vraiment contente d'être à Tunis avec mes grands-parents! Il fait très beau et on fait souvent un pique-nique au lac de Tunis le samedi. Et j'ai une grande nouvelle! J'ai fait la connaissance d'un garçon la semaine dernière au café où je travaille à temps partiel. Je suis amoureuse de lui et maintenant je ne veux plus rentrer. Mes grands-parents ne savent pas encore que je sors avec lui. Alors, ne dis rien à personne. Qu'est-ce que je dois faire? Écris-moi vite!
>
> Bises, Ayesha

_____
_____
_____
_____
_____

Nom _____ Date _____

Leçon 6B.2

GRAMMAR QUIZ I
Comparatives and superlatives of nouns

1 **Comparaisons** Write comparative (+, –, =) and superlative (+ +, – –) statements using the cues.

1. Mes cousines... (+ / argent / mon frère)

_____

2. Nous avons (= / devoirs / nos amis)

_____

3. Hier, j'ai vu (– / lapins / ma sœur)

_____

4. C'est le champ qui a... (+ + / fleurs)

_____

5. Ce sont mes parents qui gaspillent... (– – / eau)

_____

2 **Deux villes** Compare these aspects of Benjamin's and Emma's cities. Look at the data and write five comparative statements. (5 x 2 pts. each = 10 pts.)

> *Modèle*

Il y a moins de pollution dans la ville de Benjamin que dans la ville d'Emma.

	la ville de Benjamin	la ville d'Emma
le chômage	12.5%	22%
les universités	2	2
les habitants	543.000	476.872
les usines	4	1
les lacs	2	4

1. _____
2. _____
3. _____
4. _____
5. _____

Leçon 6B.2

GRAMMAR QUIZ II
Comparatives and superlatives of nouns

1 Comparez Write complete statements to make comparisons between these people. (5 x 1 pt. each = 5 pts.)

1. toi et ton/ta meilleur(e) ami(e) / avoir des frères et des sœurs

   _____

2. toi et tes parents / recevoir des e-mails

   _____

3. toi et tes ami(e)s / jouer à des sports

   _____

4. le prof d'anglais et le prof de français / donner des devoirs

   _____

5. ton père et ta mère / faire des tâches ménagères

   _____

2 Vos opinions Write comparative statements about these places. Compare only nouns.
(5 x 1 pt. each = 5 pts.)

1. la France / les États-Unis

   _____

2. un désert / une forêt tropicale

   _____

3. un petit village / une grande ville

   _____

4. une mer / un fleuve

   _____

5. un lycée / une université

   _____

3 À votre avis Your French friend Gustave cannot decide whether to visit New York City or Los Angeles and
has asked you for recommendations. Write him an e-mail comparing the two cities (or two others of your own
choosing) using these expressions. (10 pts.)

autant de	le plus de	le moins de	moins de	plus de

_____

_____

_____

_____

_____

| 292 | **Leçon 6B.2** Grammar Quiz II

Unité 6
Leçon 6B

LESSON TEST I

1 Conversations Renée and Vincent are spending the day in the country. Listen to their conversations and select the most logical continuation for each. (5 x 4 pts. each = 20 pts.)

1. a. C'est parfait pour faire un pique-nique.
   b Mais il y a trop de pierres!
   c. Oui, on doit continuer sur ce sentier.

2. a. C'est une vache.
   b. C'est un lapin.
   c. C'est un écureuil.

3. a. Le lac est très froid aujourd'hui.
   b. Il y a un serpent sous cette pierre.
   c. Il n'y a pas de sentier là-bas.

4. a. Tu veux nager?
   b. Tu veux chasser?
   c. Tu veux jeter les ordures?

5. a. Je dois la jeter dans le lac.
   b. C'est terrible qu'elle soit en danger.
   c. Il ne faut pas chasser les animaux.

2 Qu'est-ce que c'est? Identify each of these animals or things that you might see if you were walking in the countryside. (7 x 2 pts. each = 14 pts.)

Modèle

C'est un arbre.

 1.    2.    3.    4.

 5.   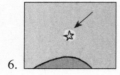 6.   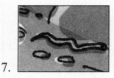 7.

1. _____.
2. _____.
3. _____.
4. _____.
5. _____.
6. _____.
7. _____.

3 Il faut You have a very demanding professor this semester. Express this by completing each sentence with the correct form of the verb in parentheses. (6 x 3 pts. each = 18 pts.)

1. Chaque jour, je demande que vous _____ (être) à l'heure.

2. Je serais furieux que personne (*nobody*) ne _____ (faire) ses devoirs.

3. Mais je ne veux pas que vous _____ (avoir) peur.

4. Je recommande que vous _____ (lire) le chapitre avant le cours.

5. Et toi, Bruno, je suggère que tu te _____ (mettre) ici, juste devant moi.

6. Je serais heureux que vous _____ (recevoir) tous de bonnes notes.

4 **L'infinitif ou le subjonctif?** Complete these sentences with an infinitive or with the subjunctive form of the verbs in parentheses. (5 x 2 pts. each = 10 pts.)

1. Il faut que je _____ (finir) mes devoirs avant 6h00.

2. Il faut _____ (attendre) Jean-François.

3. Il regrette qu'on _____ (avoir) peur.

4. Je suis désolé que tu ne _____ (venir) pas.

5. Je suis content de/d' _____ (être) à l'heure.

5 **Comparaisons** Compare the following things using comparatives or superlatives as suggested by the words in parentheses. (6 x 3 pts. each = 18 pts.)

1. (*more*) Il y a _____ pollution en Pologne qu'au Canada.

2. (*the most*) C'est en Corse qu'on trouve _____ falaises, je crois.

3. (*fewer*) Autrefois, il y avait _____ séjours d'écotourisme.

4. (*as many*) Est-ce qu'il y a _____ sentiers dans la jungle que dans le désert?

5. (*more*) Est-ce qu'on trouve _____ animaux dans un champ ou dans un bois?

6. (*the fewest*) Est-ce en Antarctique qu'on trouve _____ ressources naturelles?

6 **À vous!** Write a paragraph of at least five sentences describing the perfect place for a picnic. Describe the natural setting you would prefer, the animals you would like to see, and the activities you would like to do. Use the subjunctive. (20 pts.)

_____

_____

_____

_____

_____

Nom _____ Date _____

Unité 6
Leçon 6B

LESSON TEST II

1 Conversations Serge and Jennifer are spending the day in the forest. Listen to their conversations and select the most logical continuation for each. (5 x 4 pts. each = 20 pts.)

1. a. C'est un lapin.
   b. C'est un serpent.
   c. C'est une vache.

2. a. Oui, c'est ça la préservation.
   b. Oui, c'est ça le déboisement.
   c. Oui, c'est ça le sauvetage des habitats naturels.

3. a. D'accord. Allons vers la falaise.
   b. D'accord. Allons vers ces arbres.
   c. D'accord. Allons vers le fleuve.

4. a. Voilà un écureuil qui court.
   b. Voilà une vache qui mange de l'herbe.
   c. Voilà un lapin qui saute.

5. a. Oui, le lac est magnifique.
   b. Oui, je préfère qu'on regarde le volcan.
   c. Oui, j'aimerais qu'on regarde les étoiles ensemble.

Nom _____ Date _____

2 Qu'est-ce que c'est? Identify each of these animals or things that you might see outside.
(7 x 2 pts. each = 14 pts.)

Modèle

C'est un écureuil.

1.

2.

3.

4.

5.

6.

7.

1. _____.

2. _____.

3. _____.

4. _____.

5. _____.

6. _____.

7. _____.

3 Il faut You have a new professor this semester. Express his wishes and feelings by completing the sentences with the correct forms of the verbs in parentheses. (6 x 3 pts. each = 18 pts.)

1. Je désire que tout le monde _____ (avoir) de la patience avec les autres.

2. J'exige que mes élèves _____ (écrire) lisiblement (*legibly*).

3. Sébastien, je veux que tu _____ (être) plus prudent.

4. Les examens sont difficiles. Je suggère que vous _____ (faire) très attention.

5. Julie et Christine, réveillez-vous! Je suis furieux que vous _____ (dormir) en cours.

6. Finalement, je suggère que chaque élève _____ (finir) ses devoirs à l'heure.

4   L'infinitif ou le subjonctif? Complete these sentences with an infinitive or with the subjunctive form of the verbs in parentheses. (5 x 2 pts. each = 10 pts.)

1. J'ai peur de _____ (partir) sans toi.

2. Elle est heureuse que sa famille _____ (venir) à la fête.

3. Il faut _____ (téléphoner) à Édouard avant de sortir.

4. Le président est désolé que ces gens _____ (être) au chômage.

5. Nous préférons _____ (aller) au volcan.

5   Comparaisons Compare the following things using comparatives or superlatives as suggested by the words in parentheses. (6 x 3 pts. each = 18 pts.)

1. (*fewer*) On trouve _____ déserts en Amérique du Nord qu'en Afrique.

2. (*more*) Est-ce qu'il y a _____ serpents dans le désert que dans la jungle?

3. (*as much*) On ne trouve pas _____ lapins en ville que dans les champs.

4. (*fewer*) Il y a _____ étoiles dans le ciel à 7h00 du soir qu'à minuit.

5. (*the least*) Ce sont les déserts qui ont _____ herbe.

6. (*the most*) Est-ce ici qu'il y a _____ ressources naturelles?

6   À vous! Write a paragraph of at least five sentences describing an evening you would like to spend out in nature. Tell where you would like to be, what animals you would want to see, and what activities you would like to do. (20 pts.)

_____

_____

_____

_____

_____

_____

_____

_____

Unité 6
Leçons A et B

UNIT TEST I

1 **Conversations** Listen to these conversations and select the most logical continuation for each one. (6 x 1 pt. each = 6 pts.)

1. a. Oui, parce que comme ça, je gaspille moins d'essence.
   b. Oui, parce que comme ça, je vais moins souvent au supermarché.
   c. Oui, parce que comme ça, je n'utilise pas de sacs en plastique.

2. a. L'important, c'est que tu ne gaspilles pas d'électricité.
   b. L'important, c'est que tu ne gaspilles pas d'eau.
   c. L'important, c'est que tu ne gaspilles pas de papier.

3. a. C'est parce qu'on les protège.
   b. C'est parce que l'homme détruit leurs habitats naturels.
   c. C'est parce que ces serpents sont méchants.

4. a. Parce que je veux sauver la planète.
   b. Parce qu'il faut proposer des solutions.
   c. Parce que l'air n'est pas pur.

5. a. À cause de la surpopulation.
   b. À cause de la préservation.
   c. À cause de l'extinction.

6. a. Oui, il peut y avoir des pluies acides.
   b. Oui, il peut y avoir des glissements de terrain.
   c. Oui, il peut y avoir un effet de serre.

2 En contexte Complete the sentences with words from the list. (10 x 1 pt. each = 10 pts.)

catastrophe	extinction
champ	glissement de terrain
covoiturage	Lune
déboisement	pique-nique
écotourisme	surpopulation

1. Je vais au travail avec un collègue. Nous faisons du _____.

2. Vous visitez la nature et les parcs de ce pays. Vous faites de l' _____.

3. Le danger pour les espèces menacées, c'est l' _____.

4. S'il y a trop de gens qui vivent dans un endroit, on parle de _____.

5. Un repas dans la nature, c'est un _____.

6. Quand les forêts sont menacées, c'est souvent à cause du _____.

7. Un espace cultivé par (by) un agriculteur s'appelle un _____.

8. La nuit, on peut souvent voir les étoiles et la _____ dans le ciel.

9. Quand il y a un incendie dans une centrale nucléaire, ça peut devenir une _____.

10. Après des orages violents, il peut y avoir un _____.

3 Lesquels? Complete each sentence with the correct demonstrative pronoun followed by **-ci** or **-là**.
(8 x 1 pt. each = 8 pts.)

1. Quelle pierre préfères-tu, _____ ou _____?

2. Tu regardes quelles étoiles exactement? _____ à droite, ou _____?

3. Quel champ veux-tu en photo? _____ ou _____, avec les fleurs rouges?

4. Quels produits sont dangereux? _____ ou _____?

Nom _____ Date _____

4 La nature Complete each sentence with the correct demonstrative pronoun. (12 x 1 pt. each = 12 pts.)

1. _____ qui polluent la nature doivent payer.

2. De toutes les plantes, _____ qui sont menacées doivent être notre priorité.

3. Ce fleuve est _____ que je préfère.

4. Ces sentiers sont sales. _____ que nous avons pris étaient plus propres.

5. Les falaises sont souvent dangereuses. _____ que vous connaissez près d'ici le sont moins.

6. Regarde ces vaches! _____ qui est venue manger dans ma main est très gentille.

7. Les volcans sont souvent très beaux. _____ de la Guadeloupe est magnifique.

8. On ne voit rien dans le ciel des villes, mais on voit beaucoup d'étoiles dans _____ des campagnes.

9. J'aime ce désert, mais _____ du Sahara est mon préféré.

10. Il y a des jaguars dans les jungles du Mexique et aussi dans _____ de la Guyane.

11. Les arbres de mon jardin ne sont pas très grands, mais _____ de mon voisin, si.

12. Les plus belles régions de France sont aussi _____ où la nature est la mieux préservée.

5 Le progrès Complete each sentence with the subjunctive of the verb in parentheses.
(10 x 1 pt. each = 10 pts.)

1. Il est essentiel qu'on _____ (sauver) la planète.

2. Il est important que nous _____ (recycler) plus.

3. Il est dommage que vous _____ (polluer) autant.

4. Il est très important que je _____ (ne pas jeter) trop de choses.

5. Il n'est pas essentiel que tu _____ (chasser).

6. Il est nécessaire que nous _____ (proposer) de meilleures solutions.

7. Il vaut mieux que les gens _____ (améliorer) eux-mêmes leur vie.

8. Il ne faut pas que les pluies acides _____ (continuer).

9. Il est possible qu'un jour, arrêter le gaspillage _____ (devenir) une priorité.

10. Il est bon que tu _____ (choisir) une solution plus écologique.

Nom _____ Date _____

6 Des écologistes Complete each sentence with the subjunctive of the verb in parentheses.
(12 x 1 pt. each = 12 pts.)

1. Cette association exige qu'on _____ (arrêter) le déboisement.

2. Elle déclare: «Nous voulons que nos forêts _____ (avoir) une chance.»

3. On souhaite aussi que les arbres et plantes menacés _____ (être) mieux protégés.

4. La loi veut que nous ne _____ (développer) pas cette partie de la forêt.

5. Nous proposons que le sauvetage des habitats naturels _____ (devenir) une priorité.

6. Nous sommes furieux que personne ne _____ (se sentir) directement responsable.

7. Ces jeunes suggèrent que nous _____ (s'occuper) du gaspillage.

8. Ils préféreraient que les gens _____ (recycler) leurs emballages en plastique.

9. Ils ont peur que le problème des ordures _____ (grossir) trop vite pour la planète.

10. Ils sont contents que leurs parents _____ (venir) à la réunion d'information.

11. Ils voudraient que l'école _____ (mettre) des poubelles de recyclage dans les classes.

12. Leurs professeurs sont fiers que ces jeunes _____ (s'intéresser) autant à ce problème.

7 Des problèmes This area has many environmental problems. Describe them by writing complete sentences with a comparative (+, –, =) or a superlative (+ +, – –). (6 x 2 pts. each = 12 pts.)

> *Modèle*

Il y a... (= / emballages en plastique / arbres)
Il y a autant d'emballages en plastique que d'arbres.

1. Je vois... (+ / ordures / écureuils)

   _____

   _____

2. Il y a... (– / eau propre / eau sale)

   _____

   _____

3. Je vois... (+ / voitures / tables à pique-nique)

   _____

   _____

4. Il y a... (= / pollution / danger)

   _____

   _____

5. C'est l'endroit qui reçoit... (+ + / pluies acides)

   _____

   _____

6. C'est l'endroit qui a... (– – / animaux)

   _____

   _____

Nom _____ Date _____

8 Les solutions Say what should be done to stop or solve each problem. (5 x 2 pts. each = 10 pts.)

 1.  2.  3.  4. 5.

1. Il faut qu'on... _____

2. Il est important que l'eau... _____

3. Il vaut mieux que nous... _____

4. Je ne veux pas que les usines... _____

5. Il est possible que... _____

9 À vous Write a paragraph telling what you think should be done to protect the environment. Tell what you hope or would like to happen so that the world's natural resources, landscapes, animals, and habitats are preserved and protected. (20 pts.)

_____
_____
_____
_____
_____
_____
_____
_____
_____
_____
_____
_____
_____
_____
_____
_____
_____
_____
_____
_____
_____
_____
_____
_____
_____

Unité 6
Leçons A et B

UNIT TEST II

1 Conversations Listen to each statement and choose the most logical response. (6 x 1 pt. each = 6 pts.)

1. a. Oui, c'est une plante de rivière.
    b. Oui, c'est une plante de volcan.
    c. Oui, c'est une plante de vallée.

2. a. C'est la Lune.
    b. C'est l'étoile Sirius.
    c. C'est un nuage.

3. a. Elles vont s'améliorer avec le temps.
    b. On peut peut-être les sauver.
    c. Ne les touche pas, elles sont menacées d'extinction.

4. a. Ah! Vous allez faire du déboisement.
    b. Ah! Vous allez faire de l'écotourisme.
    c. Ah! Vous allez faire de la préservation.

5. a. Oui, la protection de l'environnement est importante.
    b. Oui, mais c'est à cause de la population croissante.
    c. Oui, il faut le protéger.

6. a. Oui, à cause de la pollution de l'eau.
    b. Oui, à cause du gaspillage.
    c. Oui, à cause du réchauffement climatique.

Nom _____ Date _____

2 En contexte Write an appropriate word or phrase to complete each sentence. (10 x 1 pt. each = 10 pts.)

1. La nuit, j'aime observer la Lune et les _____ .

2. On peut pêcher et nager dans ce _____ .

3. Chez moi, je sors la poubelle le jeudi soir. Le _____ des ordures a lieu le vendredi.

4. Les _____ vivent dans les arbres.

5. Malheureusement, toutes les centrales nucléaires produisent des _____ et il faut les mettre quelque part (*somewhere*).

6. Dans les grandes villes, le _____ peut aider les gens à rouler plus intelligemment.

7. En été, il faut _____ les incendies de forêt.

8. Quand on va dans la nature, il faut respirer (*breathe*) le bon air _____ .

9. Ce sont les _____ qui produisent l'énergie nucléaire.

10. Mais c'est le soleil qui nous donne l' _____ .

3 Lesquels? Complete each sentence with the correct demonstrative pronoun. (10 x 1 pt. each = 10 pts.)

1. Quel lapin veux-tu acheter? _____ ou _____?

2. Quelles lois faut-il passer en premier, _____ ou _____?

3. Dans le ciel, cette étoile a l'air toute petite, mais pas _____ .

4. Je connais les gens qui chassent ici, mais pas _____ qui chassent là-bas.

5. Cette vallée est jolie, mais _____ du St-Laurent l'est encore plus.

6. L'île de la Guadeloupe est plus grande que _____ de la Martinique.

7. Ces côtes sont mieux préservées que _____ de l'Espagne.

8. Heureusement, le bois qui est près de chez nous est plus agréable que _____ qui est de l'autre côté de la ville.

Nom _____ Date _____

4 Le progrès Complete each sentence with the subjunctive of the verb in parentheses.
(10 x 1 pt. each = 10 pts.)

1. Il n'est pas bon que vous _____ (chasser) les espèces menacées.

2. Il vaut mieux qu'on _____ (interdire) aux usines de polluer.

3. Il est nécessaire que tu _____ (ne pas polluer) cet endroit.

4. Il est dommage que les gens _____ (jeter) des ordures dans la nature.

5. Il est essentiel qu'on _____ (préserver) les espaces verts.

6. Il faut que nous _____ (abolir) les lois injustes.

7. Il est possible que l'eau _____ (devenir) rare.

8. Il est indispensable que nous _____ (prévenir) les incendies de forêts.

9. Il est essentiel qu'on _____ (connaître) les dangers.

10. Il ne faut pas que je _____ (gaspiller) l'électricité.

5 Pour la planète Complete each sentence with the subjunctive of the verb in parentheses.
(12 x 1 pt. each = 12 pts.)

1. Le public veut que le gouvernement _____ (protéger) l'environnement.

2. Beaucoup sont contents que l'écologie _____ (être) plus populaire qu'avant.

3. Ce parti écologique demande que nous _____ (avoir) tous un rôle.

4. Il veut que les gens _____ (rouler) moins souvent en voiture.

5. Il aimerait qu'on _____ (recycler) nos ordures et qu'on _____ (jeter) moins de choses.

6. Il suggère aussi que les usines _____ (essayer) de moins polluer.

7. Vous êtes heureux que quelqu'un _____ (réfléchir) au problème.

8. Vous préféreriez aussi que les gens _____ (ne pas se sentir) trop seuls face à ce problème.

9. Vous avez peur que le réchauffement climatique et la surpopulation de la planète _____ (être) inévitables.

10. Vous souhaitez qu'on _____ (avoir) plus de solutions et que les hommes _____ (vivre) mieux avec la nature.

6 Des problèmes This area is a real paradise. Describe its qualities by writing complete sentences with a comparative (+,– , =) or a superlative (+ +, – –). (6 x 2 pts. each = 12 pts.)

> **Modèle**
>
> Il y a... (= / écureuils / lapins)
> *Il y a autant d'écureuils que de lapins.*

1. Il y a... (+ / sentiers / routes)

   _____

   _____

2. Je vois... (= / fleurs / herbe)

   _____

   _____

3. Je vois... (– / pollution / nature intacte)

   _____

   _____

4. Il y a... (= / lacs / montagnes)

   _____

   _____

5. C'est l'endroit qui reçoit... (+ + / soleil)

   _____

   _____

6. C'est l'endroit qui a... (– – / emballages en plastique)

   _____

   _____

7 Les solutions Write a complete sentence using the subjunctive to say what should be done to solve each problem. (5 x 2 pts. each = 10 pts.)

1.   2.   3.   4.   5.

1. _____

2. _____

3. _____

4. _____

5. _____

8 Opinions personnelles Express your opinions by completing each sentence. (5 x 2 pts. each = 10 pts.)

1. J'aime que la nature...

   _____

   _____

2. J'aimerais que les animaux...

   _____

   _____

3. Je suis content(e) que l'énergie...

   _____

   _____

4. Je ne veux pas que l'écologie...

   _____

   _____

5. Il vaut mieux que le gouvernement...

   _____

   _____

9 À vous Write a paragraph telling what you want your friends, school, and family to do to protect and preserve the environment. State at least four things that they should do and one thing that they should stop doing. (20 pts.)

_____

_____

_____

_____

_____

_____

_____

_____

_____

_____

_____

_____

_____

_____

_____

_____

OPTIONAL TESTING SECTIONS
Unité 6

Leçon 6A
ROMAN-PHOTO

1 Choisissez Select the response that best completes each sentence.

_____ 1. David rentre aux États-Unis dans…

  a. une semaine.

  b. deux semaines.

  c. trois semaines.

_____ 2. Le concert de Sandrine est dans…

  a. une semaine.

  b. deux semaines.

  c. trois semaines.

_____ 3. Michèle n'est pas au P'tit Bistrot parce qu'elle…

  a. est malade.

  b. est en vacances.

  c. a démissionné.

_____ 4. Rachid propose d'aller…

  a. au centre-ville.

  b. à la montagne Sainte-Victoire.

  c. au parc pour jouer au foot.

_____ 5. David adore dessiner…

  a. en plein air.

  b. les portraits.

  c. les fleurs.

Nom _____ Date _____

Leçon 6B
ROMAN-PHOTO

1   Qui? Indicate which character these statements describe. Write **R** for Rachid, **D** for David, **S** for Sandrine, **A** for Amina, **St** for Stéphane and **V** for Valérie.

Amina   David   Rachid   Sandrine   Stéphane   Valérie

_____ 1. Il/Elle propose de visiter la Maison Sainte-Victoire.

_____ 2. Il/Elle va assez souvent à la montagne Sainte-Victoire.

_____ 3. Il/Elle a peur des serpents.

_____ 4. Il/Elle aime bien le fromage.

_____ 5. Il/Elle jette quelque chose par terre.

_____ 6. Ils s'embrassent. (deux personnes)

Nom _____ Date _____

OPTIONAL TESTING SECTIONS
Unité 6
Leçon 6A
CULTURE

1 Choisissez Select the answer that best completes the statement or answers the question, according to the text.

1. Le mouvement écologique s'est beaucoup développé dans…
   a. les années 1960.
   b. les années 1980.
   c. les années 2000.

2. Selon (*According to*) l'opinion publique des Français, le problème environnemental le plus important à régler est…
   a. l'effet de serre.
   b. la pollution de l'eau.
   c. le réchauffement climatique.

3. La plupart des Français souhaitent...
   a. la contruction de centrales nucléaires.
   b. une transition vers des énergies plus propres.
   c. plus de développement dans l'industrie pétrolière (*oil*).

4. Comment s'appelle la conférence internationale sur le climat qui a eu lieu à Paris en 2015?
   a. COP21
   b. EDF
   c. Areva NC

5. Pour voir le tunnel ferroviaire du Gothard, on va…
   a. en Suisse.
   b. dans l'Océan indien.
   c. dans le sud de la France.

6. En France, l'énergie nucléaire produit quel pourcentage de l'électricité nationale?
   a. 20 à 25 pour cent.
   b. 45 à 50 pour cent.
   c. 75 à 80 pour cent.

Leçon 6B
CULTURE

1 Choisissez Select the answer that best completes the statement or answers the question, according to the text.

1. Combien de parcs nationaux français le gouvernement protège-t-il?
   a. 10
   b. 23
   c. 41

2. En France, il y a sept...
   a. parcs maritimes.
   b. parcs montagneux.
   c. parcs de volcans.

3. Dans le parc national de la Guadeloupe, on peut voir...
   a. des glaciers.
   b. des volcans.
   c. six vallées.

4. La dune du Pilat en Nouvelle-Aquitaine est faite de...
   a. granit.
   b. verre.
   c. sable.

5. Le Mont-Blanc, la plus haute montagne d'Europe de l'Ouest, est...
   a. en Nouvelle-Aquitaine.
   b. dans les Alpes.
   c. dans les Pyrénées.

6. Pour observer des tortues géantes, on va...
   a. aux Seychelles.
   b. au Sénégal.
   c. à Madagascar.

7. Madagascar se trouve dans...
   a. l'océan Atlantique.
   b. l'océan Indien.
   c. l'océan Pacifique.

8. ... des espèces à Madagascar sont uniques au monde.
   a. Soixante pour cent
   b. Cent pour cent
   c. Quatre-vingt-dix pour cent

Nom _____ Date _____

OPTIONAL TESTING SECTIONS
Unité 6

FLASH CULTURE

1 Identifiez Identify these places you saw in **Flash culture**.

1. _____

4. _____

2. _____

5. _____

3. _____

6. _____

Unité 6   Flash culture and **Panorama**   Test Items

PANORAMA

1 Le Grand Est et les Hauts-de-France Select the answer that best completes each statement.

1. Les rois de France ont été sacrés dans la cathédrale…
   a. d'Amiens.
   b. de Strasbourg.
   c. de Reims.

2. On associe… aux fêtes et célébrations du Nord de la France.
   a. des géants
   b. des costumes traditionnels
   c. des pèlerinages (*pilgrimages*)

3. Jeanne d'Arc…
   a. a défendu les Français contre les Anglais.
   b. était reine (*queen*) de France.
   c. a fait la guerre (*went to war*) contre l'Église.

4. On peut voir un mélange (*mix*) des cultures… dans les traditions de l'Alsace.
   a. française et espagnole
   b. française et italienne
   c. française et allemande

5. Le Conseil d'Europe et le Parlement européen sont à…
   a. Lille.
   b. Reims.
   c. Strasbourg.

6. … est un dessinateur et scénariste de bande dessinée qui a co-créé la série Astérix.
   a. Albert Uderzo
   b. Dany Boon
   c. Jules Verne

Nom _____ Date _____

OPTIONAL TESTING SECTIONS
Unité 6

Leçon 6A
LECTURE SUPPLÉMENTAIRE

1 La Terre Read this magazine article about conservation. Then answer the questions using complete sentences.

Quelques conseils pour aider la Terre

Beaucoup de problèmes écologiques sont liés[1] au gaspillage d'énergie et d'eau ainsi qu'aux problèmes créés par nos nombreux déchets. Suivez donc ces conseils très simples qui aideront notre planète.

Économisez l'énergie
- Ne laissez ni les lampes ni la télé allumées quand vous quittez une pièce.
- Remplacez les vieux appareils ménagers par de nouveaux modèles qui gaspillent moins d'énergie.
- Envisagez[2] un système d'énergie solaire pour votre résidence.

Économisez l'eau
- Prenez des douches courtes et non des bains.
- Si vous avez un lave-vaisselle, utilisez-le! Un lave-vaisselle plein (*full*) gaspille moins d'eau que de nombreuses vaisselles dans un évier.
- Pour l'arrosage[3] du jardin, gardez et utilisez de l'eau de pluie.

Triez[4] et recyclez les déchets
- Choisissez de préférence des produits dans des éco-emballages.
- Triez vos déchets et recyclez le plastique, le verre, le papier et les boîtes et emballages en aluminium.
- Si vous avez un jardin, créez un compost dans lequel vous pourrez mettre vos déchets ménagers.
- Ne mettez jamais de déchets toxiques à la poubelle. C'est dangereux pour l'environnement et pour les personnes qui s'occupent du ramassage des ordures.

---

[1] *linked* [2] *Consider* [3] *watering* [4] *Pick through*

1. Quelles sont les deux ressources principales qu'il ne faut pas gaspiller d'après cet article? _____
   _____

2. Mentionnez deux choses qu'on doit faire pour conserver l'énergie. _____
   _____

3. Quel type d'énergie recommande-t-on pour la maison? _____
   _____

4. Où vaut-il mieux laver la vaisselle, dans l'évier ou dans le lave-vaisselle? Pourquoi? _____
   _____

5. Que peut-on faire d'autre pour éviter de gaspiller l'eau? _____
   _____

6. Quand on fait des courses, que faut-il choisir de préférence? _____
   _____

7. Quelles sont deux autres choses qu'on peut faire pour améliorer le problème des déchets?
   _____

8. Pourquoi ne faut-il pas mettre les déchets toxiques à la poubelle? _____
   _____

Nom _____ Date _____

Unité 6

Leçon 6B
LECTURE SUPPLÉMENTAIRE

1 L'écotourisme Read this letter a French student wrote to his parents while on an eco-tour in Canada. Then answer the questions using complete sentences.

> *Le 12 juin*
>
> Cher papa, chère maman,
>
> Me voici donc au Québec avec un groupe de jeunes francophones qui participent à un circuit d'écotourisme. Nous visitons les magnifiques parcs de la région et nous apprenons beaucoup de choses sur l'environnement, les différentes espèces d'animaux et leurs habitats et sur la préservation en général. Ici, la nature est vraiment splendide et, en cette saison, il y a toute sorte de plantes et de fleurs intéressantes. Hier, nous avons fait une grande randonnée dans une forêt qui a été menacée par le déboisement, il y a quelques années. Heureusement, beaucoup d'efforts ont été faits et tous les grands arbres ont été sauvés[1], ce qui est vraiment formidable car[2] cela a aussi permis d'éviter l'extinction d'une espèce particulière d'écureuils qui vit[3] ici. Malheureusement, il y a un autre danger qui menace la région en ce moment. Le cours d'eau principal est pollué, parce qu'il y a une fuite[4] dans une usine qui n'est pas très loin d'ici. On recommande de ne plus pêcher dans la rivière et de ne plus nager dans le lac. Quel dommage! Tout le monde ici souhaite qu'on trouve une solution rapidement, car il est important de continuer à protéger la région pour les nombreux animaux qui ont leur habitat ici, et pour nous aussi, bien sûr. Ah! J'entends qu'on m'appelle pour le pique-nique du déjeuner.
> Je vous embrasse.
>
> À bientôt,
> Yannick

[1] saved [2] since [3] lives [4] leak

1. Dans quel genre d'endroit est-ce que le groupe de Yannick fait son circuit d'écotourisme?
   _____

2. Quels sont les sujets de discussion pendant ce circuit? _____

3. Que pense Yannick de la région en cette saison? _____

4. Il y a quelques années, quel était le danger pour la forêt mentionnée par Yannick? _____

5. Décrivez la situation de cette forêt aujourd'hui. _____

6. Pour quels animaux est-ce que cette forêt est aussi très importante? _____

7. Quel problème écologique y a-t-il dans la région en ce moment? _____

8. Que recommande-t-on de ne plus faire à cause de ce problème? _____

Unité 7

Leçon 7A

VOCABULARY QUIZ I

1 Faites correspondre Match the items in Column A with their identity or category in Column B.
(6 x 1 pt. each = 6 pts.)

A	B
_____ 1. Steven Spielberg	a. un compositeur
_____ 2. Shakespeare	b. un opéra
_____ 3. *Frère Jacques*	c. un dramaturge
_____ 4. Fred Astaire	d. un réalisateur
_____ 5. *Carmen* de Bizet	e. un danseur
_____ 6. Beethoven	f. une chanson

2 Complétez Complete each sentence with the appropriate word. (10 x 1 pt. each = 10 pts.).

1. On a adoré l'opéra de Wagner. Tout le monde a beaucoup _____ à la fin.
2. La pièce a déjà commencé. On peut dire bonjour à Paul pendant l' _____.
3. Nadia Morenski a joué le _____ le plus important de sa vie dans ce film.
4. Nous avons vu cette _____ de danseurs canadiens l'année dernière.
5. Tu as entendu la nouvelle _____ de Taylor Swift?
6. Mes parents voulaient aller au théâtre mais il n'y avait plus de _____.
7. Tout le monde connaît Jennifer Lawrence. C'est une actrice _____!
8. Mes amis sont arrivés très tard et on a manqué (*missed*) le _____ de la pièce.
9. Il y a une _____ d'*Autant en emporte le vent* (Gone with the Wind) à 20h00. Tu viens?
10. Je vais _____ de mon jour de congé pour aller voir un spectacle.

3 Répondez Answer these questions with complete sentences. (4 x 1 pt. each = 4 pts.)

1. Quel genre de pièce est *Roméo et Juliette*?

_____

2. Quel genre de pièce est *Le Songe d'une nuit d'été* (A Midsummer Night's Dream)?

_____

3. Comment s'appelle l'ensemble de musiciens qui jouent des instruments?

_____

4. Qui met en scène (*directs*) une pièce?

_____

Nom _____ Date _____

Leçon 7A

VOCABULARY QUIZ II

1   Répondez Answer these questions with complete sentences. (5 x 1 pt. each = 5 pts.)

1. Quel acteur étranger ou quelle actrice étrangère est célèbre aux États-Unis?

   _____

2. Est-ce que quelqu'un dans ta famille joue d'un instrument? Qui? Duquel?

   _____

3. Quels genres de pièce aimes-tu?

   _____

4. Que penses-tu de l'opéra?

   _____

5. Qui est ton réalisateur favori? Lequel de ses films est le meilleur?

   _____

2   Une invitation Write your friend an e-mail inviting him or her to a new movie from your favorite director and starring your favorite actor or actress. Describe his/her role in the film, specify show times, and suggest a place to meet. (5 pts.)

_____

_____

_____

_____

_____

_____

3   Au théâtre You attended the gala opening of a new play at your local theater, where you saw famous directors and composers. Write a blog entry describing the celebrities, the play, and the audience's reaction. (10 pts.)

_____

_____

_____

_____

_____

_____

_____

_____

_____

Leçon 7A.1

GRAMMAR QUIZ I
The subjunctive (Part 3)

1 Choisissez Choose the correct verb form to complete each sentence. (5 x 1 pt. each = 5 pts.)

1. Je pense que le réalisateur de ce film _____ belge.
   a. est
   b. soit
   c. sois

2. Je ne crois pas que cette pièce _____ un grand succès.
   a. avait
   b. ait
   c. a

3. Il n'est pas certain que le compositeur _____ l'orchestre.
   a. presenter
   b. présentait
   c. présente

4. Il est vrai que mon ami et moi _____ l'opéra.
   a. préférions
   b. préfèrent
   c. préférons

5. Nous savons que tu _____ les meilleures danseuses.
   a. choisit
   b. choisiras
   c. choisisses

2 Complétez Complete each sentence with the appropriate verb form. (10 x 1 pt. each = 10 pts.)

1. Je doute que tu _____ (vouloir) voir ce spectacle.

2. Le professeur pense que les élèves _____ (rendre) les devoirs hier.

3. Il est impossible que vous _____ (pouvoir) finir tout ce travail aujourd'hui.

4. Il est douteux que mon père _____ (savoir) son adresse e-mail.

5. Mes parents croient que mes frères _____ (faire) du cheval le samedi matin.

6. Il n'est pas certain que Guy et Paul _____ (aller) à la fête.

7. Il est vrai qu'on _____ (retenir) mon passeport à la douane la dernière fois.

8. Il est douteux que ma tante _____ (être) une bonne cuisinière.

9. Il est clair que vous _____ (profiter) de l'absence de votre patronne!

10. Il est évident que nous _____ (avoir) faim plus tard si nous ne mangeons pas maintenant.

3 D'accord ou pas? React to your friend's statements using the expressions given. (5 x 1 pt. each = 5 pts.)

1. Ces metteurs en scène sont très célèbres.

   Il est douteux que _____.

2. Toi et moi, nous savons jouer de la guitare.

   Il n'est pas vrai que _____.

3. Cette troupe a de belles danseuses!

   Il est sûr que _____.

4. Je vais acheter des programmes pendant l'entracte.

   Je sais que _____.

5. Marie-Claude et moi allons à l'opéra demain.

   Je ne pense pas que _____.

Leçon7A.1   Grammar Quiz I

Leçon 7A.1

GRAMMAR QUIZ II
The subjunctive (Part 3)

1 Complétez Complete the following statements to express opinions about the arts. (5 x 1 pt. each = 5 pts.)

1. Il est douteux que _____

_____

2. Mes parents pensent que _____

_____

3. Mon/Ma meilleur(e) ami(e) ne croit pas que _____

_____

4. Il est impossible que _____

_____

5. Il est vrai que _____

_____

2 Assemblez Write five complete sentences using elements from each column. Make all necessary changes. (5 x 1 pt. each = 5 pts.)

Il est sûr que	je/j'	aller au ballet
Il n'est pas certain que	tu	être méchant(e)(s)
Il est clair que	le professeur	faire du bateau
Je doute que	nous	finir la leçon
Il n'est pas vrai que	les gens	pouvoir sortir tard le soir
Mes amis et moi ne pensons pas que	mes parents	savoir conduire
		vouloir voyager

1. _____

2. _____

3. _____

4. _____

5. _____

3 Une critique Write a review for a school play or movie you have seen. Use at least three expressions of doubt and disbelief and three of certainty in your review. (10 pts.)

_____

_____

_____

_____

Leçon 7A.2

GRAMMAR QUIZ I
Possessive pronouns

1   Remplacez Rewrite the statements replacing the underlined words with the corresponding possessive pronouns. (8 x 1 pt. each = 8 pts.)

1. Tu préfères la pièce de Pierre ou ta pièce?

   _____

2. Mes enfants sont sérieux mais ses enfants sont drôles.

   _____

3. Notre opéra est plus long que votre opéra.

   _____

4. Notre tante travaille à Chicago mais votre tante travaille à Seattle.

   _____

5. Son compositeur est bon mais leurs compositeurs sont super!

   _____

6. Tu as écrit à tes parents ou à nos parents?

   _____

7. Sa cousine et ma cousine sont allées au concert ensemble.

   _____

8. Sa grand-mère parlait souvent de sa chanson mais pas de leur chanson.

   _____

2   On compare Christian and Jérémie are comparing information about their lives. For each statement that one makes, write the response. (6 x 2 pts. each = 12 pts.)

> **Modèle**
>
> Mes sœurs sont très sportives. (paresseuses)
> *Les miennes sont paresseuses.*

1. Ma meilleure amie habite à Toulouse. (Bordeaux)

   _____

2. Mon père est architecte. (avocat)

   _____

3. J'adore mes professeurs. (ne pas aimer)

   _____

4. Je m'occupe toujours de mon petit frère. (ne jamais)

   _____

5. Je parle souvent à mes cousines. (rarement)

   _____

6. J'ai reçu une carte de mes grands-parents hier. (un e-mail)

   _____

Leçon 7A.2

GRAMMAR QUIZ II
Possessive pronouns

1 C'est à qui? Your sister is sorting laundry. Answer her questions affirmatively using possessive pronouns. (5 x 1 pt. each = 5 pts.)

1. Ces chaussettes sont à toi?

   _____

2. Ce pantalon est à papa?

   _____

3. Ces shorts sont à René?

   _____

4. Ces chemises sont à Martin et à toi?

   _____

5. Cette écharpe est à moi, n'est-ce pas?

   _____

2 Questions personnelles Answer these questions using possessive pronouns. (5 x 1 pt. each = 5 pts.)

1. Qui est plus gentil, ton professeur ou le professeur de ton/ta meilleur(e) ami(e)?

   _____

2. Est-ce que tes parents sont plus stricts que ceux de tes amis?

   _____

3. Est-ce que ta ville est aussi grande que celle de tes cousins?

   _____

4. Est-ce que tu t'amuses mieux avec ta famille ou avec celle de ton ami(e)?

   _____

5. Est-ce que tes vêtements sont différents de ceux de tes camarades de classe?

   _____

3 Tante Estelle You are talking to your aunt Estelle at a family reunion and exchanging news about different relatives. For everyone you mention, Aunt Estelle makes a comparison. Write this conversation using at least five different possessive pronouns. (10 pts.)

_____

_____

_____

_____

_____

_____

_____

_____

Unité 7
Leçon 7A

LESSON TEST I

1   Conversations Listen to the conversations and select the most logical continuation for each.
(5 x 4 pts. each = 20 pts.)

1. a. J'adore ce danseur!
   b. J'adore ce compositeur!
   c. J'adore ce dramaturge!

2. a. Oui! On se retrouve pendant l'entracte.
   b. Oui! C'est la deuxième séance.
   c. Super! À samedi, alors.

3. a. C'est une de mes pièces préférées.
   b. Ce ballet est magnifique.
   c. Cet opéra me plaît beaucoup.

4. a. Parce que j'aime les réalisateurs célèbres.
   b. Parce que les acteurs chantent et dansent aussi.
   c. Parce que c'est triste et qu'on réfléchit après.

5. a. C'est que je n'aime pas tellement leur genre de musique.
   b. C'est que je n'ai pas aimé le metteur en scène.
   c. C'est que je ne sais pas jouer du piano.

2 **Des arts** Write two sentences describing each illustration. (2 x 4 pts. each = 8 pts.)

1.

2.

1. _____
   _____
   _____

2. _____
   _____
   _____

3 **Des doutes** Summer vacation is fast approaching and although everyone has great plans, you doubt that these activities will actually take place. Write the correct form of the verb in parentheses to complete each sentence. (6 x 3 pts. each = 18 pts.)

1. Je ne crois pas que Julien et Marc _____ (voir) un film chaque semaine.

2. Il est impossible qu'Olivier _____ (faire) un voyage à Tokyo.

3. Je ne pense pas que Stéphanie _____ (vouloir) me rendre visite en juillet.

4. Il est douteux que tu _____ (lire) deux livres par semaine.

5. Je doute que Thomas _____ (s'en aller).

6. Il n'est pas certain qu'Aurélie _____ (savoir) ce qu'elle va faire.

4 **Sûr ou pas?** Express various people's doubts or certainties about tomorrow's picnic by completing the sentences with the appropriate form of the verb in parentheses. (5x 2 pts. each = 10 pts.)

1. Je ne pense pas qu'il _____ (faire) beau.

2. Mais il est clair qu'on _____ (faire) un pique-nique chez Mireille.

3. Je doute que nous _____ (manger) dehors (*outside*).

4. C'est vrai. Je crois qu'on _____ (prendre) le repas dans son salon.

5. Mais je ne suis pas sûr que tout le monde le _____ (savoir).

Nom _____ Date _____

5 **Pronoms** Complete each of these sentences with the appropriate possessive pronoun based on the cues in parentheses. (8 x 3 pts. each = 24 pts.)

1. Tes chansons sont meilleures que _____. (ses chansons)

2. C'est ta place ou _____? (ma place)

3. L'opéra de Bizet est beau, mais _____ superbe. (votre opéra)

4. Nos violons sont dans le bus et _____ sont dans le placard. (leurs violons)

5. Les comédies de Molière ne sont pas plus drôles que _____. (vos comédies)

6. Leur piano est blanc,_____ est noir. (notre piano)

7. Vos personnages sont moins tragiques que _____. (les personnages de Racine)

8. Tu vas jouer ton rôle et je vais jouer _____. (mon rôle)

6 **À vous!** Write a paragraph of at least five sentences describing a performance you saw. Tell what kind of performance it was (a play, concert, ballet, etc.), who the entertainers were and what they did, and if you enjoyed the show. (20 pts.)

_____

_____

_____

_____

_____

_____

Unité 7
Leçon 7A

LESSON TEST II

1 Conversations Listen to the conversations and select the most logical continuation for each.
(5 x 4 pts. each = 20 pts.)

1. a. C'est le personnage principal.

    b. Le metteur en scène est célèbre.

    c. Une fille qui s'appelle Lucie Moreau.

2. a. Il est clair que ce groupe est super.

    b. En fait, je crois que ce groupe ne chante pas bien du tout.

    c. Je sais que ce groupe aura beaucoup de succès.

3. a. Je suis metteur en scène.

    b. Je joue de la batterie.

    c. Je suis réalisateur.

4. a. Oui, il vaut mieux qu'on le lui dise.

    b. Oui, il vaut mieux qu'il apprenne à jouer du piano.

    c. Oui, il vaut mieux qu'on le félicite (*congratulate*).

5. a. Il est évident qu'il n'écrit pas bien.

    b. Il est vrai qu'il n'a pas de succès.

    c. Il est certain qu'il va devenir célèbre.

Nom _____ Date _____

2 Des arts Write two sentences describing each performance shown in the illustration.
(2 x 4 pts. each = 8 pts.)

1. _____
   _____
2. _____
   _____

3 Des doutes Everyone has plans, but you doubt they will take place. Write the correct form of the verb in parentheses to complete each sentence. (6 x 3 pts. each = 18 pts.)

1. Il n'est pas sûr que Chloé et Zaïna _____ (aller) au Portugal.

2. Il n'est pas vrai que tu _____ (être) disponible tout le mois de juin.

3. Je doute que Maryse et Dominique _____ (pouvoir) arriver à la gare à l'heure.

4. Lise ne croit pas que Bernard et Joël _____ (savoir) ce qu'ils vont faire pendant les vacances.

5. Il est impossible que vous _____ (venir) me rendre visite.

6. Il n'est pas certain que Noémie _____ (prendre) le train pour aller en Italie.

4 Sûr ou pas? Express various people's doubts or certainties about tomorrow's performance by completing the sentences with the appropriate form of the verb in parentheses. (5 x 2 pts. each = 10 pts.)

1. Je sais que le spectacle _____ (être) excellent.

2. Il n'est pas certain que l'orchestre _____ (jouer) avec le chœur.

3. Vous pensez que les danseurs _____ (sortir) au début.

4. Il est douteux qu'il y _____ (avoir) un entracte.

5. Il est sûr que les spectateurs _____ (applaudir) la troupe.

5 **Pronoms** Complete each of these sentences with the appropriate possessive pronoun based on the cues in parentheses. (8 x 3 pts. each = 24 pts.)

1. La pièce de Molière est plus comique que _____. (votre pièce)

2. Notre concert est jeudi soir, _____ est vendredi soir. (leur concert)

3. La guitare de Marie-Belle est chez elle, alors que _____ est chez moi. (ma guitare)

4. Nos violons sont très vieux, _____ sont neufs (*new*). (leurs violons)

5. Vos spectateurs adorent les opéras classiques, mais _____ préfèrent les opéras modernes. (mes spectateurs)

6. Notre théâtre est très beau. _____ est somptueux. (votre théâtre)

7. Nos tragédies personnelles sont moins intéressantes que _____. (les tragédies de Racine)

8. L'opéra de Poulenc est bizarre; _____ ne l'est pas. (l'opéra de Bizet)

6 **À vous!** Write a paragraph of at least five sentences describing a performance you saw. Tell what kind of performance it was (a play, concert, ballet, etc.), who the entertainers were and what they did, and what you thought of the show. (20 pts.)

_____

_____

_____

_____

_____

_____

Leçon 7B

VOCABULARY QUIZ I

1 **Chassez l'intrus** Choose the word that does not belong in each group. (5 x 1 pt. each = 5 pts.)

1. un auteur, un peintre, un écrivain

2. une danseuse, un sculpteur, une critique

3. un festival, une exposition, une publicité

4. un programme, un conte, une histoire

5. le magazine, le roman, la météo

2 **À la télé** Read each title and write what type of program it is. Include the indefinite article.
(5 x 1 pt. each = 5 pts.)

1. *Océans:* _____

2. *Jeopardy!:* _____

3. *Bob l'éponge* (sponge): _____

4. *The Young and the Restless:* _____

5. *PBS NewsHour:* _____

3 **Complétez** Complete each sentence with an appropriate vocabulary word. (10 x 1 pt. each = 10 pts.)

1. Je n'aime pas du tout les films d' _____ comme *Psycho*.

2. Nous avons vu *Star Trek* hier. C'est un film de _____.

3. À mon avis, *La Joconde* (*Mona Lisa*) n'est pas le _____ de Léonard de Vinci.

4. Mes parents s'intéressent beaucoup aux _____ surtout à la peinture et à
   la sculpture.

5. Maya Angelou est une _____ célèbre aux États-Unis.

6. J'ai envie de manger une pizza chaque fois que je vois cette _____ de *Rabbit Pizza*.

7. Mon frère a rencontré son _____ petite amie hier. Ils ne s'étaient pas parlé (*hadn't
   spoken*) depuis deux ans.

8. On ne doit pas payer le parking. C'est _____.

9. Ma sœur préfère la musique classique. Elle n'écoute pas les _____ à la radio.

10. Nous venons d'acheter le dernier _____ de J.K. Rowling à la librairie.

Leçon 7B

VOCABULARY QUIZ II

1 Les émissions Write a list of six different types of TV programs available on a local network. Give the title of each program and then write what type of show it is in French. (6 pts.)

_____

_____

_____

_____

_____

_____

_____

_____

2 Répondez Answer these questions with complete sentences. (5 x 1 pt. each = 5 pts.)

1. Qui considères-tu comme un écrivain doué? Pourquoi?

_____

2. Quel genre de film tes parents préfèrent-ils?

_____

3. Est-ce que quelqu'un dans ta famille est artiste? Dans quel domaine?

_____

4. Quels peintres français connais-tu?

_____

5. Qu'est-ce que les jeunes d'aujourd'hui aiment regarder à la télé?

_____

3 Vive l'art! You went to an international arts festival last weekend. Write a journal entry about your experience there. Describe what you saw, the artists you met, and your impressions of them. (9 pts.)

_____

_____

_____

_____

_____

_____

_____

_____

Nom _____ Date _____

Leçon 7B.1

GRAMMAR QUIZ I
The subjunctive (Part 4)

1   Complétez Complete each sentence with the appropriate form of the verb in parentheses.
(8 x 1 pt. each = 8 pts.)

1. Nous vous rendrons visite à moins qu'il _____ (faire) un temps épouvantable.

2. Les jeunes mariés sont partis sans _____ (parler) aux invités.

3. Nous arriverons sans incident à condition que nous _____ (conduire) prudemment.

4. Elle t'a prêté son portable pour que tu _____ (pouvoir) l'appeler en cas d'urgence.

5. Vous espérez vivre dans cette maison jusqu'à ce que vous _____ (prendre) votre retraite.

6. Vous devez retirer de l'argent avant de _____ (partir) en vacances.

7. Sa grand-mère est morte avant qu'il lui _____ (dire) la vérité (*truth*).

8. Tu fais du jogging pour _____ (rester) en forme.

2   Les conjonctions Combine these sentences by means of the conjunctions given. (4 x 1 pt. each = 4 pts.)

1. Nous allons rester à la maison. Les enfants veulent aller au centre-ville. (à moins que)

   _____

2. Ahmed va passer à la banque. Il va à la poste cet après-midi. (avant de)

   _____

3. Tu vas continuer à travailler. Tu finis tes devoirs. (jusqu'à ce que)

   _____

4. Vous pouvez emprunter leur vélo. Vous le rendrez bientôt. (à condition que)

   _____

3   Assemblez Write six complete sentences with the cues provided. Make any changes necessary.
(4 x 2 pts. each = 8 pts.)

1. je / aller au théâtre demain / à condition que / tu / venir / avec moi

   _____

2. mon oncle / prendre le bus / pour que / nous / avoir la voiture

   _____

3. Émilie et Justin / aller au stade / sans que / leur père / le savoir

   _____

4. nous / démissioner / avant que / le patron / nous renvoyer

   _____

| 333 |

Nom _____ Date _____

Leçon 7B.1

GRAMMAR QUIZ II
The subjunctive (Part 4)

1 Questions personnelles Answer these questions with complete sentences. (5 x 1 pt. each = 5 pts.)

1. Que fais-tu sans que tes parents le sachent?

   _____

2. Que faut-il faire pour être en bonne santé?

   _____

3. Qu'est-ce que tu fais à condition que tes amis le fassent aussi?

   _____

4. Y a-t-il des choses que tu ne fais pas jusqu'à ce que tes parents l'exigent?

   _____

5. Qu'est-ce que ton professeur te conseille de faire pour que tu sois accepté(e) à l'université?

   _____

2 Finissez Write an original ending, either real or fictional, for each phrase. (5 x 1 pt. each = 5 pts.)

1. Je ne me marierai pas avant que/qu' _____

   _____

2. Mes parents me permettront de voyager en Europe à condition que/qu' _____

   _____

3. Beaucoup de gens croient aux publicités sans _____

   _____

4. Tous les jours, avant de/d' _____

   _____

5. Elle ne quittera pas son petit ami à moins que/qu' _____

   _____

3 Les projets d'avenir Write an e-mail to tell your grandparents about the plans you and your friends have made for the summer. Use at least five of the conjuctions from the box. (10 pts.)

avant que	à moins que	pour que
à condition que	jusqu'à ce que	sans

_____

_____

_____

_____

_____

Nom _____ Date _____

Leçon 7B.2

GRAMMAR QUIZ I
Review of the subjunctive

1 Trouvez la suite Match the phrases in Column A with their corresponding endings in Column B.
(8 x 1 pt. each = 8 pts.)

A

_____ 1. Il est sûr que nous...

_____ 2. Ma mère désire que mon père...

_____ 3. Tu exiges qu'ils…

_____ 4. Je regrette que vous…

_____ 5. Mes amis sont contents que je/j'…

_____ 6. Il est vrai que vous…

_____ 7. Il est impossible que nous…

_____ 8. Il est évident que tu…

B

a. venions demain soir.

b. n'aimes pas travailler avec cette troupe.

c. embauchons trois personnes.

d. travaillez moins.

e. y aillent tout de suite.

f. fasse la cuisine demain.

g. soyez malades.

h. aie beaucoup de succès.

2 Complétez Write the correct forms of the verbs in parentheses. (6 x 1 pt. each = 6 pts.)

1. Le compositeur recommande que les chanteurs _____ (répéter) tous les jours.

2. Est-ce que vous souhaitez _____ (faire) la connaissance du peintre?

3. Il est douteux que nous _____ (connaître) le metteur en scène.

4. Je ne crois pas que l'histoire _____ (finir) bien.

5. Vous savez que je _____ (pouvoir) jouer ce rôle.

6. Nous ne sommes pas certains que nous _____ (vouloir) visiter les monuments.

3 Elle doute! Write Marielle's responses to what you and your friends say. (6 x 1 pt. each = 6 pts.)

1. Nous allons à Paris cet été.

   Je ne crois pas que vous _____.

2. Nous avons beaucoup d'examens dans ce cours.

   Je doute que vous _____.

3. Les touristes font des randonnées à la montagne.

   Il n'est pas vrai qu'ils _____.

4. Ghislaine et toi serez contentes de l'appartement.

   Il n'est pas certain que nous _____.

5. Lucien et Margot viendront de New York dimanche prochain.

   Il n'est pas sûr qu'ils _____.

6. Je peux faire la cuisine pour tout le monde.

   Il est impossible que tu _____.

Nom _____ Date _____

Leçon 7B.2

GRAMMAR QUIZ II
Review of the subjunctive

1 Imaginez Write complete sentences to describe these images using the expressions provided.
(4 x 1 pt. each = 4 pts.)

1. jusqu'à ce que   2. avoir peur que   3. il est clair que   4. il est douteux que

1. _____

2. _____

3. _____

4. _____

2 Des conseils Write four pieces of advice to give parents regarding their children's television habits. Use four verbs in the subjunctive. (8 pts.)

_____

_____

_____

_____

_____

_____

_____

3 Qu'est-ce que je fais? You have been invited to spend the summer in Europe with a friend and his/her family. You want to go, but are not sure what your parents will think of the idea. Write an e-mail to a relative asking for advice. Use four verbs in the subjunctive. (8 pts.)

_____

_____

_____

_____

_____

_____

_____

_____

Nom _____ Date _____

Unité 7
Leçon 7B

LESSON TEST I

1   Conversations Listen to the conversations and select the most logical continuation for each.
(5 x 4 pts. each = 20 pts.)

1. a. Au théâtre.
    b. À la librairie.
    c. Au musée.

2. a. Je n'aime pas ses peintures.
    b. C'est une écrivaine très douée.
    c. Je l'ai vue à la télé.

3. a. Un documentaire.
    b. Un roman.
    c. Une peinture.

4. a. Mais il y a des chefs-d'œuvre!
    b. Mais il y a des émissions!
    c. Mais il y a des nouvelles!

5. a. Mais non, il y a un documentaire gratuit qu'on présente.
    b. Mais non, il y a un écrivain célèbre qui signe son dernier roman.
    c. Mais il y a des œuvres fantastiques dans le parc.

2 Un festival Look at the illustrations of the arts festival. Describe what is going on using two complete sentences for each. (2 x 6 pts. each = 12 pts.)

1.

2.

1. _____
   _____
   _____

2. _____
   _____
   _____

3 Qu'est-ce qu'on fait? Everyone is talking about their upcoming plans. Complete the sentences with the correct form of the verbs in parentheses. (8 x 3 pts. each = 24 pts.)

1. Julien et moi, on voudrait aller en vacances, mais nous devons étudier jusqu'à ce que nous _____ (passer) le bac.

2. Thomas va à la plage, à moins qu'il _____ (faire) mauvais. Dans ce cas, il restera ici pour _____ (gagner) un peu d'argent.

3. Pour moi, il faut que je _____ (réfléchir) avant que vous _____ (prendre) une décision finale.

4. Corinne rendra visite à quelques copains, à condition qu'ils _____ (être) libres.

5. Eh Pierre, est-ce que tu _____ (vouloir) voir l'exposition au musée avant qu'elle (partir)?

4 **Deux voix** Two opposing voices in Adiva's head are trying to persuade her to see things their way. Complete the sentences with the correct form of the indicative, the subjunctive, or the infinitive of the verbs in parentheses. (8 x 3 pts. each = 24 pts.)

Voix 1 dit:

Adiva, je ne pense pas que ce (1) _____ (être) une bonne idée de dormir si tard. Il faut que tu (2) _____ (réussir) ton bac la semaine prochaine. Tu ne dois pas (3) _____ (dormir) jusqu'à onze heures! Il faut étudier jusqu'à ce que tu ne (4) _____ (pouvoir) plus lire un mot.

Voix 2 dit:

Adiva, je suis content que tu (5) _____ (s'amuser). Tu dois manger autant que tu (6) _____ (vouloir). Tu peux étudier un peu, à condition que tu ne te (7) _____ (faire) pas mal aux yeux. Et puis, tu sais, je doute que tu (8) _____ (être) reçu à l'examen.

5 **À vous!** Write a paragraph of at least five sentences in which you talk about what you like and don't like to do for entertainment. Tell the types of films and television programs you like and don't like, and if you like to go to museums, or read, and why. (20 pts.)

_____

_____

_____

_____

_____

_____

_____

Unité 7
Leçon 7B

LESSON TEST II

1 Conversations Listen to the conversations and select the most logical continuation for each.
(5 x 4 pts. each = 20 pts.)

1. a. Un drame psychologique.
   b. Une critique.
   c. Un feuilleton.

2. a. Un roman.
   b. Les nouvelles.
   c. Une peinture.

3. a. Oui, ce peintre est vraiment doué.
   b. Oui, ce poète est vraiment doué.
   c. Oui, cette sculptrice est vraiment douée.

4. a. Bon, j'y vais à condition qu'il y ait de la bonne musique.
   b. D'accord! J'y vais, à condition qu'on n'aille pas au musée.
   c. Bon, j'y vais, à condition qu'on aille au cinéma après!

5. a. Excellente idée! Il est sûr qu'on va voir des chefs-d'œuvre!
   b. Bonne idée! C'est une œuvre magnifique!
   c. Superbe idée! Il est certain qu'il va lire un de ces contes récents.

2   Un festival Look at the illustrations of an arts festival. Describe in detail what you see in each scene. Use three sentences for each description. (6 x 2 pts. each = 12 pts.)

1.

2.

1. _____

_____

_____

2. _____

_____

_____

3   Que fait-on? Everyone is talking about their upcoming plans. Complete the sentences with the correct form of the verbs in parentheses. (8 x 3 pts. each = 24 pts.)

1. Je ne pars pas en vacances, à moins que vous _____ (venir) avec moi.

2. Lily et Étienne vont à la montagne pour faire du ski, à condition qu'il _____ (faire) beau.

3. Karine lit toutes les brochures de vacances avant de _____ (décider) où aller.

4. Nous irons rendre visite à nos cousins en Italie, à condition qu'ils _____ (vouloir) nous voir.

5. Mes copains me donnent leurs adresses pour que je _____ (pouvoir) leur envoyer des cartes postales.

6. Alain n'ira pas à Londres avec toi, à moins que tu _____ (connaître) bien la ville.

7. Annie, je reste ici jusqu'à ce que tu _____ (être) prête.

8. Lola et Michel iront avec vous, à condition que vous _____ (prendre) le train.

4   Deux voix Two opposing voices in Paul's head are trying to persuade him to see things their way. Complete the sentences with the correct form of the indicative, the subjunctive, or the infinitive of the verbs in parentheses. (8 x 3 pts. each = 24 pts.)

Voix 1 dit:

Paul, je ne pense pas que tu (1) _____ (pouvoir) aller à la fête ce week-end. Il vaut mieux que tu (2) _____ (se préparer) pour les examens. Il est essentiel que tu (3) _____ (faire) tes devoirs avant de t'amuser! Tu ne crois pas que le succès (4) _____ (venir) aux gens qui ne travaillent pas, n'est-ce pas?

Voix 2 dit:

Paul, il est bon que tu (5) _____ (sortir) avec tes copains. J'ai peur que tu (6) _____ (avoir) trop de travail. Ne t'inquiète pas! Je doute que les examens (7) _____ (être) difficiles. Il est très important que tu (8) _____ (savoir) t'amuser!

5   À vous! Write a paragraph of at least five sentences in which you talk about what you like and don't like to do for entertainment. Tell the types of films and television programs you like and don't like, and if you like to go to museums, or read, and why. (20 pts.)

_____

_____

_____

_____

_____

Unité 7
Leçons A et B

UNIT TEST I

1 **Conversations** Listen to each statement or question and select the most logical answer.
   (6 x 1 pt. each = 6 pts.)

   1. a. Oui, le concert est fini.
      b. Oui, les acteurs sont partis.
      c. Oui, le spectacle va commencer.

   2. a. Pourquoi? J'aime bien les concerts de rock.
      b. Pourquoi? J'aime les peintures de Rembrandt.
      c. Pourquoi? J'aime les tragédies aussi.

   3. a. Ah bon? Moi, j'adore les ballets.
      b. Oh! J'adore les musées.
      c. Ah? Et comment étaient les chanteurs?

   4. a. Il joue le rôle d'un avocat.
      b. Il danse avec ses partenaires.
      c. Il chante dans un chœur.

   5. a. Oui, il jouait de la batterie avec son groupe.
      b. Oui, il copiait un tableau.
      c. Oui, il organisait son propre festival de jazz.

   6. a. On sort sans faire de bruit.
      b. On achète son ticket où?
      c. On écrit une pièce de théâtre.

2 Carrières Complete each statement with an appropriate word or phrase from the list.
(10 x 1 pt. each = 10 pts.)

compositeur	peintres
danseuse	poétesse
écrivaine	troupe
metteur en scène	réalisatrice
orchestre	sculpteur

1. Clémence a écrit plusieurs romans. _____, c'est sa profession.

2. Jean-Michel écrit de la musique de films. Il est _____.

3. Beaucoup de gens font de la peinture en amateur, mais peu sont de vrais _____.

4. Omar est membre d'une _____ de théâtre. C'est un acteur professionnel.

5. Cette _____ a fait des comédies et des films de genre.

6. Plusieurs dramaturges veulent travailler avec ce _____, mais il ne s'occupe que des pièces qu'il écrit lui-même.

7. Cette _____ écrit surtout des poèmes, mais aussi parfois des chansons.

8. Cette grande _____ a travaillé avec les chorégraphes les plus prestigieux et dans les plus beaux ballets.

9. Sandrine joue du violon dans un _____ classique de 25 musiciens.

10. Michelangelo était un peintre et un _____ de la Renaissance. Il a sculpté *David* en 1501.

3 Nos œuvres Complete each sentence with the correct possessive pronoun. (10 x 1 pt. each = 10 pts.)

Modèle

J'aime les tableaux que tu fais, mais je n'aime pas *les siens*. (à lui)

1. J'ai lu votre roman, monsieur, mais est-ce que vous avez lu _____? (à moi)

2. Nous avons applaudi votre pièce, mais pas _____. (à eux)

3. Vous préférez vos auteurs ou _____? (à nous)

4. Je vous présente ma réalisatrice, et voici _____ qui arrive aussi. (à vous)

5. Préfèrent-ils nos places ou _____? (à eux)

6. Je n'écoute aucune critique excepté _____. (à elle)

7. Il se souvient plus facilement de ses œuvres à lui que _____. (à toi)

8. Un jour comme celui-là, nous pensons à ses poèmes et _____. (à toi)

9. Ils sont plus fiers de cet opéra que _____. (à nous)

10. Je vais chanter à mon concert et _____. (à elle)

Unité 7 Unit Test I

4 Les artistes Complete each sentence with the subjunctive of the verb in parentheses.
(12 x 1 pt. each = 12 pts.)

1. Mathieu a peur que personne ne _____ (comprendre) sa peinture.

2. Ce dramaturge doute que les spectateurs _____ (venir) voir ses pièces.

3. Ce chanteur d'opéra ne pense pas qu'il _____ (être) assez bon acteur.

4. Marlène ne croit pas que les metteurs en scène la _____ (choisir) pour les meilleurs rôles.

5. Il est douteux que ce critique _____ (avoir) une bonne opinion de mon livre.

6. Il est possible que tes poèmes _____ (être) trop difficiles à comprendre.

7. Nous ne pensons pas que vous _____ (avoir) assez de talent.

8. Il n'est pas évident que la salle _____ (aimer) cet acteur et qu'elle l' _____ (applaudir) à la fin.

9. Il n'est pas certain que les places _____ (se vendre) bien.

10. Loïc doute que le musée _____ (présenter) ses sculptures et que celles-ci _____ (devenir) célèbres.

5 La culture Complete each sentence with the subjunctive of the verb in parentheses.
(5 x 2 pts. each = 10 pts.)

1. L'exposition n'aura pas lieu à moins que vous _____ (avoir) plus de tableaux à présenter.

2. Je vais à cette émission à condition que les critiques _____ (lire) mon livre.

3. Nous verrons cette exposition avant qu'elle _____ (partir) pour l'étranger.

4. Les gens achèteront ce roman à condition que les critiques _____ (être) bonnes.

5. Je voudrais voir ce film avant que vous me _____ (dire) comment il finit.

6 Activités culturelles Complete each sentence with the subjunctive of the verb in parentheses.
(10 x 1 pt. each = 10 pts.)

1. Mes parents aiment que j' _____ (apprendre) des poèmes et que je _____ (faire) de la musique.

2. J'ai bien peur qu'il _____ (vouloir) regarder des dessins animés toute la journée.

3. Je ne suis pas sûr que vous _____ (pouvoir) suivre l'histoire de ce feuilleton sans regarder tous les épisodes.

4. Il faut que tu _____ (aller) voir ce spectacle! Il est génial.

5. Est-il nécessaire que nous _____ (savoir) comment ça finit?

6. Samuel doute que vous _____ (vouloir) vraiment venir à son spectacle.

7. Il faut que nous _____ (aller) au musée et que nous _____ (visiter) cette exposition.

8. Il est nécessaire que vous _____ (apprendre) à danser.

Nom _____ Date _____

7 Subjonctif ou pas? Rewrite each sentence using the cues. Decide whether you need to use the subjunctive or not. (6 x 2 pts. each = 12 pts.)

> **Modèle**
>
> On va voir ce film. (Il faut que...)
> *Il faut qu'on aille voir ce film.*

1. Vous prenez des places pour ce spectacle. (Il est possible que...)

   _____

   _____

2. Nous sommes en retard. (Il est clair que...)

   _____

   _____

3. Ce dramaturge a beaucoup de succès. (Je ne crois pas que...)

   _____

   _____

4. La salle n'applaudit pas entre les morceaux. (Les chanteurs préfèrent que...)

   _____

   _____

5. Les spectateurs veulent voir des tragédies. (Les critiques pensent que...)

   _____

   _____

6. Les enfants de moins de douze ans peuvent voir ce film. (Je sais que...)

   _____

   _____

Nom _____ Date _____

8 L'affiche Finish the sentences to say what you think of this image. Use the words from the list.
(5 x 2 pts. each = 10 pts.)

actrice	chef d'œuvre	film d'horreur	image	peinture

1. Je doute que/qu'... _____

   _____

2. Je ne pense pas que/qu'... _____

   _____

3. Il est impossible que/qu'... _____

   _____

4. Il est évident que/qu'... _____

   _____

5. Je crois que/qu'... _____

   _____

9 À vous Write a paragraph to describe what kind of artistic or cultural activities you, your family,
and/or your friends enjoy. Mention which arts you practice and which ones you enjoy more as spectators.
(20 pts.)

_____

_____

_____

_____

_____

_____

_____

_____

_____

_____

Unité 7
Leçons A et B

UNIT TEST II

1   Conversations Listen to each statement or question and select the most logical answer.
(6 x 1 pt. each = 6 pts.)

1. a. Est-ce que les spectateurs ont aimé?
   b. Est-ce que les spectateurs ont détesté?
   c. Est-ce que les spectateurs ont applaudi?

2. a. C'est dommage. J'aime ce festival.
   b. C'est dommage. J'ai toujours rêvé de le voir en concert.
   c. C'est dommage. J'ai toujours voulu voir ces peintures.

3. a. Je préfère qu'on reste à la maison. J'ai un bon roman à lire.
   b. Je préfère que le spectacle ne finisse pas trop tard.
   c. Je préfère les films d'aventure aux films d'horreur.

4. a. Dimanche.
   b. Au Splendide.
   c. Celle de 20h00.

5. a. Non, les spectateurs ne sont pas venus.
   b. Non, la salle était pleine.
   c. Non, la salle était vide.

6. a. Il joue souvent dans ce genre de pièces.
   b. C'est une sorte de comédie.
   c. C'est un dramaturge doué.

Nom _____ Date _____

2 Les arts Write an appropriate word to complete each statement. (10 x 1 pt. each = 10 pts.)

1. Une pièce où l'histoire finit mal et où le personnage principal souffre s'appelle une

   _____.

2. À la fin du spectacle, les spectateurs _____.

3. Quand on va à un spectacle de danse, il vaut mieux avoir de bonnes _____ pour

   bien voir la scène.

4. Une histoire courte et fantastique qu'on raconte aux enfants est un _____.

5. Dans les expositions de peinture, on présente des _____.

6. Des gens qui répètent des chansons ensemble appartiennent à un _____.

7. Un _____ est un spectacle de musique. Il y a plusieurs genres, par exemple classique

   ou rock.

8. Une œuvre vraiment réussie est un _____.

9. Une pause entre deux parties d'un spectacle s'appelle un _____.

10. On ne paie pas son entrée dans un spectacle _____.

3 Nos œuvres Complete each sentence with the correct possessive pronoun. (10 x 1 pt. each = 10 pts.)

> **Modèle**
>
> Ces photos sont belles, mais moins que *les miennes*. (à moi)

1. J'ai fini mon tableau. Tu me montres _____? (à toi)

2. Mon roman est très long, mais pas autant que _____. (à elle)

3. Cette sculpture n'est pas aussi intéressante que _____. (à nous)

4. Regarde! Ma danse est encore plus drôle que _____. (à eux)

5. Dans cette exposition, nos peintures sont à côté _____. (à vous)

6. Les critiques s'occupent plus de son roman que _____. (à vous)

7. Nos danseurs sont doués, mais pas autant que _____. (à eux)

8. J'ai écrit un poème à ma sœur. Maintenant, je vais en écrire un à _____. (à toi)

9. Je peux parler de votre roman, mais pas _____. (à moi)

10. Vous pensez souvent à vos peintures et aussi _____. (à lui)

---

4 **Les médias** Complete each sentence with the subjunctive of the verb in parentheses.
(10 x 1 pt. each = 10 pts.)

1. Cette émission n'est pas enregistrée à moins qu'elle _____ (avoir) lieu
en province.

2. La pub passe avant que les infos _____ (commencer).

3. Je regarderai ce jeu télévisé à moins que vous _____ (passer) chez moi.

4. On montre ce documentaire pour que les gens _____ (découvrir) le sujet.

5. L'émission ne finit pas sans que des auditeurs (*listeners*) nous _____ (appeler).

6. Les Jacquard regardent la télé jusqu'à ce qu'il _____ (être) l'heure d'aller se coucher.

7. Tu peux finir ce dessin animé à condition que tu _____ (travailler) après.

8. Le matin, je leur mets la radio pour qu'ils _____ (se lever).

9. Ces émissions-là ne sont pas intéressantes à moins qu'on _____ (adorer) la chanson
française.

10. On gardera ce feuilleton à condition que les téléspectateurs l' _____ (aimer).

5 **Activités culturelles** Complete each sentence with the subjunctive of the verb in parentheses.
(10 x 1 pt. each = 10 pts.)

1. Tu ne veux pas qu'on _____ (aller) au cinéma ce soir?

2. Il est douteux que cet opéra _____ (pouvoir) te plaire (*please you*).

3. Nous ne sommes pas sûrs que le metteur en scène _____ (être) dans la salle ce soir.

4. Je ne pense pas que cet orchestre _____ (vouloir) jouer en Russie.

5. Il est possible que cette comédie musicale _____ (faire) un gros succès à Genève.

6. Il faut que les enfants _____ (aller) à ce festival cet été.

7. Mme Musso souhaite que nous _____ (faire) un magazine de qualité.

8. Il est possible que vous _____ (vouloir) étudier les beaux-arts.

9. Il faut que vous _____ (prendre) des cours de dessin et d'art plastique.

10. Je suis contente que les lycéens _____ (pouvoir) profiter de notre musée.

6   Subjonctif ou pas? Rewrite each sentence using the cues. Decide whether you need to use the subjunctive or not. (6 x 2 pts. each = 12 pts.)

> *Modèle*
>
> Vous restez jusqu'à la fin. (Il faut que...) *Il faut que vous restiez jusqu'à la fin.*

1. C'est son chanteur préféré. (Il est évident que...)

    _____

2. Ils font de la variété. (On ne pense pas que...)

    _____

3. Vous voulez passer à la télé. (Je doute que...)

    _____

4. On vient voir ton concert jeudi soir. (Il est certain que...)

    _____

5. Ce théâtre va fermer. (Ils savent que...)

    _____

6. Vous allez jouer à Paris. (Il est possible que...)

    _____

7   L'affiche Complete each sentence to say what you think of this image. Use the words and phrases from the list. (5 x 2 pts. each = 10 pts.)

acteur	chef d'œuvre	film d'horreur	histoire	voir

1. Je crois que/qu'... _____

    _____

2. Je doute que/qu'... _____

    _____

3. Il est possible que/qu'... _____

    _____

4. Il est clair que/qu'... _____

    _____

5. Je ne pense pas que/qu'... _____

    _____

8 Questions personnelles Answer each question with a complete sentence. (6 x 2 pts. each = 12 pts.)

1. Regardes-tu souvent les informations?

_____

_____

2. Aimes-tu la météo? Pourquoi?

_____

_____

3. Quels genres de programmes télé préfères-tu? Les regardes-tu à la télé ou sur Internet?

_____

_____

4. Vas-tu souvent au spectacle? Quels genres de spectacle?

_____

_____

5. Connais-tu un spectacle gratuit? Lequel?

_____

_____

6. À quel genre de spectacle ne vas-tu jamais, ou pas souvent?

_____

_____

9 À vous Do you believe that art is important? Does your community support the arts? Write a paragraph in which you describe the cultural offerings in your area and whether you think that these offerings are important to your community. (20 pts.)

_____

_____

_____

_____

_____

_____

_____

_____

_____

_____

_____

_____

_____

_____

_____

_____

Nom _____ Date _____

OPTIONAL TESTING SECTIONS
Unité 7
Leçon 7A
ROMAN-PHOTO

1 **Expliquez** Explain what is happening in each of these photos according to the **Roman-photo**.

1. _____
   _____
   _____

1.

2. _____
   _____
   _____

2.

3. _____
   _____
   _____

3.

Leçon 7B
ROMAN-PHOTO

1 **Qui?** Indicate which character these statements describe. Write **R** for Rachid, **D** for David, **S** for Sandrine, **A** for Amina, and **St** for Stéphane.

_____ 1. Il/Elle rentre aux États-Unis demain.

_____ 2. Il/Elle étudie beaucoup.

_____ 3. Sa vraie passion, c'est faire la cuisine.

_____ 4. Il/Elle va participer à un défilé de mode à Paris.

_____ 5. Il/Elle a reçu son diplôme avec mention très bien.

Nom _____ Date _____

OPTIONAL TESTING SECTIONS
Unité 7

Leçon 7A
CULTURE

1 **Choisissez** Select the answer that best completes the statement or answers the question, according to the text.

1. Quel pourcentage de la population française assiste à un spectacle de théâtre au moins une fois par an?
   a. 20 pour cent
   b. 33 pour cent
   c. 50 pour cent

2. «Les Molières» sont…
   a. des récompenses (*awards*).
   b. des acteurs.
   c. des pièces.

3. Qui a créé la Comédie-Française?
   a. Napoléon
   b. Pierre Corneille
   c. Louis XIV

4. On sait que la représentation va commencer quand…
   a. on remarque que les lumières vacillent (*flicker*).
   b. un présentateur en fait l'annonce.
   c. on entend trois (ou six) coups.

5. Le raï est une musique très populaire…
   a. à l'île de la Réunion.
   b. en Algérie.
   c. au Québec.

6. Pour écouter le groupe Kassav, célèbre groupe de musique zouk, on va…
   a. au Sénégal.
   b. au Cameroun.
   c. aux Antilles.

7. Le premier acteur comique, auteur et metteur en scène de France est...
   a. Pierre Corneille.
   b. Jean Racine.
   c. Molière.

Leçon 7B
CULTURE

1 **Choisissez** Select the answer that best completes the statement, according to the text.

1. Le début officiel de l'art haïtien date de…
   a. 1704.
   b. 1804.
   c. 1904.

2. La peinture haïtienne est de style…
   a. toujours traditionnel.
   b. religieux.
   c. très varié.

3. On voit souvent des scènes de… dans l'art haïtien.
   a. guerre
   b. mer
   c. la vie quotidienne

4. Si on aime lire pour se détendre, on choisira…
   a. une nouvelle.
   b. un dico.
   c. un manuel.

5. Un art traditionnel du Burkina-Faso est…
   a. la poterie en terre cuite.
   b. les poupées.
   c. les tapisseries.

6. Le Cirque du Soleil est né…
   a. au Maroc.
   b. au Québec.
   c. aux Antilles.

7. Si on assiste à une représentation du Cirque du Soleil, on ne va pas voir…
   a. de clowns.
   b. d'animaux.
   c. de trapézistes.

OPTIONAL TESTING SECTIONS
Unité 7

FLASH CULTURE

1   **Choisissez** Using what you remember from **Flash culture**, select the answer that best completes each sentence.

1. Au cinéma Renoir, il y a La *Cloche* a sonné; c'est _____.
   a. une comédie dramatique
   b. un film policier
   c. un drame psychologique
2. Le film américain est en anglais, c'est _____.
   a. un feuilleton
   b. une version originale
   c. des chewing-gums
3. On achète ses tickets _____.
   a. à la fin
   b. à l'entracte
   c. au guichet
4. Le cinéma Renoir offre des prix _____ aux étudiants.
   a. réduits
   b. gratuits
   c. doués

PANORAMA

1 La France d'outre-mer Select the answer that best completes the statement or answers the question, according to the text.

1. La Guadeloupe et la Martinique se trouvent…
   a. dans la mer des Caraïbes.
   b. dans l'océan Indien.
   c. dans l'océan Pacifique.

2. Mayotte et la Réunion sont près…
   a. de l'Amérique du Sud.
   b. de Madagascar.
   c. de l'Australie.

3. … est à la fois une forme de musique, un chant et une danse de la Réunion.
   a. Le maloya
   b. Le reggae
   c. Le mbalax

4. Le volcan, la montagne Pelée, a tué beaucoup d'habitants…
   a. à Tahiti.
   b. à la Martinique.
   c. aux îles Tuamotu.

5. Grâce à sa situation géographique… est devenue un centre de recherches.
   a. la Guyane
   b. la Martinique
   c. la Guadeloupe

6. On étudie le changement climatique…
   a. à Mayotte.
   b. en Guadeloupe.
   c. en Guyane.

7. Mayotte est célèbre pour…
   a. son grand lagon.
   b. son centre spatial.
   c. sa musique.

8. L'auteur du texte *Moi, Tituba Sorcière*, Maryse Condé, parle de…
   a. la culture antillaise.
   b. la situation politique.
   c. la pollution des forêts tropicales.

OPTIONAL TESTING SECTIONS
Unité 7
Leçon 7A
LECTURE SUPPLÉMENTAIRE

1 **Des événements culturels** Read this excerpt from a weekly Paris events guide. Then answer the
questions using complete sentences.

> **Cette semaine à Paris**
>
> *Vive l'amour!* Spectacle / Comédie musicale. Plus de trente artistes, acteurs, chanteurs, danseurs,
> comédiens et musiciens.
>
> *La Légende du bateau bleu* Genre: Danse contemporaine. Le personnage principal, Noël, cherche
> un bateau qui a disparu[1] il y a cent ans, en Afrique… Le spectacle présente une troupe de dix jeunes
> danseurs venus du Sénégal. Billets en vente à la FNAC.
>
> **Mylène Farmer au Palais Omnisports de Paris Bercy** les 15 et 16 janvier.
> Prix des places: de 60 à 165 €. La célèbre chanteuse revient sur scène avec plus de 20 nouvelles
> chansons et un spectacle qui sera couvert d'applaudissements!
>
> *Ma femme est partie* Au Théâtre des Rosiers. Metteur en scène: Fabrice Laparte. Avec Cécile Hugo et Martial
> Petit. Un début classique pour une tragédie: Nina, la femme de Fred, le quitte pour son meilleur ami…
>
> *Les 4 saisons* de Vivaldi Concert, le 18 janvier à 20h30. La Maison des Arts présente *Les 4 saisons*
> par un orchestre de musique classique fondé par le célèbre violoniste Maurice Durand. Avec Gérard
> Lerain au piano.

[1] *disappeared*

1. Où peut-on sortir cette semaine si on aime le violon et la musique classique en général?

   _____

2. Dans quels spectacles va-t-il y avoir de la danse? _____

   _____

3. Quel genre de spectacle est Ma *femme est partie*? _____

   _____

4. Comment est décrit le spectacle de Mylène Farmer? _____

   _____

5. Que fait le personnage principal dans le spectacle de danse contemporaine? _____

   _____

6. Dans quel spectacle est-ce qu'il y a le plus d'artistes différents? _____

   _____

7. Dans quels spectacles va-t-on pouvoir écouter de la musique? _____

   _____

8. Quel spectacle avez-vous envie de voir? Pourquoi? _____

   _____

Nom _____ Date _____

Unité 7

Leçon 7B

LECTURE SUPPLÉMENTAIRE

1 Les programmes télévisés Read this excerpt from a French TV program. Then answer the questions that follow using complete sentences.

	Vendredi 19 décembre
	Votre après-midi et soirée télé
13.00	Journal télévisé : Toutes les actualités nationales et internationales
13.30	La météo de Mohammed Mezza
13.35	Du côté de chez soi : Le magazine de la maison et du jardin
14.35	Les critiques littéraires : Toute l'actualité littéraire du moment. Cette semaine : Kalif Addiba ou la tradition des contes africains
14.55	Vive Monet! Documentaire sur le peintre, avec découverte de ses chefs-d'œuvre au musée d'Orsay.
15.30	Inspecteur Mariel : Film policier de Luc Bernard, avec Noah Crochette. Une histoire passionnante!
17.30	Qui veut faire un voyage de rêve? Jeu télévisé animé par Sylvie Goncourt
18.00	Gros chiens-chiens (Dessin animé)
18.30	Rue des Lilas : Feuilleton français avec Martine Yvesse. Christine abandonne ses études à l'université pour devenir poétesse…
19.00	Des stars, encore des stars : Émission de variétés présentée par Yasmine Amani. Avec le chanteur Paul Richard, le danseur Marc Genêt et l'actrice Annie Germain.
20.30	Journal télévisé
21.00	Montréal 3010 : Film de science-fiction de Paul Marin, avec Nina Vanderbilt.

1. Qui est Kalif Addiba? Quel genre de livres écrit-il? _____
_____

2. Dans quelle émission pourrait-on voir de beaux tableaux? Quel musée pourrait-on visiter?
_____

3. Si on veut savoir le temps qu'il va faire en France, quel programme devrait-on regarder?
À quelle heure? _____
_____

4. Quel programme devrait-on regarder pour connaître les nouvelles d'aujourd'hui?
À quelle heure? _____
_____

5. Dans le feuilleton *Rue des Lilas*, on raconte (*tells*) l'histoire de qui? Que veut faire cette personne?
_____

6. Combien de films y a-t-il aujourd'hui à la télé? Quels sont les genres de ces films? _____
_____

7. Y a-t-il un programme pour les enfants aujourd'hui? Si oui, lequel? _____
_____

8. Quel genre de personnes participent à l'émission de variétés de Yasmine Amani? _____
_____

Unités 4–7
Leçons 4A–7B

EXAM I

1 À l'écoute Look at the four photos. You will hear various people make comments or ask questions. Select the scene that you would associate with each. (10 x 1 pt. each = 10 pts.)

A.

B.

C.

D.

1. A   B   C   D
2. A   B   C   D
3. A   B   C   D
4. A   B   C   D
5. A   B   C   D
6. A   B   C   D
7. A   B   C   D
8. A   B   C   D
9. A   B   C   D
10. A   B   C   D

2 L'environnement There are lots of problems we face on our planet. For each photo write two sentences. State what the problem is and why or how it happens. Then tell what can be done to solve it. (2 x 4 pts. each = 8 pts.)

1.

2.

1. _____

   _____

2. _____

   _____

3 Le bon mot Complete each sentence with the correct form of the appropriate verb from the list. (8 x 1 pt. each = 8 pts.)

apercevoir	croire	recevoir	s'apercevoir	voir

1. _____-moi. Cet ensemble te va très bien.

2. Justine _____ que son rendez-vous allait commencer dans quinze minutes.

3. Mes copains _____ un nouveau film au ciné tous les week-ends.

4. Est-ce que tu _____ l'e-mail que je t'ai envoyé hier?

5. Quand mes frères font une randonnée, ils _____ souvent des chevreuils (*deer*) dans la forêt.

6. Quand j'étais petit, je _____ que le Père Noël apportait les cadeaux.

7. Autrefois, on _____ le courrier à 10h30, mais maintenant le facteur arrive à 14h00.

8. Est-ce que tu _____ que tes voisins viennent de rentrer?

4 Pauvre planète Pierre has a very negative outlook and disagrees with everything Anne says. Complete each sentence with a negative expression based on the underscored words to rephrase each statement. Do no use **ne... pas**. (6 x 1 pt. each = 6 pts.)

1. <u>Tout le monde</u> va nous aider. Non, _____ va nous aider.

2. Les jeunes peuvent faire <u>beaucoup</u>. Non, ils _____ faire.

3. On fait <u>du</u> progrès. Non, on _____ progrès.

4. Nos amis nous aident <u>toujours</u>. Non, ils _____.

5. On peut améliorer le parc <u>et</u> le quartier. Non, on _____ le quartier.

6. On peut travailler ici <u>toute la journée</u>. Non, on _____ travailler ici.

Nom _____ Date _____

5 **Une nouvelle maison** Your family recently moved and you want to show your new home to friends. Complete the sentences with the correct form of the verb in parentheses. (6 x 1 pt. each = 6 pts.)

1. Dès que je/j' _____ (voir) cette maison, je l'ai adorée.

2. Quand mes parents _____ (lire) l'annonce dans le journal, ils ont tout de suite téléphoné à l'agent immobilier.

3. Je changerai la couleur des murs de ma chambre quand je/j' _____ (avoir) le temps.

4. J'aime bien que la cuisine soit juste là, dès qu'on _____ (entrer). C'est pratique!

5. Quand il fera beau, nous _____ (prendre) nos repas dans le jardin.

6. Et dès que je/j' _____ (arriver) chez moi le soir, j'irai me détendre sur le balcon.

6 **Au marché** You are at a market with your mother buying ingredients for dinner. Complete the conversation with the correct form of **lequel** or **celui**. (8 x 1 pt. each = 8 pts.)

—Tu sais, j'aime bien ces poivrons verts-ci, mais le marchand m'a recommandé (1) _____-là.

—(2) _____?

—Les poivrons rouges. C'est bon?

—Oui, bien sûr. Et pourquoi pas un oignon comme (3) _____-là aussi?

—D'accord, mais je préfère (4) _____-ci.

—(5) _____? Ah oui, il est plus gros.

—Tu as déjà acheté des tomates, comme (6) _____-ci?

—(7) _____? Oui, elles sont bonnes. Mais je crois qu'on en a besoin que d'une,

(8) _____-ci par exemple.

—Oui, d'accord.

7 **Trop de mots** Combine the two sentences in each item using a relative pronoun to eliminate redundancy. (6 x 1 pt. each = 6 pts.)

> **_Modèle_**

C'est le jeune homme. Ses parents connaissent mes parents.
C'est le jeune homme dont les parents connaissent mes parents.

1. J'ai trouvé le plan. J'avais besoin de ce plan.

   _____

2. Voilà la fille. Je voulais rencontrer cette fille.

   _____

3. Voilà la calculatrice. Elle était sur le bureau hier.

   _____

4. Mon frère a acheté une voiture. Il avait envie de cette voiture.

   _____

5. Voilà le placard. J'ai trouvé le dictionnaire dans ce placard.

   _____

6. Patrick sort avec un copain. Je trouve son copain pénible.

   _____

8   Si seulement... Use these cues below to express your wishes that things could be better, using a **si** clause for each. (6 x 1 pt. each = 6 pts.)

> *Modèle*
>
> mes parents / me rendre visite *Si seulement mes parents me rendaient visite!*

1. ta chambre / être plus grande

_____

2. mes parents / pouvoir acheter une nouvelle voiture

_____

3. une nouvelle boulangerie / ouvrir dans le quartier

_____

4. je / avoir un poste bien payé

_____

5. mon petit frère / toujours croire au Père Noël

_____

6. je / manger mieux

_____

9   Tout dépend Complete each of the conditions below with the verbs in parentheses. (7 x 1 pt. each = 7 pts.)

1. Si j'étais riche, je/j' _____ (aller) en Australie.

2. Si tu achetais un nouvel ordinateur, tu m' _____ (offrir) le tien?

3. Si Gabriel envoyait beaucoup d'e-mails, il _____ (espérer) en recevoir beaucoup.

4. Si nous trouvions un emploi, nous _____ (s'acheter) une voiture.

5. Si on nettoyait la forêt, ça _____ (prévenir) les incendies.

6. Si je dépensais trop d'argent au début du mois, je n'en _____ (avoir) pas assez à la fin.

7. Si tu jouais bien au tennis, tu _____ (être) célèbre.

10   Tout est relatif You went to an arts festival yesterday and liked it so much that today you are bringing your friend Lise. Complete the paragraph with the correct relative pronouns: **que**, **qui**, **dont**, or **où**. (7 x 1 pt. each = 7 pts.)

    Viens vite, Lise. Il y a toute sorte de choses (1) _____ je veux te montrer. D'abord, la sculptrice (2) _____ je t'ai parlé hier a presque fini son chef-d'œuvre. Tu la vois? C'est elle (3) _____ travaille la pierre. Et il y a une salle d'exposition près de la porte (4) _____ se trouve la grande plante verte, (5) _____ on peut voir les tableaux de plusieurs artistes, célèbres et locaux. Par là, il y a une petite salle (6) _____ on peut voir de nouveaux films, mais il faut des tickets. Zut! Où est-ce que j'ai mis les tickets (7) _____ on a besoin! Ah, les voilà! On y va?

11 On n'est jamais sûr Louis and Karine are talking about people's habits in their family. Complete these sentences with the appropriate form of the verb in parentheses. (6 x 1 pt. each = 6 pts.)

1. Je ne pense pas qu'Axel _____ (faire) la vaisselle quand Maman n'est pas là.

2. Je suis certain qu'Axel et toi, vous _____ (choisir) d'aller au ciné au lieu de ranger vos chambres.

3. Il est impossible que Papa _____ (prendre) le petit-déjeuner tout seul.

4. Il n'est pas vrai qu'Axel et toi _____ (détester) les plantes.

5. Il est clair que tu _____ (sortir) souvent le soir.

6. Je doute que Maman et Papa _____ (aller) au marché le samedi matin.

12 Les miens Randolphe keeps comparing himself to others. Complete each sentence with the correct possessive pronoun based on the cues in parentheses. (5 x 1 pt. each = 5 pts.)

1. Ma voiture freine mieux que _____ (la voiture de Sylvain).

2. Mes yeux ressemblent _____ (à tes yeux).

3. Mon prof est plus intéressant que _____ (le prof de Yacine et de ses amis).

4. Mes pieds ont l'air grand à côté _____ (des pieds de Perrine).

5. Mes photos de vacances sont aussi intéressantes que _____ (tes photos et celles de tes amis).

13 Sinon… Express whether these activities will take place by completing each sentence with the correct conjunction. (6 × 1 pt. each = 6 pts.)

1. Il faut que je fasse mes devoirs _____ (*before*) de sortir.

2. Je te prête ce roman _____ (*provided that*) tu le lises avant de voir le film.

3. Il ne peut pas courir dix kilomètres _____ (*without*) boire de l'eau.

4. Je ne peux pas aller au Sénégal _____ (*unless*) je gagne de l'argent.

5. Il faut étudier _____ (*until*) j'apprenne à parler chinois correctement.

6. Je fais souvent de l'exercice _____ (*in order to*) maigrir.

14 **À vous!** What do you think your life will be like ten years from now? Write a paragraph telling where you will be living, what kind of job you will have, whether you will be married and have children, how you will spend your time, and what you will be doing to help make the world a better place. (11 pts.)

_____

_____

_____

_____

_____

_____

_____

_____

_____

_____

_____

_____

_____

_____

_____

_____

_____

_____

_____

_____

_____

_____

 Unités 4–7 Exam I

Unités 4–7
Leçons 4A–7B

EXAM II

1 À l'écoute Look at the four photos. You will hear various people make comments or ask questions. Select the scene that you would associate with each. (10 x 1 pt. each = 10 pts.)

A.

B.

C.

D.

1. A   B   C   D
2. A   B   C   D
3. A   B   C   D
4. A   B   C   D
5. A   B   C   D
6. A   B   C   D
7. A   B   C   D
8. A   B   C   D
9. A   B   C   D
10. A   B   C   D

2   L'environnement There are lots of problems we face on our planet. For each photo write two sentences. State what the problem is and why or how it happens. Then tell what can be done to solve it.
(2 x 4 pts. each = 8 pts.)

1.   2.

1. _____
   _____
2. _____
   _____

3   Le bon mot Complete each sentence with the correct form of the appropriate verb from the list.
(8 x 1 pt. each = 8 pts.)

apercevoir	croire	recevoir	s'apercevoir	voir

1. De leur appartement, nos voisins _____ la montagne.
2. Est-ce que vous _____ un film hier soir avec Ahmed?
3. Je te téléphonerai dès que je/j' _____ ton paquet.
4. Tu _____ qu'il va faire beau demain pour le pique-nique?
5. Monsieur Lafleur _____ qu'il fallait faire la queue.
6. Ce week-end, nous _____ une comédie musicale.
7. Je/J' _____ ta lettre cet après-midi.
8. Est-ce que vous _____ aux miracles?

4   Pauvre planète Ghislaine has a very negative outlook and disagrees with everything Paul says. Complete each sentence with a negative expression based on the underscored words to rephrase each statement. Do no use **ne... pas**. (6 x 1 pt. each = 6 pts.)

1. Le gouvernement fait <u>tout ce que nous voulons</u>. Non, il _____ ce qu'il veut.
2. On peut faire <u>quelque chose</u> pour aider. Non, on _____ faire.
3. On protège <u>la Terre et les animaux</u>. Non, on _____ les animaux.
4. Les étudiants écrivent <u>à quelqu'un</u> pour les aider. Non, ils _____ pour les aider.
5. Je travaille <u>souvent</u> pour une bonne cause. Non, tu _____ pour une bonne cause.
6. On prévient <u>des</u> catastrophes. Non, on _____ catastrophe.

Nom _____ Date _____

5 Le monde du travail Friends are talking about entering the work force. Complete each sentence with the correct form of the verb in parentheses. (6 x 1 pt. each = 6 pts.)

1. Olivier postera son CV dès qu'il _____ (pouvoir).

2. Quand j'aurai le temps, je t' _____ (écrire) une lettre de recommandation.

3. Louna et Annick _____ (se mettre) à chercher du travail quand elles n'auront plus d'argent.

4. Tu _____ (ouvrir) ton courrier dès que tu rentreras chez toi.

5. Dès que vous passerez l'entretien, on vous _____ (indiquer) le salaire.

6. Lis immédiatement les annonces dès que tu _____ (recevoir) le journal.

6 Au supermarché You are at the supermarket with your father buying ingredients for dinner. Complete the conversation with the correct form of **lequel** or **celui**. (8 x 1 pt. each = 8 pts.)

—Bon. De quoi est-ce qu'on a besoin pour le dîner ce soir? Ah! D'œufs pour la quiche, bien sûr!

—Oui, mais (1) _____?

—(2) _____-ci. Les bruns. On devrait prendre aussi des saucisses.

—(3) _____-ci ont l'air bonnes. Prenons-en. Tu veux un poivron aussi?

—Oui, mais je préfère (4) _____-là. Il a l'air plus frais (*fresh*) que le rouge.

—D'accord. Quoi d'autre? On devrait acheter une salade pour aller avec, mais

  (5) _____?

—(6) _____-ci. La qualité est meilleure.

—Et pour le dessert? On fait une tarte? Tiens, achetons des pommes.

—(7) _____? Les vertes?

—(8) Oui, _____-là.

7 Trop de mots Combine the two sentences in each item using a relative pronoun to eliminate redundancy. (6 x 1 pt. each = 6 pts.)

> *Modèle*
>
> Andrée et Lise vont au café. Le café se trouve près du lycée.
> *Andrée et Lise vont au café qui se trouve près du lycée.*

1. Vous avez trouvé le livre. Vous cherchiez ce livre.
   _____

2. Il y a des soldes sur les jeux vidéo. Vous voulez acheter ces jeux vidéo.
   _____

3. Voici le logiciel. J'ai besoin de ce logiciel.
   _____

4. Guillaume a un nouvel ordinateur. Le nouvel ordinateur a un écran géant.
   _____

5. Lola va à la banque. J'ai ouvert un compte de chèques à cette banque.
   _____

6. J'ai un chien. Mon frère n'aime pas mon chien.
   _____

Nom _____ Date _____

8 Si seulement… Use the cues and a **si** clause to express your wishes that things could be better.
(6 x 1 pt. each = 6 pts.)

1. cette entreprise / t'embaucher

_____

2. tout le monde / ne pas gaspiller

_____

3. je / obtenir ce poste

_____

4. je / découvrir un nouveau pays chaque année

_____

5. je / moins souffrir pour maigrir

_____

6. savoir faire de la peinture

_____

9 Tout dépend Many things depend on something else happening first. Express this by completing each of the conditions below with the verbs in parentheses. (7 x 1 pt. each = 7 pts.)

1. Si Madeleine écrivait à ses copains, elle _____ (recevoir) des réponses.

2. Si vous achetiez une nouvelle voiture, vous me _____ (vendre) la vôtre?

3. Si j'étais célèbre, je/j' _____ (être) riche.

4. Si j'avais assez d'argent, j' _____ (acheter) ce logiciel.

5. Si tu _____ (travailler) pour une entreprise différente, tu gagnerais plus d'argent.

6. Si nous _____ (faire) le plein d'essence souvent, nous ne tomberions pas en panne.

7. Si le gouvernement proposait de meilleures solutions, ça _____ (améliorer) la situation.

10 Tout est relatif You went to an arts festival yesterday and liked it so much that today you are bringing your friend Yannick. Complete the paragraph with the correct relative pronouns. (7 x 1 pt. each = 7 pts.)

Yannick, je suis sûr que tu vas aimer ce festival. C'est incroyable! Il a lieu dans le même bâtiment (1) _____ nous avons vu l'exposition d'art africain le mois dernier. Tu t'en souviens? Bon. Et la femme peintre (2) _____ je t'ai parlé hier? Celle (3) _____ peint à l'aquarelle (*watercolor*)? Toutes ses œuvres sont là! En plus, il y a aura des poètes (4) _____ tu vas vraiment aimer. Et je ne devrais pas oublier la poétesse (5) _____ a gagné le grand concours de poésie féministe l'année dernière; elle sera là aussi! Il y a aussi une petite boutique (6) _____ on peut acheter toutes sortes de cadeaux. Tu vas sans doute trouver quelque chose (7) _____ tu pourras offrir à Sonia pour son anniversaire. Allons-y!

Nom _____ Date _____

11 On n'est jamais sûr Laure and Loïc are talking about people's habits in their family. Complete these comments with the appropriate form of the verb in parentheses. (6 x 1 pt. each = 6 pts.)

1. Je ne crois pas que tu _____ (savoir) repasser le linge.

2. Il est évident que Papa _____ (ne pas avoir) envie de se lever le matin.

3. Il est douteux que Papa _____ (sortir) la poubelle quand Maman n'est pas là.

4. Il n'est pas certain que Léa et Maman _____ (être) à l'heure.

5. Je sais que Léa et toi, vous _____ (éteindre) les appareils électroniques avant de sortir.

6. Il est sûr que Léa _____ (gaspiller) beaucoup d'eau quand elle prend sa douche.

12 Comme le sien Three siblings are talking about how things are at home. Complete the sentences with the correct possessive pronoun based on the cues in parentheses. (5 x 1 pt. each = 5 pts.)

1. Je préfère mon pull _____ (à ton pull).

2. Ma chambre est juste en face _____ (de ta chambre).

3. Notre appartement est moins grand que _____ (l'appartement des voisins).

4. Je parle aussi souvent à mes amis que vous _____ (à vos amis).

5. Je me souviens mieux de leur numéro de téléphone que _____ (de notre numéro).

13 Sinon… Tell under what conditions the following activities will take place by completing each sentence with the correct conjunction. (6 x 1 pt. each = 6 pts.)

1. Je n'irai pas au restaurant _____ (*unless*) tu viennes avec moi.

2. Marc court souvent _____ (*in order to*) devenir plus rapide.

3. Mes parents ne démarrent pas la voiture _____ (*before*) nous attachions nos ceintures.

4. Je te prête mon portable _____ (*provided that*) tu me le rendes demain.

5. Estelle ne quitte jamais l'appartement _____ (*without*) tu le saches.

6. Vous restez ici _____ (*until*) je revienne.

14 **À vous!** Where do you think your French instructor will be ten years from now? Write a paragraph predicting his or her professional, economic, social, and romantic future. (11 pts.)

_____

_____

_____

_____

_____

_____

_____

_____

_____

_____

_____

_____

_____

_____

_____

_____

_____

_____

_____

_____

_____

_____

_____

_____

Nom _____ Date _____

Unités préliminaire–7
Leçons PA–7B

EXAM I

1 **À l'écoute** Look at the four photos. You will hear various people making comments or asking questions. Select the scene that you would associate with each. (10 x 1 pt. each = 10 pts.)

A.

B.

C.

D.

1. A   B   C   D
2. A   B   C   D
3. A   B   C   D
4. A   B   C   D
5. A   B   C   D
6. A   B   C   D
7. A   B   C   D
8. A   B   C   D
9. A   B   C   D
10. A   B   C   D

2 **Qui est-ce?** Richard and Matthieu are at a party. Richard spots a girl he would like to meet. Complete their conversation with the correct form and appropriate tense of **savoir**, **connaître**, or **reconnaître**. (6 x 1 pt. each = 6 pts.)

RICHARD Tu (1) _____ la fille là-bas? Celle qui parle à Annick?

MATTHIEU Oui, je l'(2) _____ à Lyon. C'était la copine de Mahmoud.

RICHARD Ah bon. Tu (3) _____ son numéro de téléphone?

MATTHIEU Non, mais je (4) _____ sa maison si je la voyais encore une fois.

RICHARD Comment ça?

MATTHIEU Tu (5) _____ l'énorme maison, près de la place d'Italie?

RICHARD Oui, pourquoi?

MATTHIEU Je/J' (6) _____ que c'est là où elle habite, parce que je l'ai raccompagnée chez elle une fois!

3 **Au pique-nique** Béatrice and her friends had a picnic last weekend. Complete her story about what happened using the **passé composé** or the **imparfait** of the verbs in parentheses. (8 x 1 pt. each = 8 pts.)

Samedi dernier, je/j'(1) _____ (décider) d'organiser un pique-nique. Il y

(2) _____ (avoir) sept personnes. Il (3) _____ (faire) très beau.

D'abord, nous (4) _____ (se promener). Puis, nous (5) _____

(nager) dans le lac. Après ça, Patrick et Bernard (6) _____ (avoir) faim, alors ils

(7) _____ (préparer) le déjeuner. On (8) _____ (s'amuser bien).

4 **Souhaits** You cannot always do what you want. Express this by completing these statements with the correct forms of **vouloir**, **pouvoir**, or **devoir**, as indicated. Pay attention to context for which verb tense to use. (8 x 1 pt. each = 8 pts.)

1. Aujourd'hui, Éric et Guillaume _____ (vouloir) nous rendre visite, mais ils _____ (ne pas pouvoir).

2. Je _____ (devoir) travailler aujourd'hui, mais je _____ (ne pas vouloir) vraiment.

3. Autrefois, tu _____ (pouvoir) faire tout ce que tu _____ (vouloir), mais plus maintenant.

4. Hier, il _____ (devoir) payer l'addition, mais il _____ (ne pas vouloir).

5 Quelle vie! Compare high school students (**lycéens**) with college students (**étudiants**). Write complete sentences with the verb **être**. Make all necessary agreements. (6 x 1 pt. each = 6 pts.)

1. les lycéens / – intellectuel / les étudiants

_____

2. les étudiants / + responsable / les lycéens

_____

3. les étudiants / = manger bien / les lycéens

_____

4. les étudiants / + bon élève / les lycéens

_____

5. les lycéens / + étudier / les étudiants

_____

6. les lycéens / = intéressant / les étudiants

_____

6 Choses à faire Everyone is bothering you to get things done. Answer the questions by saying that each has already been done or that you will do it now. Use double object pronouns in your answers and make all necessary agreements. (6 x 1 pt. each = 6 pts.)

1. Tu as envoyé le colis à tes parents?

Oui, je _____.

2. Tu as posé ces questions au prof?

Oui, je _____.

3. Tu as acheté cette calculatrice à Paul?

Oui, je _____.

4. Tu nous as préparé le dîner?

Oui, je _____.

5. Tu m'achètes cette glace?

Bien sûr, je _____.

6. Tu as montré les photos de Québec à tes amis?

Oui, je _____.

7 Quelle partie du corps? Read the short description and then identify which body part is being described. Include the definite article. (7 x 1 pt. each = 7 pts.)

1. On mange et on parle avec: _____

2. Le pied en a cinq: _____

3. C'est entre le corps et la tête: _____

4. On plie (*bend*) la jambe avec: _____

5. On voit avec: _____

6. C'est sur le visage, entre le nez et l'oreille: _____

7. Ça couvre tout le corps: _____

8 C'est déjà fait? Answer these questions in the affirmative using one or more object pronouns and/or the pronouns **y** and **en**. Make any necessary agreements. (6 x 1 pt. each = 6 pts.)

1. Est-ce que Hatim a commandé des frites? _____

2. Est-ce que tu réfléchis souvent à ton avenir? _____

3. Est-ce que Nathalie t'a montré ses photos de Paris? _____

4. Est-ce que Fatou a beaucoup de devoirs ce soir? _____

5. Est-ce que Gwénaëlle a donné la clé à Raphaël? _____

6. Est-ce que Marta est allée au cinéma? _____

9 Hier, chez les Bousquet Describe yesterday's routine at the Bousquet household. Use the verbs in parentheses in the **passé composé**. (7 x 1 pt. each = 7 pts.)

1. Jérémy et Michel Bousquet _____ (se réveiller) tard. Ils allaient rater le bus!

2. Madame Bousquet _____ (se mettre en colère) parce qu'ils n'ont pas mangé avant de partir.

3. Tout à coup, elle _____ (se rendre compte) que c'était dimanche et qu'il n'y avait donc pas d'école.

4. Monsieur Bousquet _____ (s'apercevoir) de la même chose, au même moment.

5. Il dit à sa femme «Chérie, tu _____ (se tromper) de jour!»

6. Quelques minutes plus tard, les deux garçons _____ (se regarder).

7. Ils _____ (se dire) «Super, on peut aller se recoucher!»

10 Quel verbe? Complete these sentences with the correct form of the appropriate verb from the list. Use the adverbs and prepositional phrases to determine which tense to use. (6 x 1 pt. each = 6 pts.)

croire	offrir	ouvrir	pouvoir	recevoir	voir

1. Je ne _____ pas tes lunettes. Tu es sûr que tu les as laissées chez moi?

2. Pendant que tu étais en vacances, tu _____ beaucoup d'e-mails.

3. Quand Mélissa sera plus grande, nous lui _____ un beau vélo.

4. Pour cette leçon, _____ vos livres à la page 140.

5. Est-ce que vous _____ me prêter un stylo, s'il vous plaît?

6. Il est clair que Simon _____ tout ce qu'on lui dit!

11 Ça dépend What would happen to various people if suddenly they came into a lot of money? Complete these conditions with the correct form of the verb in parentheses. Pay attention to the tenses. (6 x 1 pt. each = 6 pts.)

1. Si je _____ (gagner) à la loterie, je ferai le tour du monde.

2. Si Julien trouvait un tableau célèbre dans le grenier (*attic*), il le _____ (vendre).

3. Si mes parents _____ (être) riches, je serais paresseux, j'en suis sûr.

4. Si nous trouvons un trésor (*treasure*), nous _____ (pouvoir) payer les frais d'université.

5. Si tu hérites (*inherit*) d'un million de dollars, est-ce que tu _____ (acheter) une voiture?

6. Si j'avais assez d'argent, je _____ (nettoyer) les parcs de mon quartier.

12 Pauvre planète! Various people are lamenting the state of the environment. Complete their observations with the correct form of the verb in parentheses. (6 x 1 pt. each = 6 pts.)

1. Il est dommage que tout le monde _____ (ne pas prévenir) suffisamment les incendies.

2. Il faut que les gens _____ (recycler) les emballages dans toutes les villes.

3. Il vaut mieux que nous _____ (améliorer) notre quartier.

4. Il est indispensable que tu _____ (réfléchir) avant de jeter des choses par terre.

5. Il est nécessaire que je _____ (faire) attention.

6. Il est possible que le trou dans la couche d'ozone _____ (diminuer) à l'avenir.

Nom _____ Date _____

13 **Ne répétez pas** Complete these sentences with the correct possessive pronoun. (6 x 1 pt. each = 6 pts.)

1. Mes grands-parents sont gentils, mais _____ lui offrent beaucoup de cadeaux.

2. Quand notre imprimante ne marche pas, nos collègues nous prêtent _____

3. Si tu ne retrouves pas ta clé, je te laisserai _____ dans la boîte aux lettres.

4. Nous nous occupons de nos affaires, et nos voisins s'occupent _____.

5. Leur prof a donné des devoirs pour les vacances, mais _____ nous a laissés partir plus tôt.

6. Tu veux qu'on rentre avec mes amis ou avec _____?

14 **À vous!** Write a couple of paragraphs telling what you did yesterday. Describe six things you did and what time you did them. Start with when you woke up in the morning and end with when you went to bed. Provide details, such as where you were, who you were with, and objects you used. (12 pts.)

_____
_____
_____
_____
_____
_____
_____
_____
_____
_____
_____
_____
_____
_____
_____
_____
_____
_____
_____
_____

Nom _____ Date _____

_____

_____

_____

_____

_____

_____

_____

_____

_____

_____

_____

_____

_____

_____

_____

_____

_____

_____

_____

_____

_____

_____

_____

_____

_____

_____

_____

_____

_____

_____

_____

Unités P–7   Exam I

Unités préliminaire–7
Leçons PA–7B

EXAM II

1   À l'écoute Look at the four photos. You will hear various people make comments or ask questions. Select the scene that you would associate with each. (10 x 1 pt. each = 10 pts.)

A.

B.

C.

D.

1. A   B   C   D
2. A   B   C   D
3. A   B   C   D
4. A   B   C   D
5. A   B   C   D
6. A   B   C   D
7. A   B   C   D
8. A   B   C   D
9. A   B   C   D
10. A   B   C   D

2 Qui est-ce? Stéphanie and Claire are at a party. Stéphanie spots a young man whom she would like to meet. Complete their conversation with the correct form and appropriate tense of **savoir** or **connaître**. (6 x 1 pt. each = 6 pts.)

> **STÉPHANIE**   Tu (1) _____, Claire, il y a beaucoup de gens ici que je ne
> (2) _____ pas. Le garçon là-bas, à côté de Marie. Tu le
> (3) _____?
>
> **CLAIRE**   Oui. Je (4) _____ qu'il s'appelle Théo. Je l'(5) _____
> en cours de maths, l'année dernière.
>
> **STÉPHANIE**   Ah bon? Est-ce qu'il (6) _____ danser?
>
> **CLAIRE**   Demande-lui!

3 À la fête Sylvain and his friends had a party last Saturday. Complete the paragraph using the **passé composé** or the **imparfait** of the verbs in parentheses. (8 x 1 pt. each = 8 pts.)

Samedi dernier, il y (1) _____ (avoir) une fête. Nous (2) _____

(inviter) vingt personnes et seulement quinze invités (3) _____ (arriver) à l'heure.

Ce soir-là, il (4) _____ (pleuvoir) à verse (*pouring down*) et certaines personnes

(5) _____ (avoir) peur de conduire sous la pluie. En tout cas, ceux qui

(6) _____ (venir) (7) _____ (s'amuser bien). On

(8) _____ (danser) toute la nuit.

4 Vouloir, c'est pouvoir Express what people want, can, or have to do by completing these statements with the correct forms of **vouloir**, **pouvoir**, or **devoir**. Pay attention to context for which verb tense or mood to use. (8 x 1 pt. each = 8 pts.)

1. Je _____ (vouloir) maigrir, alors je _____ (devoir) manger moins de glace.

2. Hier, Marc _____ (devoir) travailler toute la journée.

3. Heureusement, Alain et Mathilde _____ (pouvoir) finir tous leurs devoirs.

4. Vous _____ (devoir) arriver à 8h00. Il est 9h00 maintenant. Qu'est-ce qui s'est passé?

5. Autrefois, nous _____ (pouvoir) faire tout ce que nous _____ (vouloir).

6. Il est important que je _____ (pouvoir) t'aider demain.

Nom _____ Date _____

5   Quelle vie! Compare high school students (**lycéens**) with college students (**étudiants**). Use complete sentences and the verb **être**. Make all necessary agreements. (6 x 1 pt. each = 6 pts.)

1. les étudiants / + âgé / les lycéens

    _____

2. les étudiants / – naïf / les lycéens

    _____

3. les étudiants / = sain / les lycéens

    _____

4. les étudiants / + bien payé / les lycéens

    _____

5. les lycéens / – faire la lessive / les étudiants

    _____

6. les lycéens / = optimiste / les étudiants

    _____

6   Choses à faire Everyone is bugging you to get things done. Answer the questions by saying that it has already been done or that you will do it now. Use double object pronouns in your answers and make all necessary agreements. (6 x 1 pt. each = 6 pts.)

1. Tu <u>m</u>'as apporté <u>ma valise</u>?

    Oui, je _____.

2. Tu <u>nous</u> as préparé <u>ton meilleur plat</u>?

    Oui, je _____.

3. Tu as acheté <u>cet ordinateur</u> <u>à Lucie</u>?

    Oui, je _____.

4. Tu envoies <u>les photos</u> <u>à tes grands-parents</u>?

    Oui, je _____.

5. Tu <u>me</u> prêtes <u>ta voiture</u>?

    Bien sûr, je _____.

6. Tu as rendu <u>le livre</u> <u>à Sébastien</u>?

    Oui, je _____.

7   Quelle partie du corps? Complete each sentence with the most logical body part. Include the definite article if necessary. (7 x 1 pt. each = 7 pts.)

1. On marche et on court avec _____.

2. On met un chapeau sur _____.

3. On entend avec _____.

4. On s'arrête pour sentir des roses avec _____.

5. On met une écharpe autour du _____.

6. On compose un numéro de téléphone avec _____.

7. Les yeux, le nez, la bouche et les joues sont sur _____.

8   C'est déjà fait? Answer these questions in the affirmative using one or more object pronouns and/or the pronouns **y** and **en**. Make any necessary agreements. (5 x 1 pt. each = 5 pts.)

1. Est-ce que Delphine a acheté <u>de la moutarde</u>?

   _____

2. Est-ce que tu es allé <u>chez le médecin</u>?

   _____

3. Est-ce que Marc t'a envoyé <u>des fichiers</u>?

   _____

4. Est-ce que vous avez parlé <u>à votre copain</u> <u>de sa toux</u>?

   _____

5. Est-ce que Dominique a donné <u>les pommes</u> <u>aux enfants</u>?

   _____

9   Hier, chez les Olivier Describe yesterday's routine at the Olivier household. Use the verbs in parentheses in the **passé composé**. (7 x 1 pt. each = 7 pts.)

1. Toute la famille _____ (se lever) à l'heure.

2. Madame Olivier _____ (se maquiller) avant d'emmener les enfants à l'école.

3. Monsieur Olivier _____ (se raser) après le petit-déjeuner.

4. Julien _____ (se laver) avant de s'habiller.

5. Blandine et Anne _____ (se regarder) dans le miroir.

6. Monsieur et Madame Olivier _____ (s'asseoir) pour prendre du café.

7. Tout le monde _____ (se dire) «Au revoir».

Nom _____ Date _____

10 Quel verbe? Complete these sentences with the correct form of the most logical verb from the list. Pay attention to verb tense indicators. (6 x 1 pt. each = 6 pts.)

croire	offrir	ouvrir	vouloir	recevoir	voir

1. Mes collègues et moi, nous _____ souvent le patron au bureau.

2. Mon père m' _____ cette voiture il y a cinq ans, pour mon bac.

3. Quelle bonne surprise! Je _____ que vous ne veniez pas.

4. Je suis contente que Franck et Aziz _____ enfin une bourse pour leurs études.

5. On _____ les cadeaux quand tout le monde sera là.

6. Est-ce que tu _____ aller au cinéma ce soir?

11 Ça dépend What would happen to various people if suddenly they came into a lot of money? Complete these conditions with the correct form of the verb in parentheses. Pay attention to the verb tenses. (6 x 1 pt. each = 6 pts.)

1. Si nous _____ (vendre) notre maison, nous achèterons une nouvelle voiture.

2. Si Monique recevait beaucoup d'argent de ses grands-parents, elle _____ (partir) en vacances.

3. Si vous _____ (être) riche, vous ne travailleriez pas.

4. Si tu gagnes à la loterie, tu _____ (pouvoir) acheter une maison à tes parents.

5. Si j'avais un million de dollars, je t' _____ (acheter) tout ce dont tu aurais envie.

6. Si mes parents _____ (trouver) de l'argent dans la rue, ils en donneront aux pauvres.

12 Pauvre planète! Various people are lamenting the state of the environment. Complete their observations with the correct forms of the verbs in parentheses. (6 x 1 pt. each = 6 pts.)

1. Il est bon qu'on _____ (pouvoir) recycler autant de choses.

2. Il est essentiel que le gouvernement _____ (protéger) l'environnement.

3. Il est important que tout le monde _____ (prévenir) les incendies quand on fait du camping.

4. Je suis furieux que tu _____ (gaspiller) tout ça!

5. Je souhaite que vous _____ (interdire) le gaspillage de l'eau.

6. Je suis désolé que certaines personnes _____ (jeter) des papiers dans la rue.

Nom _____ Date _____

13 Pas de répétition Complete these sentences with the correct possessive pronoun. (6 x 1 pt. each = 6 pts.)

1. J'ai oublié mon dictionnaire. Peux-tu me prêter _____?

2. Vous préférez qu'on prenne notre voiture ou _____?

3. Tes chaussures sont trop petites, mais _____ lui vont bien.

4. Quand notre aspirateur est tombé en panne, mes parents nous ont donné _____.

5. Nos enfants nous ont écrit, mais _____ vous ont appelés.

6. Je ne lis jamais les e-mails de ma sœur, et elle ne lit jamais _____.

14 À vous! What was your daily routine like five years ago? How is it different from now? Write a couple of paragraphs comparing what a typical day was like five years ago to what it is like today. Include six daily activities and details such as what time you did things, where you did them and with whom, and what objects you used. (13 pts.)

_____
_____
_____
_____
_____
_____
_____
_____
_____
_____
_____
_____
_____
_____
_____
_____
_____
_____
_____

LISTENING SCRIPTS

Unité préliminaire
Leçon PA
LESSON TEST I

1. Je dors très bien dans cette pièce. Il y a un grand lit, un armoir et une commode.
2. Il monte du rez-de-chaussée au premier étage. Sur les murs à côté, nous avons des photos de famille.
3. Dans cette pièce, il y a une douche, un lavabo, un petit placard et un miroir.
4. C'est assez grand ici. Nous avons un canapé, deux fauteuils, une table basse et des lampes.
5. Quand il fait beau, on passe beaucoup de temps ici. Il y a de jolies fleurs et des plantes partout.

LESSON TEST II

1. **ALINE** Ma sœur aînée habite dans un petit logement d'une pièce. Elle a un canapé-lit, un bureau, une petite table et deux chaises.
2. **NOAH** Nous habitons un endroit très sympa. Les voisins sont gentils et nous avons un parc et un supermarché juste à côté.
3. **ALINE** J'habite avec mes parents au quatrième étage d'un grand immeuble. Nous avons quatre pièces, une cuisine et une salle de bain.
4. **NOAH** Derrière notre maison, nous avons beaucoup de fleurs et des plantes. Il y a aussi une table avec des chaises pour manger quand il fait beau.
5. **ALINE** Notre pièce préférée est où on dîne. Tous les soirs, à sept heures et demie, on est à table, et on mange, on rit et on parle.

Leçon PB
LESSON TEST I

1. Où est-ce qu'on met les glaçons?
2. Tu connais les voisins? Ils sont sympas?
3. Qu'est-ce que je fais avec les verres sales?
4. J'ai mes draps, ma couverture et mon oreiller.
5. Il me faut du café le matin.
6. Après le dîner chaque soir, qu'est-ce qu'il faut faire?

LESSON TEST II

1. J'ai un rendez-vous demain, mais ma chemise n'est pas impeccable. Je fais quoi?
2. Il me faut l'aspirateur. Il est où?
3. Qu'est-ce qu'il faut faire juste avant de manger?
4. Tiens, je mets la glace où?
5. Tu as déjà fait ton lit, toi?
6. Tu as besoin de quoi pour faire la lessive?

Unité préliminaire
UNIT TEST I

1. Quand j'étais jeune, je n'aimais pas passer l'aspirateur.
2. Valentine faisait la vaisselle le mardi et le jeudi.
3. Ils ont acheté un nouvel aspirateur hier.
4. Quand Pierre est parti, il a pris la cafetière.
5. Lundi, on a mis des étagères dans ta chambre.
6. Après le repas, on débarrassait la table tout de suite.
7. Nous avons loué un studio en face de chez vous.
8. Le loyer de notre appartement n'était pas trop cher.

UNIT TEST II

1. J'ai reconnu mon voisin dans l'escalier.
2. Quand nous étions plus jeunes, nous vivions dans un deux-pièces.
3. Ce samedi-là, Omar a apporté des fleurs à Maryse.
4. Vous avez pris une douche vers sept heures.
5. Leur propriétaire n'habitait pas dans le même immeuble.
6. Tu changeais souvent les affiches dans ta chambre.
7. L'immeuble était vieux, mais intéressant.
8. On a décidé de ne pas louer ce logement.

LISTENING SCRIPTS

Unité 1
Leçon 1A
LESSON TEST I

1. — Dis, Lili, tu veux déjeuner avec moi?
   — Merci, mais je n'ai pas très faim.
   — Ah bon? Quand est-ce que tu as pris ton petit-déjeuner?

2. — Qu'est-ce que tu veux—le boeuf ou les fruits de mer?
   — Les fruits de mer, bien sûr!
   — Tu n'aimes pas la viande?

3. — Chéri, à quelle heure est-ce qu'on dîne?
   — À sept heures et demie.
   — Bon. Et qu'est-ce que tu as préparé?
   — Des pâtes avec des saucisses.
   — Mmm… délicieux! Et pour le dessert?

4. — Vous désirez, Mademoiselle?
   — Deux poivrons, s'il vous plaît.
   — Et avec ça?

5. — Dis, Pierre, est-ce que tu peux faire les courses?
   — Oui, bien sûr. Qu'est-ce que je dois acheter?

LESSON TEST II

1. — Dis Matthieu, tu veux quoi pour le petit-déjeuner?
   — Je prends un jus d'orange, s'il te plaît.
   — Et à manger?

2. — Qu'est-ce que tu veux, le porc ou les fruits de mer?
   — Le porc, bien sûr.
   — Tu n'aimes pas les fruits de mer?

3. — Claude, à quelle heure estce qu'on dîne?
   — À sept heures.
   — Qu'est-ce que tu as préparé?
   — Des pommes de terre et du boeuf.
   — Délicieux! Et comme dessert?

4. — Alors, on a besoin de quoi pour la salade?
   — Je vais chercher les tomates.
   — Bon, et moi, je prends les poivrons.

5. — Dis, Claire, est-ce que tu peux aller au marché. J'ai besoin de fruits.
   — Oui, bien sûr. Qu'est-ce que je dois acheter?

Leçon 1B
LESSON TEST I

1. — Dis, Guillaume, j'ai besoin d'un couteau.
   — Et voilà un couteau! Mais c'est pour quoi faire?

2. — Vous désirez, Madame?
   — Il me faut un kilo de tomates, s'il vous plaît.
   — Et avec ça?
   — Donnez-moi aussi un kilo de champignons.
   — Voilà, Madame.
   — Ça fait combien?

3. — Dis, Pierre, est-ce que tu peux passer à la boulangerie?
   — Oui, bien sûr. Qu'est-ce que j'achète?

4. — Madame, je vous écoute.
   — Je vais prendre le menu d'entrée plat.
   — Qu'est-ce que vous voulez comme entrée?
   — La salade de tomates.
   — Et comme plat?

5. — Alors, qu'est-ce que tu veux?
   — Une omelette aux oignons.
   — C'est tout?

LESSON TEST II

1. — Éric, il me faut une cuillère, s'il te plaît.
   — Tiens, prends cette cuillère. C'est pour quoi faire?

2. — Je prends de la moutarde au supermarché, chérie?
   — Oui. Prends aussi des boîtes de conserve, s'il te plaît.
   — D'accord. Je vais aussi passer à la pâtisserie. J'achète une tarte?

3. — Combien coûte le boeuf?
   — Quinze euros cinquante le kilo.
   — Et le poulet?
   — Il est moins cher.
   — Combien coûte-il?

4. — Madame. Je vous écoute.
   — Je vais prendre le menu d'entrée plat.
   — Qu'est-ce que vous voulez comme entrée?

5. — Je mets la table?
   — Oui, s'il te plaît.
   — D'accord. Et qu'est-ce qu'on mange?
   — Un steak-frites.

| S-2 |

Unité 1

UNIT TEST I

1. Est-ce que cette boulangerie est bien?
2. Tu as déjà essayé cette boucherie?
3. Tu veux un peu de confiture de fraises?
4. Que prenez-vous en entrée?
5. Est-ce qu'il faut arrêter de manger du thon?
6. Qu'est-ce qu'il te faut du supermarché?
7. Vous avez sorti les belles assiettes?
8. Tu préfères des haricots ou des petits pois avec ton steak?

UNIT TEST II

1. Est-ce qu'on mange bientôt?
2. Vous voulez un peu plus de carottes que ça?
3. Comment est le pâté?
4. Quel est votre meilleur pain?
5. Qui mange le plus de fruits ici?
6. Cette sauce est délicieuse. Comment tu la fais?
7. Vous allez changer la nappe, n'est-ce pas?
8. Tu veux essayer mon plat?

LISTENING SCRIPTS

Unité 2
Leçon 2A
LESSON TEST I

1.— Avec quoi est-ce que tu te laves?

2.— À quelle heure est-ce que tu te couches?

3.— Pourquoi est-ce que tu te couches?

4.— Pourquoi te reposes-tu?

5.— Où est-ce que je m'assieds?

6.— Tu te promènes souvent dans le parc?

7.— Qu'est-ce que tu as dans la bouche?

8.— Pourquoi est-ce que tu te dépêches?

9.— Comment est-ce que tu vas t'habiller pour ton rendez-vous?

10.— Qu'est-ce que tu mets aux pieds?

LESSON TEST II

1.— Avec quoi est-ce que tu te brosses les dents?

2.— À quelle heure est-ce que tu te réveilles?

3.— Pourquoi tu te maquilles?

4.— Pourquoi est-ce que tu te couches?

5.— Pourquoi tu te dépêches?

6.— Où se trouve le réveil?

7.— Qu'est-ce que tu portes aux pieds?

8.— Pourquoi t'assieds-tu?

9.— Qu'est-ce que tu as sur le visage?

10.— Tu te reposes après les cours?

Leçon 2B

LESSON TEST I

1. — Pourquoi tu prends de l'aspirine?

2. — Pourquoi le médecin t'a fait une piqûre?

3. — Est-ce que Madame Renier est enceinte?

4. — Pourquoi Marc éternue-t-il beaucoup?

5. — Comment gardes-tu la ligne?

6. — Quels sont tes symptômes?

7. — Oh là là. Qu'est-ce qui t'est arrivé?

8. — C'est un accident grave?

9. — Pourquoi tu vas à la pharmacie?

10. — Pourquoi tu ne prends pas de médicaments?

LESSON TEST II

1. — Pourquoi est-ce que tu es déprimé?

2. — Pourquoi le médecin t'a donné une ordonnance?

3. — Est-ce que Daniel va bien après l'accident?

4. — Tu t'es blessé?

5. — Quand vas-tu chez le médecin?

6. — Tu vas chez le médecin demain?

7. — Tu as l'air triste. Qu'est-ce qu'il y a?

8. — Où est-ce que ça fait mal?

9. — Pourquoi tu vas chez le dentiste?

10. — Tu travailles aux urgences?

Unité 2
UNIT TEST I

1. —Je suis allée chez mon docteur et il m'a fait une piqûre.
   —Où ça?

2. —Je tousse et j'ai mal à la gorge.
   —Avez-vous de la fièvre?
   —Oui, un peu.

3. —Tu t'es déjà foulé la cheville?
   —Non, mais je me suis foulé autre chose.
   —Quoi?

4. —J'ai un peu mal au coeur.
   —Tu as trop mangé peut-être. Tu veux un thé chaud?

5. —Ça vous fait mal ici?
   —Non, pas vraiment.
   —Et là?

6. —Vous avez une ordonnance pour ce médicament?
   —Non. Il en faut une?
   —Oui, vous devez en avoir une.

7. —Bonjour M. Ferrand. Vous allez mieux?
   —En pleine forme!
   —Et votre grippe?

8. —D'après vos symptômes, vous avez
une allergie.
—Ah. Qu'est-ce que je peux faire pour
aller mieux?

UNIT TEST II

1. —Les enfants se sont couchés?
—Oui, ils étaient fatigués.
—Ils vont lire un peu?

2. —Tu t'es brossé les dents?
—Oui, maman.
—Tu t'es lavé le visage?

3. —Qu'est-ce qu'il y a, mon chéri?
—Je me suis fait mal.
—Tu as mal où?

4. —Tu es bientôt prête à partir?
—Je dois juste me coiffer.
—J'ai le temps de me raser, alors?

5. —Où sont les brosses à dents?
—À côté du dentifrice.
—Et où est le dentifrice?

6. —Demain, je dois me lever à 5h00.
—C'est plus tôt que d'habitude.
—Je te réveille ou pas?

7. —Je me maquille toujours les yeux
en premier.
—Ah bon. Moi, c'est les joues.
—C'est drôle. Je finis avec les joues.

8. —Vous prenez votre douche le soir ou
le matin?
—Je me douche souvent avant de me coucher.
—Et le matin?

LISTENING SCRIPTS

Unité 3
Leçon 3A
LESSON TEST I

1. Quand je ne peux pas regarder un match à la télé, je l'enregistre avec l'enregistreur DVR.
2. Je sauvegarde mes documents sur une clé USB pour les imprimer chez un ami.
3. Pour envoyer un SMS, je dois éteindre mon smartphone, le brancher et composer le numéro.
4. Pour regarder mes e-mails, je clique sur un lien et j'efface mon mot de passe.
5. J'ajoute les gens que j'aime à mes amis sur mon réseau social.

LESSON TEST II

1. Quand tu vas sur un site Internet, tu arrives d'abord à la page d'accueil.
2. Il ne faut pas télécharger des logiciels sur ton disque dur. Il faut les imprimer.
3. Il te faut une clé USB pour être en ligne.
4. Pour recharger ton smartphone, il faut le brancher.
5. Tu peux ajouter et supprimer des amis sur ton réseau social.

Leçon 3B
LESSON TEST I

1. Où est-ce que tu as appris à conduire?
2. Est-ce que tu vas faire le plein d'essence?
3. Est-ce que je peux conduire un peu?
4. Qu'est-ce qu'il y a dans le coffre?
5. Qu'est-ce que tu regardes dans le rétroviseur?
6. Tu sais réparer une voiture?
7. Qu'est-ce que tu utilises pour arrêter la voiture?
8. Où est-ce que tu vas te garer?

LESSON TEST II

1. Quand est-ce que tu as obtenu ton permis de conduire?
2. Tu as déjà eu une amende?
3. Est-ce que tu es déjà tombée en panne?
4. Y a-t-il toujours beaucoup de voitures sur l'autoroute à cette heure-ci?
5. Qu'est-ce que tu fais si tu rentres dans une autre voiture?

6. Est-ce qu'il faut mettre les essuie-glaces?
7. Où se trouve le moteur?
8. Comment est-ce que tu sais s'il y a des voitures derrière toi?

Unité 3
UNIT TEST I

1. Tarek, tu sais conduire?
2. Tu sais réparer une voiture?
3. Tu regardes toujours dans le rétroviseur avant de démarrer?
4. Où est la roue de secours?
5. Quand est-ce que tu fais le plein?
6. Où est-ce que tu te gares d'habitude quand tu es en ville?
7. Quand faut-il mettre les essuie-glaces?
8. Qu'est-ce qu'il faut faire avant de démarrer?

UNIT TEST II

1. Où peux-je conduire sans beaucoup de circulation?
2. Quand faut-il faire le plein?
3. Qu'est-ce qu'il faut faire avant de démarrer?
4. Où est le moteur?
5. Quand faut-il allumer les phares?
6. À quoi sert le rétroviseur?
7. Qu'est-ce qu'il y a dans le coffre?
8. Quand est-ce qu'un agent de police donne une amende?

LISTENING SCRIPTS

Unité 4
Leçon 4A
LESSON TEST I

1. — Qu'est-ce que tu fais samedi matin?
   — Je ne fais rien de spécial.
   — Tu veux m'accompagner à la poste?
2. — Qu'est-ce que tu as fait hier soir?
   — Je suis allée à la bijouterie à côté.
   — Qu'est-ce que tu as acheté?
3. — Tu sors?
   — Oui, je vais au distributeur automatique.
   — Ah bon? Pourquoi?
4. — Où vas-tu?
   — Je vais à la banque.
   — Ah bon? Qu'est-ce que tu vas y faire?
5. — Je prends ces cahiers et ces trois stylos.
   — Les cahiers et les stylos, ça fait neuf euros dix.
   — Est-ce que je peux vous payer par chèque?

LESSON TEST II

1. — Tu as fait quoi ce week-end?
   — J'ai ouvert un compte-chèques et j'ai retiré de l'argent.
   — Tu as aussi un compte d'épargne?
2. — Qu'est-ce que tu as fait hier soir?
   — Je suis allé au commissariat de police.
   — Pour quoi faire?
3. — Je vais à la poste.
   — Tu peux me rendre un petit service?
   — Bien sûr, de quoi est-ce que tu as besoin?
4. — Tu as l'air content, toi.
   — Oui, je viens d'apercevoir le facteur.
   — Ah bon? Tu attends quelque chose?
5. — Est-ce que tu reviens du centre-ville?
   — Oui. Pourquoi?
   — Tu es allée au café?

Leçon 4B
LESSON TEST I

1. — Tu sais où se trouve la mairie?
   — Oui, on continue tout droit. C'est tout près d'ici.
2. — Dis, Richard, je dois aller à la poste.
   — D'accord. Mais où est la poste dans ce quartier?
3. — On doit être à un carrefour ici.
   — Mais il n'y a qu'un pont.
   — Alors, où sommes-nous?
4. — Je crois qu'on est perdu.
   — Et moi, je commence à être très fatiguée.
   — Regarde, il y a un banc.
5. — Excusez-moi, monsieur. C'est où l'office du tourisme?
   — Est-ce que vous voyez le carrefour? C'est à l'angle de la rue.

LESSON TEST II

1. — Tu sais où se trouve la poste?
   — Oui, on descend cette rue. Ce n'est pas loin.
2. — Dis Albert, je dois aller à la banque.
   — D'accord. Mais où est la banque dans ce quartier?
3. — Où est le pont dont Sylvie nous a parlé?
   — Je ne sais pas.
   — Alors, qu'est-ce qu'on fait?
4. — Comment est-ce que tu trouves Paris?
   — C'est une très grande ville.
   — Comment est-ce que tu te déplaces alors?
5. — Excusez-moi, monsieur. Je ne trouve pas mon chemin.
   — Vous allez où?
   — Je cherche le boulevard Charles de Gaulle.

Unité 4
UNIT TEST I

1. —Pardon madame, où est la banque la plus proche?
   —C'est facile. Vous continuez tout droit jusqu'à l'avenue Jean Jaurès, puis vous tournez à droite, et la banque sera sur votre gauche.
2. —Bonjour monsieur, je cherche le pont Mirabeau.
   —Le pont Mirabeau? Vous êtes vraiment perdu. Ce n'est pas du tout ici.
3. —S'il vous plaît, quelle est la direction pour Vincennes?
   —D'ici, il vous faut aller direction nord-ouest. Continuez sur cette route. Au carrefour, vous prendrez à droite, puis vous verrez un pont. La route de Vincennes est sur la gauche après ce pont.
4. —Est-ce que tu aperçois un distributeur? J'ai besoin d'espèces.
   —J'en vois un là-bas, près de la papeterie.
5. —Pardon monsieur, je cherche la mairie. Est-ce qu'elle est près d'ici?
   —Oui, tout près, à environ 200 mètres, sur votre droite.

6. —Ah! Je suis perdu. Tu peux m'aider à trouver
   cette bijouterie?
   —D'accord, mais avance, le feu est vert.
   Continue tout droit, continue, continue... et puis
   là, tu tournes à gauche, au feu. Voilà. On est
   dans la bonne rue. La bijouterie est dans
   le coin.

UNIT TEST II

1. —Bonjour, je voudrais trouver la boutique
   Cachou s'il vous plaît. Vous savez où elle est?
   —Ah tiens! J'y vais aussi, donc je peux vous y
   accompagner.
2. —Excusez-moi, je suis nouveau en ville, et je
   n'arrive pas très bien à m'orienter. Est-ce que je
   suis près du boulevard Carnot?
   —Non, le boulevard Carnot est plus loin, au
   sud. Ici, vous êtes tout près de l'avenue Jean
   Moulins.
3. —Excusez-moi, pourriez-vous me dire
   comment on va à la poste d'ici?
   —Ce n'est pas difficile. Vous suivez la grande
   rue St-Michel jusqu'au bout et la poste est sur la
   droite, au coin du carrefour de l'Odéon.
4. —Est-ce que le commissariat est loin d'ici?
   —Non, je ne pense pas. Je crois qu'il faut
   continuer tout droit encore pendant trois ou
   quatre feux, et puis vous le verrez.
5. —Tu sais où est la papeterie?
   —Oui, on va monter dans cette rue, et puis on
   tournera vers la gauche et on y sera presque.
6. —J'ai demandé de l'aide au marchand de
   journaux, mais il ne connaît pas cette adresse.
   —Viens. Asseyons-nous deux minutes sur ce
   banc pour réfléchir.

LISTENING SCRIPTS

Unité 5
Leçon 5A
LESSON TEST I

1. — Allô? Compagnie Michel et fils, bonjour!
   — Je voudrais parler à Madame Desjardins, s'il vous plaît.
   — C'est de la part de qui?
   — De la part de Jérôme Lafontaine.
2. — Allô?
   — Ah, c'est toi, Bruno. Dis, est-ce que Nicole est là?
   — Non, je regrette, elle est partie.
   — Je peux lui laisser un message?
3. — Tu as aimé l'entreprise où tu as passé l'entretien hier?
   — Oui, mais je préfère l'entreprise où je suis allé la semaine dernière.
4. — Alors, il y a deux postes intéressants dans le journal.
   — Auquel vas-tu postuler?
5. — Qu'est-ce que tu recherches dans une entreprise?
   — Surtout de pouvoir obtenir une expérience professionnelle.
   — Et un bon salaire, j'imagine?

LESSON TEST II

1. — Allô? Compagnie Chouinard, bonjour!
   — Je voudrais parler à Monsieur Leblanc, s'il vous plaît.
   — Désolée, mais il n'est pas là.
2. — Allô?
   — Oui, Monsieur Ducharme? Est-ce que Marcel est là?
   — Non, je regrette, il vient de partir.
   — Je peux lui laisser un message, s'il vous plaît?
3. — Tu cherches toujours un travail?
   — Oui. En fait, j'ai passé un entretien il y a trois jours avec une des chefs du personnel de ta société.
4. — Alors, j'ai trouvé un poste intéressant ce matin sur Internet.
   — Ah bon? Pour quel type de compagnie?
   — Une entreprise de technologie. Malheureusement, je ne connais personne dans ce domaine.
   — Ce n'est pas vrai! Tu as oublié que Nicole travaille pour ce type de compagnie!
5. — Tu as fait des projets pour l'été?
   — Oui, j'ai envie de trouver un stage.
   — Ça, c'est une excellente idée.

Leçon 5B
LESSON TEST I

1. Que fait ta soeur, Mélanie?
2. Pourquoi Monsieur Delmas a-t-il embauché un conseiller?
3. Eh, Pauline, pourquoi tu te dépêches?
4. Salut, Patrick. Est-ce qu'il y a un problème avec l'eau dans ton appartement?
5. Dis, Thérèse, pourquoi tu étudies tellement la biologie et la physique?

LESSON TEST II

1. Que fait ton frère, Olivier?
2. Pourquoi Madame Sylvain a-t-elle embauché un agent immobilier?
3. Eh, Pauline, pourquoi tu te dépêches?
4. Salut, Élodie. Est-ce que ton chien est malade?
5. Dis, Alain, tu as eu une augmentation de salaire?

Unité 5
UNIT TEST I

1. Pourquoi voulez-vous travailler pour notre compagnie?
2. Quelle expérience avez-vous dans ce domaine?
3. Aimez-vous travailler en équipe?
4. Pourriez-vous parfois venir au bureau le samedi?
5. Combien gagniez-vous dans votre emploi précédent?
6. Si vous ne recevez aucun congé payé la première année, c'est un problème?

UNIT TEST II

1. Combien d'employés avez-vous?
2. Est-ce que le salaire est intéressant?
3. Est-ce que je pourrais faire carrière chez vous?
4. Vous offrez l'assurance maladie?
5. Est-ce que je pourrai suivre une formation si nécessaire?
6. Est-ce que beaucoup de candidats ont postulé pour cet emploi?

LISTENING SCRIPTS

Unité 6
Leçon 6A
LESSON TEST I

1. — Il faut que le gouvernement interdise les déchets toxiques.
2. — Il est essentiel qu'on partage la voiture avec d'autres personnes.
3. — Il est nécessaire qu'on contrôle la surpopulation.
4. — Alors, il faut qu'on protège l'environnement.
5. — Il vaut mieux que tout le monde recycle.

LESSON TEST II

1. — Il faut qu'on utilise plus d'énergie solaire.
2. — Il est nécessaire que le gouvernement propose des lois pour ne pas gaspiller l'eau.
3. — Il est indispensable qu'on achète des produits recyclables.
4. — Il est essentiel qu'on fasse attention quand on cuisine en plein air.
5. — Il est dommage que beaucoup d'usines polluent l'environnement.

Leçon 6B
LESSON TEST I

1. — Si on s'arrêtait ici?
   — Bonne idée. Ce champ est très joli et j'ai faim.
2. — Regarde cet animal dans l'arbre. Qu'est-ce que c'est?
3. — Oh! Fais attention où tu marches!
   — Pourquoi?
4. — J'ai chaud. Et toi?
   — Moi aussi. Si on se promenait près du lac?
   — D'accord.
5. — Tu vois cette plante là-bas?
   — Oui, il faut y faire attention.
   — Pourquoi?
   — C'est une espèce menacée.

LESSON TEST II

1. — Je propose qu'on prenne ce sentier.
   — Celui-ci? Mais c'est quoi, cet animal sous cette pierre?
2. — Je suis triste qu'on détruise les arbres pour leur bois.
3. — Tu souhaites faire un pique-nique?
   — Oui, allons près de l'eau.
4. — Regarde, là—dans l'arbre!
   — Qu'est-ce qu'il y a?
5. — Il commence à faire nuit.
   — Oui, le ciel est beau à cette heure-ci.
   — Tu veux qu'on reste un peu?

Unité 6
UNIT TEST I

1. —Je prends toujours mes propres sacs quand je vais faire les courses.
   —C'est bien.
2. —Éteins ta lampe quand tu as finis.
   —D'accord, mais pas tout de suite.
3. —Certaines espèces de serpent sont menacées.
   —Oui, par exemple, les boas.
4. —Il y a un gros nuage de pollution sur la ville.
   —Comment tu le sais?
5. —La population croissante de pays comme l'Inde et la Chine m'inquiète.
   —Pourquoi?
6. —Il ne faut pas construire sa maison trop près d'une falaise.
   —Tu as raison, ça peut être dangereux.

UNIT TEST II

1. Regarde cette plante, elle vit dans l'eau.
2. Tu vois l'étoile très brillante, là? C'est quoi?
3. Ces fleurs sur la falaise là-bas sont magnifiques. Je vais faire un bouquet.
4. On va aller visiter les parcs nationaux et la jungle.
5. En France, l'écureuil roux est une espèce menacée d'extinction.
6. L'effet de serre continue à menacer la planète.

LISTENING SCRIPTS

Unité 7
Leçon 7A
LESSON TEST I

1. — Tu veux aller au théâtre avec moi samedi prochain?
   — Oui, je veux bien. Qu'est-ce qu'on joue?
   — Une pièce de Molière.
2. — J'ai deux billets pour le concert ce week-end. Tu en veux un?
   — Non, merci. J'ai déjà le mien. Mais alors, on va se voir au concert!
3. — Cette nouvelle danseuse a beaucoup de talent, n'est-ce pas?
   —Oui, elle danse vraiment bien. En fait, toute la troupe danse bien.
4. — Tu aimes aller aux spectacles?
   — Oui, bien sûr.
   — Tu préfères voir quel genre?
   — J'adore les comédies musicales.
   — Ah bon? Pourquoi?
5. — Qu'est-ce que tu as pensé du concert d'hier soir?
   — Ils ont bien joué, surtout celui qui a joué de la batterie.
   — Mais tu as l'air déçu. Qu'est-ce qu'il y a?

LESSON TEST II

1. — Est-ce que tu as envie d'aller voir une comédie musicale avec moi?
   — Oui, avec plaisir. Laquelle?
   — *Les Misérables*.
   — C'est celle que j'aime le plus! Qui joue le rôle de Cosette?
2. — Dis, tu n'aimes pas le concert?
   — Pourquoi est-ce que tu dis ça?
   — Parce que tu n'applaudis pas.
3. — Tu fais de la musique, n'est-ce pas?
   — Oui, je suis membre d'un orchestre.
   — Ah oui? Tu fais quoi?
4. — Qu'est-ce que tu as pensé du concert de Tristan?
   — Franchement, je trouve qu'il ne chante pas très bien.
   —Tu ne crois pas qu'il vaudrait mieux lui dire.
5. — Ce dramaturge a beaucoup de talent, n'est-ce pas?
   — Oui, la pièce de théâtre était magnifique.
   — En plus, il est évident que la troupe l'admire.

Leçon 7B
LESSON TEST I

1. — Qu'est-ce que tu as fait samedi après-midi?
   — Je suis allée au ciné. Et toi?
   — Moi, j'ai vu une exposition.
   — Ah bon? Où?
2. — Tu as lu tous les livres de *Harry Potter?*
   — Bien sûr. Plusieurs fois.
   — Que penses-tu de l'auteur?
3. — Qu'est-ce que tu vas regarder à la télé ce soir?
   —Les infos et puis un feuilleton. Et toi?
4. — Tu sais, il y a plusieurs expositions en ce moment.
   — Oui, je sais, mais je n'aime pas tellement faire les musées.
   — Pourquoi?
   — Je les trouve ennuyeux.
5. — Qu'est-ce que tu fais cet après-midi?
   — Rien de spécial. Pourquoi?
   — Tu veux aller à un événement littéraire avec moi?
   — Tu sais, je n'aime pas tellement écouter des poèmes.

LESSON TEST II

1. — Tu as fait quoi ce week-end?
   — J'ai fait les musées avec Delphine. Et toi?
   — Moi, je suis allée au cinéma avec Pierre.
   — Ah bon? Qu'est-ce que vous avez vu?
2. — Normalement, qu'est-ce que tu regardes le mardi soir?
   — Les infos et puis un jeu télévisé. Et toi?
3. — Que penses-tu de ce tableau?
   — Il est extraordinaire.
4. — Tu veux aller au musée des beaux-arts avec moi?
   — Tu sais bien que je préfère aller au cinéma.
   — Mais il y a une exposition d'art nouveau qui m'intéresse.
5. — Tu aimes la sculpture, n'est-ce pas?
   — Oui, j'adore. Pourquoi?
   — Il y a une nouvelle exposition au musée Rodin. Si on y allait?

| S-11 | Listening Scripts

Unité 7
UNIT TEST I

1. Est-ce que vous croyez qu'on peut prendre nos places maintenant?
2. Je doute que cet opéra soit vraiment ton genre.
3. On est allé voir un spectacle de danse magnifique, hier soir.
4. C'est une pièce avec un seul acteur, vraiment? Que fait-il en scène?
5. Au musée hier, on a vu un artiste qui travaillait dans la salle des peintures classiques.
6. Je ne crois pas que cette exposition soit gratuite.

UNIT TEST II

1. La salle a beaucoup aimé le film. Le réalisateur était content.
2. Je ne pense pas que ce groupe vienne dans notre ville.
3. On peut faire les musées ou aller au cinéma. Qu'est-ce que tu préfères?
4. Vous êtes allés à quelle séance?
5. Il restait des places, alors?
6. Cet acteur est parfait pour le rôle.

LISTENING SCRIPTS TO EXAMS

Unité préliminaire–3
LEÇONS PA–3B
EXAM I

1. Le pauvre! Il a la grippe.
2. J'espère que ça va aller avec ta veste.
3. Mélina se maquille le matin.
4. Je vais chercher des médicaments à la pharmacie.
5. Joyeux anniversaire!
6. Il me faut une cuillère.
7. Il faut regarder la bouche quand on fait ça.
8. Comme viande, j'aime le poulet.
9. Est-ce qu'elle a déjà fait sa toilette?
10. Il n'est pas en pleine forme aujourd'hui.

EXAM II

1. Je me maquille avant d'aller au travail.
2. Le porc est meilleur que le thon.
3. Il est tombé malade.
4. Je lui offre ce cadeau à l'occasion de son départ en retraite.
5. Qu'est-ce que vous prenez comme plat principal?
6. Tiens! Je t'ai fait une surprise.
7. Malheureusement, Jean-Marc a de la fièvre.
8. Je mets ça sur le visage.
9. Je vais téléphoner au médecin.
10. Il me faut du nouveau maquillage.

LISTENING SCRIPTS TO EXAMS

Unités 4–7
LEÇONS 4A–7B

EXAM I
1. Tu préfères la sculpture ou le dessin?
2. Si on faisait notre pique-nique ici?
3. Tu crois que c'est un chef-d'oeuvre?
4. Il faut toujours faire la queue et attendre.
5. Est-ce qu'il marche, ce distributeur automatique de billets?
6. Tournez à gauche et allez jusqu'au bout de la rue.
7. J'adore passer du temps à la montagne.
8. On doit voir une fontaine près du pont.
9. Vous suivez ce boulevard jusqu'au carrefour.
10. Il faut que je retire de l'argent.

EXAM II
1. Cette falaise est magnifique!
2. Est-ce que tu connais ce peintre?
3. Traversez la rue et vous verrez l'office du tourisme.
4. Je déteste faire la queue.
5. Je suis perdu–est-ce qu'il y a une banque près d'ici?
6. Le tableau dont tu as parlé est superbe! Je vais le mettre dans le salon.
7. Je dois parler à quelqu'un à propos d'ouvrir un compte bancaire.
8. Il est important qu'on protège cette région et ses animaux.
9. Allez tout droit et continuez jusqu'au feu de signalisation.
10. Cette sculptrice est douée, n'est-ce pas?

LISTENING SCRIPTS TO EXAMS

Unité préliminaire–7
LEÇONS PA–7B

EXAM I

1. Je n'envoie pas de colis aujourd'hui.
2. La pluie acide pose des problèmes.
3. Aïe! Ça fait mal au bras.
4. Je préfère utiliser les légumes frais de la région.
5. On doit interdire les emballages en plastique.
6. L'infirmier m'a fait une piqûre. Ça va mieux maintenant.
7. Si on veut recevoir du courrier, il faut en envoyer.
8. Il y a vraiment trop de gaspillage.
9. Faire la cuisine à la française n'est pas toujours facile.
10. Ça aide à guérir.

EXAM II

1. Vous allez mieux vous porter maintenant.
2. On doit utiliser combien de poivrons?
3. Il me faut trois timbres, s'il vous plaît.
4. Personne ne poste de lettres le dimanche.
5. N'oubliez pas de sortir la poubelle demain.
6. J'ai envie de devenir chef de cuisine.
7. Est-ce que vous allez me faire une piqûre?
8. Moi, je préfère la cuisine espagnole.
9. Il faut recycler pour aider à sauver la planète.
10. Où se trouve le bureau de poste?

ANSWERS

Leçon PA

VOCABULARY QUIZ I

1 1. e 2. f 3. a 4. c 5. b 6. d

2 1. un studio 2. un lavabo 3. des rideaux 4. un fauteuil 5. une affiche

3 1. quartier 2. loyer 3. armoire 4. déménager 5. tapis 6. résidence 7. emménager 8. tiroirs 9. escaliers

VOCABULARY QUIZ II

1 Answers will vary.

2 Answers will vary.

3 Answers will vary.

GRAMMAR PA.1 QUIZ I

1 1. avons déménagé 2. étaient 3. faisait 4. ai eu 5. ne sont pas nées 6. Achetais-tu

2 1. a mis 2. aviez 3. lisait 4. sont montés 5. sont rentrées 6. avons choisi 7. fallait

3 1. Mes parents et moi allions au restaurant deux fois par semaine. 2. D'habitude, étiez-vous fatigués après un match de football? 3. Tes grands-parents jouaient régulièrement au tennis. 4. Le concert a commencé à huit heures. 5. Elle est morte dans un accident.

GRAMMAR PA.1 QUIZ II

1 Answers will vary.

2 Answers will vary.

3 Answers will vary.

GRAMMAR PA.2 QUIZ I

1 1. b 2. a 3. c 4. a

2 1. est partie/partait 2. a appelé 3. sommes arrivés 4. n'a pas trouvé/ne trouvait pas 5. n'était pas 6. a commencé 7. avons attendu 8. a réussi 9. avons pris 10. avons monté 11. sommes entrés 12. avait

3 1. Tout à coup, Mme Dialo a eu peur. 2. Mes cousines buvaient parfois du thé. 3. Nous avons vécu en Chine pendant deux ans. 4. Vous étiez médecin quand vous avez rencontré Clarisse?

GRAMMAR PA.2 QUIZ II

1 Answers will vary.

2 Answers will vary.

3 Answers will vary.

LESSON TEST I

1 1. b 2. c 3. c 4. a 5. b

2 1. étagères 2. un fauteuil; un tapis 3. un miroir/un tableau/une affiche 4. au sous-sol/au garage 5. meubles

3 1. suis partie 2. ai rendu 3. allais 4. a plu 5. avons fait 6. était

4 1. avons loué 2. a eu 3. pleuvait 4. avons trouvé 5. avait 6. sommes montés 7. sommes entrés 8. n'était pas

5 Answers will vary.

LESSON TEST II

1 1. c 2. b 3. a 4. a 5. b

2 Answers will vary. Sample answer for Photo A: C'est un salon. Il y a deux fauteuils, un canapé et une petite table avec une lampe. Il y a aussi des rideaux (verts) et un tapis. Sample answer for Photo B: C'est une chambre. Bien sûr, il y a un lit. Il y a aussi une affiche sur le mur, une petite table avec une lampe et une commode.

3 1. a perdu 2. sommes arrivées 3. a annulé 4. a donné 5. avait 6. n'était pas

4 1. neigeait 2. faisait 3. n'avais pas 4. suis resté 5. lisais 6. a frappé 7. était 8. est venue

5 Answers will vary.

Leçon PB

VOCABULARY QUIZ I

1 1. faire le lit 2. une poubelle 3. un balai 4. un tapis 5. un fer à repasser

2 1. faire le ménage 2. ranger 3. essuyer la vaisselle 4. passer l'aspirateur 5. mettre la table

3 1. sales 2. congélateur, frigo 3. couverture 4. grille-pain 5. débarrasses 6. (four à) microondes 7. four 8. cafetière 9. cuisinière

VOCABULARY QUIZ II

1 Answers will vary.

2 Answers will vary.

3 Answers will vary.

GRAMMAR PB.1 QUIZ I

1 1. Tout à coup, la vieille femme est descendue au sous-sol. 2. Christophe et Danielle montaient souvent ces escaliers. 3. Saliou et toi avez perdu vos calculatrices hier soir. 4. Un jour, Marianne est partie pour Paris. 5. Simon et moi mangions parfois au restaurant japonais.

2 1. étions 2. allions 3. nagions 4. a trouvé 5. avait

3 1. Nadine faisait la lessive quand ses copines sont arrivées. 2. Mes parents dormaient quand l'horloge est tombée du mur. 3. Nous balayions la cuisine quand Hubert a sorti la poubelle. 4. Vous jouiez ensemble quand nous avons quitté la maison. 5. Il rangeait sa chambre quand son ami a appelé.

GRAMMAR PB.1 QUIZ II

1 Answers will vary.
2 Answers will vary.
3 Answers will vary.

GRAMMAR PB.2 QUIZ I

1 1. connaît 2. sait 3. connaît 4. Sait 5. sait
2 1. connaissait 2. savez 3. ont su 4. Sait 5. savait
3 1. Il les a connus hier. 2. Nous ne savons / Je ne sais pas conduire. 3. Je ne l'ai pas reconnue. 4. Ils connaissent un bon restaurant québécois. 5. Non, nous ne savons pas faire la cuisine.

GRAMMAR PB.2 QUIZ II

1 Answers will vary.
2 Answers will vary.
3 Answers will vary.

LESSON TEST I

1 1. c 2. a 3. b 4. c 5. a 6. b
2 1. un lit 2. un oreiller 3. une couverture 4. un drap 5. un sèche-linge 6. le linge 7. un lave-linge 8. un balai 9. une cuisinière 10. la vaisselle
3 1. déménageait; a commencé 2. balayais; a téléphoné 3. finissaient; sont sorties 4. faisait; est arrivée
4 1. connais 2. sais 3. savez 4. connaissons 5. connaissez 6. connaissent
5 Answers will vary.

LESSON TEST II

1 1. b 2. c 3. a 4. b 5. a 6. c
2 Answers may vary slightly. 1. Il fait le lit. Il y a un oreiller, des draps et une couverture. 2. Elle range des choses dans le frigo. Il y a un frigo, un congélateur et une cuisinière. 3. Elle balaie. Il y a un balai, un canapé et une table. 4. Il repasse. Il y a une lampe, un fer à repasser et un mur.
3 1. allais; as téléphoné 2. passait; sommes parti(e)s 3. écriviez; est arrivée 4. faisaient; a commencé
4 1. connais 2. connaît 3. savez 4. sais 5. savons 6. connaissez
5 Answers will vary.

UNIT TEST I

1 1. Habitude 2. Habitude 3. Événement unique 4. Événement unique 5. Événement unique 6. Habitude 7. Événement unique 8. Habitude
2 1. la cafetière 2. le fer à repasser 3. le four / la cuisinière 4. le frigo 5. le (four à) micro-ondes 6. le grille-pain 7. le lave-vaisselle 8. le sèche-linge 9. le lave-linge 10. le congélateur
3 1. est tombé 2. balayais 3. ont déménagé 4. louait 5. avez fait 6. salissions 7. nettoyais 8. est descendue
4 1. sais, connais 2. sais 3. savons 4. connais 5. connaissaient, reconnaître 6. sait 7. reconnaissez 8. connaissons
5 1. savais, ai appris 2. connaissions, avons rencontré 3. saviez, avez essayé 4. ne connaissaient pas, a connus 5. savait, n'a pas su 6. connaissais, as acheté
6 1. était, ai lavée 2. avait, avons enlevée 3. étaient, ont passé 4. avait, a rangé 5. était, avons sorties 6. fallait, ai repassé
7 1. étais 2. habitais 3. était 4. faisait 5. nettoyait 6. ai déménagé 7. ai loué 8. ai habité 9. ai appris 10. savais
8 Suggested answers: 1. Ils sortaient la poubelle quand le voisin leur a dit bonjour. 2. Il passait l'aspirateur quand Nicolas est tombé. 3. Mireille commençait à faire sa lessive quand sa voisine est montée. 4. Ils lavaient leur voiture quand il a commencé à pleuvoir. 5. Mon frère débarrassait la table quand tu es arrivé.
9 Answers will vary.

UNIT TEST II

1 1. Action 2. Cadre 3. Action 4. Action 5. Cadre 6. Cadre 7. Cadre 8. Action
2 Suggested answers: 1. pour laver mes vêtements 2. pour faire du café 3. pour nettoyer les tapis 4. pour repasser mes vêtements 5. pour laver la vaisselle
3 1. habitais, ai emménagé 2. faisais, est morte 3. reconnaissions, a changé 4. louiez, avez achetée 5. vivaient, ont pris
4 Suggested answers: 1. ai rangée/essuyée 2. ont fait la lessive 3. ai nettoyé/lavé 4. a sorties 5. avons balayé/nettoyé
5 1. avons passé 2. était 3. avait 4. avaient 5. avons fini 6. a commencé 7. a mis 8. ai passé

6 Sample answers: 1. sait faire son lit 2. ne connaît pas mes parents 3. ne connaissent pas mon immeuble 4. ne savent pas faire leur lessive 5. connaissez (bien) le musée du Louvre 6. sais cuisiner

7 Sample answers: 1. La vaisselle était sale, mais Élisa ne l'a pas lavée. 2. La table à repasser était dans la cuisine, mais Élisa n'a pas repassé le linge. 3. La poubelle était pleine, mais Élisa ne l'a pas sortie. 4. L'aspirateur était dehors, mais Élisa ne l'a pas passé.

8 Answers will vary.

9 Answers will vary.

OPTIONAL TEST SECTIONS

ROMAN-PHOTO Leçon PA
1 1. d 2. b 3. a 4. e 5. c

ROMAN-PHOTO Leçon PB
1 1. a 2. c 3. b 4. a 5. c

CULTURE Leçon PA
1 1. a 2. c 3. a 4. a 5. c

CULTURE Leçon PB
1 1. Faux. Les logements français sont plus petits. 2. Vrai. 3. Faux. Les appartements ont rarement un lave-vaisselle. 4. Faux. Les kasbah sont des bâtisses de terre qu'on trouve dans le Sud marocain. 5. Vrai.

FLASH CULTURE
1 1. quartier 2. appartements 3. résidences 4. maisons 5. balcons

PANORAMA
1 1. c 2. a 3. b 4. a 5. a 6. c 7. c 8. b
2 1. b 2. a 3. b 4. c 5. c 6. a 7. c 8. a

LECTURE SUPPLÉMENTAIRE Leçon PA
1 Answers may vary slightly. 1. Il y a deux appartements à louer. 2. Il est dans une résidence de charme, dans le quartier des hôpitaux et des facultés. 3. Il a deux balcons, une cave et l'immeuble a un ascenseur. 4. La maison en banlieue n'est pas dans un immeuble. Elle a un jardin et une piscine. 5. Il est jeune et agréable. Il y a un cinéma et un musée. 6. Les trois appartements n'ont pas de baignoire. Ils ont une douche. 7. Il y a un canapé, une armoire, une table, des chaises et des étagères. 8. Le logement idéal pour un jeune étudiant est le studio meublé. Il est au centre-ville, près d'un arrêt d'autobus pour les universités. Il est meublé et le loyer n'est pas très cher.

LECTURE SUPPLÉMENTAIRE Leçon PB
1 Answers may vary slightly. 1. Ils mettent leur chocolat chaud dans le four à micro-ondes et leurs toasts dans le grille-pain. 2. Non, Madame Arceneaux prépare le café. Je le sais, parce que le café est souvent tout chaud dans la cafetière quand Nadine arrive dans la cuisine. 3. Les enfants font la vaisselle, Nadine range un peu la cuisine et ensuite, ils font les lits. 4. Monsieur Arceneaux fait la cuisine parce que Madame Arceneaux déteste la faire. 5. On fait la vaisselle dans l'évier. Il n'y a pas de lave-vaisselle parce que la cuisine est trop petite. 6. Elle fait la lessive. Non, elle ne quitte pas l'appartement, parce qu'il y a un lave-linge et un sèche-linge dans l'appartement. 7. Les enfants rangent leur chambre, Madame Arceneaux passe l'aspirateur et Nadine enlève la poussière. 8. Oui, elle est contente d'habiter chez les Arceneaux parce que la famille est super, les enfants sont gentils, ils aident pas mal à la maison et Nadine n'a pas beaucoup de travail.

Leçon 1A

VOCABULARY QUIZ I

1 1. g 2. e 3. f 4. b 5. a
2 1. fraises 2. viande 3. de la confiture
4. les poivrons rouges 5. d'ail
3 1. pommes de terre 2. pâtes 3. goûter
4. yaourt 5. cuisiner 6. légumes 7. oeufs
8. tarte 9. riz 10. oignons

VOCABULARY QUIZ II

1 Answers will vary.
2 Answers will vary.
3 Answers will vary.

GRAMMAR 1A.1 QUIZ I

1 1. il y a/pendant 2. depuis 3. Il y a 4. pendant
2 1. venons 2. est revenue 3. n'a pas retenu
4. venaient 5. sont devenues 6. maintient
7. deviennent 8. tenez/teniez
3 1. Oui, je viens de finir la tarte aux pommes!
2. Oui, elle vient de faire les courses! 3. Oui,
nous venons de déjeuner! / Oui, on vient de
déjeuner. 4. Oui, elles viennent de mettre le
poulet dans le four!

GRAMMAR 1A.1 QUIZ II

1 Answers will vary.
2 Answers will vary.
3 Answers will vary.

GRAMMAR 1A.2 QUIZ I

1 1. dois 2. veulent 3. veut 4. peux 5. Voulez
6. doivent 7. a dû 8. devions 9. avez pu
10. n'a pas voulu
2 1. Benoît et toi, vous devez choisir la musique.
2. Samir et Farida peuvent acheter les boissons.
3. Alisha et moi, nous voulons préparer deux
gâteaux. 4. Je dois laver le tapis. 5. Tu veux
aller au supermarché.
3 1. veux 2. veux 3. peux 4. devons 5. doit

GRAMMAR 1A.2 QUIZ II

1 Answers will vary.
2 Answers will vary.
3 Answers will vary.

LESSON TEST I

1 1. a 2. b 3. c 4. a 5. b
2 Answers will vary. Sample answers: *rouge*:
fraises, tomates, poivrons rouges, pommes;
blanc: ail, champignons, oignons; *vert*: haricots
verts, poires, pommes, poivrons verts; jaune:
bananes, pêches, poires oignons, pommes de
terre; *orange*: carottes, oranges, pêches
3. 1. est devenue 2. a retenus 3. tient
4. viennent; revenir
4 Answers will vary slightly. Sample answers.
1. Oui, j'ai sorti la poubelle il y a dix minutes.
2. Oui, ils viennent de faire les courses.
3. Oui, nous avons sorti les boissons il y a une
heure. 4. On met ça au four pendant deux
heures. 5. Oui, je viens de préparer la tarte
aux fruits. 5. Oui, elle attend les invités
depuis 19h00.
5 1. dois, ne veux pas 2. voulait/a voulu, n'ont
pas pu/ne pouvaient pas 3. voulait, devait
6 Answers will vary.

LESSON TEST II

1 1. b 2. a 3. b 4. c 5. c
2 1. viennent; fruits de mer 2. venons; poulet
3. vient; pomme de terre 4. viens; laitue/salade.
5. viens; steak 6. venez; carotte
3 1. est devenu 2. a retenus 3. tient 4. revenir
4 Answers will vary slightly. Sample answers.
1. Oui, ils ont préparé la tarte il y a dix minutes.
2. Oui, elle vient de faire les courses. 3. On met
ça au four pendant une heure. 4. Oui, nous
avons sorti les boissons il y a une heure. 5. Oui,
je viens de sortir la poubelle. 5. Oui, on attend
les invités depuis 19h00.
5 1. dois 2. a pu 3. n'ont pas voulu/ne voulaient
pas 4. pouvez 5. ai dû 6. voulons
6 Answers will vary.

Leçon 1B

VOCABULARY QUIZ I

1 a. 6 b. 3 c. 4 d. 1 e. 5 f. 7 g. 2
2 1. une cuillère (à soupe) 2. une nappe
3. un bol 4. de la crème 5. à la charcuterie
6. une entrée/un hors-d'oeuvre 7. à la pâtisserie
8. la carte/le menu
3 1. On utilise un couteau et une fourchette.
2. On peut acheter des fruits de mer à la
poissonnerie. 3. On ajoute du sel et du poivre.
4. On vend du boeuf à la boucherie. 5. On fait
attention à ce qu'on mange quand on est au
régime.

VOCABULARY QUIZ II

1 Answers will vary.
2 Answers will vary.
3 Answers will vary.

GRAMMAR 1B.1 QUIZ I

1 1. C'est l'examen le plus difficile du monde.
2. C'est la meilleure chanteuse du monde.
3. Ce sont les livres les moins intéressants
du monde. 4. Ce sont les plus belles filles
du monde. / Ce sont les filles les plus belles
du monde.
2 1. Les poires sont meilleures que les pommes.
2. Béatrice est aussi intelligente que Romain.
3. Nous nageons plus rapidement que vous.
4. La soupe est pire/plus mauvaise que la
salade. 5. Éva explique aussi patiemment
que Laurence.
3 1. Non, les étudiants parlent moins bien que le
professeur. 2. Il joue mieux que moi. 3. Il est
aussi facile que le/mon cours de chimie.

GRAMMAR 1B.1 QUIZ II

1 Answers will vary.
2 Answers will vary.
3 Answers will vary.

GRAMMAR 1B.2 QUIZ I

1 1. b 2. c 3. a 4. c 5. b
2 1. Natalie les lui a données. 2. Pose-les-moi.
3. Mes cousins me l'ont prêtée. 4. Nous allons
les lui montrer. 5. Je veux les leur lire.
3 1. Dis-la-lui! 2. Ne les leur donnez pas!
3. Rendez-les-moi! 4. Vendons-les-lui!
5. Ne nous l'explique pas!

GRAMMAR 1B.2 QUIZ II

1 Answers will vary.
2 Answers will vary.
3 Answers will vary.

LESSON TEST I

1 1. c 2. a 3. a 4. b 5. c
2 Answers will vary. Sample answer: Il y a des
assiettes, des fourchettes et une nappe sur la
table. Il y a aussi des serviettes, du sel et du
poivre. Le client commande un plat. Le serveur
apporte des desserts aux clients.
3 1. plus froid 2. aussi chers 3. moins grande
4. meilleure
4 1. le meilleur pain 2. le plus grand marché/
le marché le plus grand 3. les voisins les plus
gentils / les plus gentils voisins 4. le plus vieil
immeuble/l'immeuble le plus vieux
5 1. peux le lui prêter 2. le leur a donné 3. vous/
nous l'achète 4. devez nous les apporter 5. la
lui rends 6. vous/nous les a prises
6 Answers will vary.

LESSON TEST II

1 1. a 2. c 3. c 4. b 5. a
2 Answers will vary. Sample answer: Le
monsieur a demandé au serveur «qu'est-ce
que vous avez au menu/pour le déjeuner
aujourd'hui?» Après, il a mangé une entrée,
un plat principal et un dessert. Il y a des
assiettes, du sel, du poivre, un couteau, une
cuillère et une fourchette sur la table.
3 1. moins petite 2. mieux 3. aussi délicieux
4. pire/plus mauvais
4 1. le commerçant le plus sympa 2. la
boulangerie la plus extraordinaire 3. les
fleurs les plus jolies 4. les escargots les plus
fantastiques
5 1. pouvons le leur prêter 2. la lui a donnée
3. nous/vous les achète 4. devez nous les
apporter 5. ai oublié de les lui donner 6. dois
me/nous les apporter
6 Answers will vary.

Answers

UNIT TEST I

1 1. c 2. a 3. b 4. a 5. b 6. c 7. c 8. a

2 Sample answers: 1. le poivron vert/les haricots verts/la laitue/les petits pois/la salade 2. la banane/la poire/la pomme/la pêche 3. la viande/ le boeuf/le steak/la saucisse/le poulet/le porc/le pâté 4. le sel/le poivre/la moutarde/l'ail 5. la mayonnaise/la moutarde 6. le poisson / les fruits de mer / les escargots 7. la fourchette/le couteau/ la cuillère/l'assiette/le bol 8. le petit-déjeuner/le déjeuner/le goûter/le dîner

3 1. depuis 2. pendant 3. il y a 4. pendant 5. depuis 6. il y a 7. depuis 8. pendant

4 1. vient 2. devient 3. retiens 4. maintenons 5. tiennent 6. revenez 7. deviennent 8. maintient 9. retenons 10. Tiens 11. reviens 12. tenez

5 1. Pouvez 2. veux 3. peux 4. devons 5. veut 6. doit 7. peut 8. doivent 9. Voulez/Pouvez 10. dois 11. voulez 12.Pouvons/Voulons/Devons

6 1. meilleur 2. plus polis 3. moins chère 4. moins dangereux 5. plus calmes 6. plus naturelle 7. la moins polie 8. les moins bon marché 9. le plus mauvais/le pire 10. la plus naturelle 11. le plus calme 12. la plus chère

7 1. te les 2. la-moi 3. nous l' 4. les lui 5. les leur

8 1. Ils viennent d'assister au concert. Maintenant, ils doivent dîner. 2. Nous venons de bien manger. Maintenant, nous devons marcher un peu. 3. Vous venez de jouer au tennis. Maintenant, vous devez retrouver les autres. 4. Tu viens de faire les courses. Maintenant, tu dois aller chercher les enfants. 5. On vient de finir de manger. Maintenant, on doit payer l'addition.

9 Answers will vary.

UNIT TEST II

1 1. b 2. b 3. a 4. c 5. c 6. a 7. c 8. a

2 Sample answers: 1. une viande rouge/un morceau de boeuf 2. un objet pour manger 3. un légume orange 4. un repas vers midi 5. des légumes verts

3 1. ai retenu 2. tenait 3. reviennent 4. maintiens 5. est devenue 6. venons/sommes venus 7. teniez 8. retiens 9. retiennent 10. sommes devenus

4 1. veux 2. devais 3. voulons/voulions 4. dois 5. Pouvez 6. voulez 7. veut 8. pouvait 9. devez 10. pouvais/voulais

5 1. la lui 2. te la 3. vous les 4. te les 5. la leur

6 1. Je viens d'avoir mon diplôme. Maintenant, je veux travailler. 2. Tu viens de prendre quelques kilos. Maintenant, tu veux manger un peu moins. 3. Il vient d'écrire un long message. Maintenant, il veut l'envoyer. 4. Nous venons de commander. Maintenant, nous voulons commencer le repas. 5. Vous venez de payer l'addition. Maintenant, vous voulez partir.

7 Answers will vary.

8 Answers will vary.

9 Answers will vary.

OPTIONAL TEST SECTIONS

ROMAN-PHOTO Leçon 1A
1 1. b 2. c 3. b 4. a 5. b

ROMAN-PHOTO Leçon 1B
1 1. Faux. Valérie aide Sandrine dans la cuisine.
2. Faux. Rachid donne des chocolats à
Sandrine. 3. Vrai. 4. Vrai. 5. Faux. Amina
est au régime.

CULTURE Leçon 1A
1 1. restaurants 2. la française 3. fromages
4. 95 5. Le gumbo 6. Le po-boy

CULTURE Leçon 1B
1 1. c 2. a 3. b 4. a 5. b 6. b

FLASH CULTURE
1 Answers will vary. Sample answer: Au marché
de la Place Richelme, il y a des carottes, des
pommes de terre, des tomates, des pêches, des
fleurs et des fruits de mer.

PANORAMA
1 1. c 2. b 3. b 4. a 5. c 6. b 7. a

LECTURE SUPPLÉMENTAIRE Leçon 1A
1 Answers may vary slightly. 1. C'est un menu
pour le déjeuner. 2. On choisit le pâté de
campagne/ la quiche au jambon. 3. Oui. Les
entrées chaudes sont la douzaine d'escargots, la
soupe à l'oignon et la quiche au jambon.
4. Avec le boeuf, ce restaurant sert des carottes,
des champignons et des pommes de terre. 5. On
peut prendre le thon grillé accompagné de riz ou
la sélection de fruits de mer du jour. 6. On
propose une tarte aux pommes, un éclair au
chocolat et un gâteau aux fraises. 7. Il y a des
pêches, des bananes, des poires et des pommes.
8. Answers will vary.

LECTURE SUPPLÉMENTAIRE Leçon 1B
1 Answers may vary slightly. 1. On met des
pommes de terre, des tomates, des carottes,
un oignon, de l'ail, des haricots verts et des
olives vertes. 2. On peut utiliser du poulet
ou du boeuf. 3. Non, on a besoin de plus de
carottes que de tomates (de moins de tomates
que de carottes). 4. On met un demi-kilo de
haricots verts. 5. On a besoin de deux cuillères
à soupe d'huile. Non, on n'a pas besoin de
plus d'eau que d'huile. 6. Non, on sert le
tajine dans de grands bols. 7. On sert le tajine
avec des tranches de pain et du thé très chaud.
8. Answers will vary.

Leçon 2A

VOCABULARY QUIZ I

1 1. c 2. b 3. b 4. a 5. c 6. a

2 1. le cou 2. les pieds 3. les yeux
4. les cheveux 5. le visage 6. les dents
7. la taille 8. la tête

3 1. brosser les dents 2. serviette de bain
3. toilette 4. savon 5. s'habiller 6. réveil

VOCABULARY QUIZ II

1 Answers will vary.
2 Answers will vary.
3 Answers will vary.

GRAMMAR 2A.1 QUIZ I

1 1. nous brossons 2. me sèche 3. s'habille
4. vous lavez 5. se brossent

2 1. Vous vous séchez les cheveux avec une
serviette de bain. 2. Ma mère ne se maquille pas
tous les matins. 3. Nous nous habillons après le
petit-déjeuner. 4. Tu te réveilles tard le
dimanche matin. 5. Tout le monde s'endort
dans le salon.

3 1. À quelle heure (tes parents et toi) vous
réveillez-vous? 2. Te laves-tu les cheveux tous
les jours? 3. Pendant combien de temps tes
soeurs s'habillent-elles? 4. Ton père s'endort-il
vite? 5. Le week-end, à quelle heure ton frère se
lève-t-il?

GRAMMAR 2A.1 QUIZ II

1 Answers will vary.
2 Answers will vary.
3 Answers will vary.

GRAMMAR 2A.2 QUIZ I

1 1. vous souvenez 2. s'énervent 3. s'assied
4. se préparer 5. nous mettons 6. se promène
7. m'ennuie 8. t'amuser 9. se souviennent
10. s'inquiètent

2 1. m'entends 2. s'appellent 3. nous intéressons
4. se trouve 5. t'ennuies
6. m'arrête

3 1. Asseyez-vous 2. Ne t'inquiète pas!
3. Reposetoi! 4. Arrêtons-nous!

GRAMMAR 2A.2 QUIZ II

1 Answers will vary.
2 Answers will vary.
3 Answers will vary.

LESSON TEST I

1 1. b 2. c 3. a 4. b 5. c 6. a 7. c 8. a 9. b
10. c

2 Answers may vary slightly. Sample answer:
Dominique prend une douche. Puis, il se lave le
visage. Ensuite, il se rase. Enfin, il se coiffe.

3 1. me lave les mains 2. se maquillent 3. te
coiffes 4. nous réveillons/nous levons 5. vous
habillez

4 1. m'amuse 2. ne se rendent pas compte;
Arrêtezvous 3. vous énervez 4. nous occupons;
nous entendons bien 5. te prépares;
Dépêche-toi

5 Answers will vary.

LESSON TEST II

1 1. a 2. c 3. a 4. b 5. c 6. c 7. a 8. b 9. c
10. a

2 Answers may vary slightly. Sample answer:
Caroline se lève à neuf heures du matin. Puis, à
dix heures, elle se lave. Après ça, à onze heures
moins le quart, elle s'habille. Enfin, elle se
maquille à midi moins dix.

3 1. me brosse les dents 2. se rase 3. te regardes
4. se brossent les cheveux / se coiffent
5. vous séchez

4 1. me détendre 2. repose-toi 3. nous
promenons 4. s'ennuyer 5. se trouve 6. ne se
souviennent pas

5 Answers will vary.

Leçon 2B

VOCABULARY QUIZ I

1 1. c 2. g 3. b 4. a 5. e

2 1. Il a mal au coeur/au ventre. 2. Elle a mal
au(x) bras. 3. J'ai mal aux dents. 4. Nous
avons mal aux jambes/aux pieds. 5. Tu as mal
à la gorge.

3 1. guérit 2. fièvre 3. tomber malade 4. éternuer
5. enceinte 6. forme/bonne santé 7. pilules
8. l'ordonnance 9. piqûre 10. symptômes

VOCABULARY QUIZ II

1 Answers will vary.
2 Answers will vary.
3 Answers will vary.

GRAMMAR 2B.1 QUIZ I

1 1. c 2. c 3. a 4. b 5. c

2 1. me suis couchée 2. me sentais 3. éternuais 4. toussais 5. me suis endormie 6. me suis réveillée 7. s'est cassé 8. s'est foulé 9. s'est énervée

3 1. Elle s'est blessée. 2. je me suis foulé la cheville. 3. ils se sont cassé la jambe. 4. nous nous sommes disputés. 5. Il s'est mis en colère. 6. Elles se sont bien amusées.

GRAMMAR 2B.1 QUIZ II

1 Answers will vary.
2 Answers will vary.
3 Answers will vary.

GRAMMAR 2B.2 QUIZ I

1 1. Oui, elle en a acheté beaucoup. 2. Non, nous n'y allions pas souvent./Non, je n'y allais pas souvent. 3. Oui, il m'en a fait une. 4. Non, je ne m'en suis pas occupé. 5. Non, elles ne s'y intéressent pas.

2 1. Nous allons les y amener. 2. Leur en envoyezvous? 3. Tu lui en parles? 4. Mon grand-père les y range. 5. Je les y ai trouvées. 6. Vous m'en donnez. 7. Il préfère leur en lire. 8. Je les y ai mis. 9. Tu lui y as téléphoné? 10. Nous ne leur en prêtons pas.

3 1. Parles-en! 2. Pensez-y! 3. Vas-y! 4. Cherchons-en! 5. Manges-en!

GRAMMAR 2B.2 QUIZ II

1 Answers will vary.
2 Answers will vary.
3 Answers will vary.

LESSON TEST I

1 1. b 2. c 3. b 4. a 5. b 6. a 7. a 8. c 9. c 10. c

2 1. s'est cassé la jambe 2. a un rhume/éternue 3. a mal à la tête 4. a la grippe 5. s'est foulé la cheville 6. a mal aux dents

3 1. s'est réveillée 2. s'est levée 3. s'est lavé les mains 4. se sont coiffées 5. s'est souvenu 6. se sont disputés 7. se sont détendus 8. s'est endormie

4 y; y; en; en; y; y
5 Answers will vary.

LESSON TEST II

1 1. c 2. a 3. b 4. a 5. c 6. b 7. a 8. b 9. a 10. c

2 Answers may vary slightly. Sample answers: 1. a la grippe/un rhume / de la fièvre 2. a mal au ventre 3. s'est cassé la jambe 4. a un rhume / a la gripe / éternue 5. s'est foulé la cheville 6. a mal à la tête

3 1. se sont réveillés 2. s'est rasé 3. se sont habillés 4. se sont regardées 5. s'est occupée 6. se sont détendus 7. se sont couchés 8. s'est endormi

4 y; y; en; y; y; en
5 Answers will vary.

UNIT TEST I

1 1. a 2. b 3. a 4. c 5. b 6. c 7. a 8. c

2 1. la brosse à dents/le dentifrice 2. la brosse à cheveux 3. l'aspirine 4. le savon 5. le rasoir/la crème à raser 6. le maquillage 7. la serviette 8. le shampooing 9. le peigne/la brosse à cheveux 10. le réveil

3 1. enceinte 2. allergies 3. déprimé 4. fièvre 5. fait mal 6. s'est foulé 7. tousse 8. grippe 9. en pleine forme 10. enflé

4 1. me lève 2. m'occupe 3. m'habille 4. me maquille 5. me détends 6. se lavent 7. me réveille 8. me mets 9. se lèvent 10. nous asseyons

5 1. s'asseyent 2. s'énerve 3. s'amusent 4. t'occupes 5. se promène 6. vous reposez 7. se rend compte 8. m'ennuie

6 1. me suis ennuyé 2. t'es reposée 3. nous sommes préparés 4. s'est assise 5. vous êtes trompé 6. vous êtes amusées 7. se sont détendus 8. ne s'est pas énervé 9. ne nous sommes pas promenés 10. t'es mise

7 Sample answers: 1. Tu t'es lavé les dents. 2. Catherine s'est maquillée. 3. Vous vous êtes rasé. 4. Je me suis lavé les cheveux. 5. Ma voisine s'est réveillée. 6. Mme Decroix s'est lavé les mains. 7. Noël s'est coiffé. 8. On s'est couché à 10h30.

8 1. en 2. y 3. en 4. en 5. y 6. en 7. y 8. en
9 Answers will vary.

UNIT TEST II

1 1. b 2. a 3. b 4. c 5. a 6. c 7. b 8. a
2 1. l'oreille / les oreilles 2. le nez 3. les orteils
4. l'oeil/les yeux 5. les joues 6. la peau 7. la
bouche 8. la main 9. le cou 10. le genou
3 1. mal 2. symptômes 3. fièvre 4. rhume
5. grave 6. ventre 7. santé 8. ordonnance
9. reposez-vous 10. guérir
4 1. se coiffe 2. nous amusons 3. s'assied
4. s'occupe 5. m'intéresse 6. se met 7. te
trompes 8. vous ennuyez 9. s'énerve
10. se préparent
5 1. y 2. en 3. en 4. y 5. y 6. y 7. en 8. en
6 1. me suis assise 2. t'es préparé 3. ne s'est pas
ennuyé 4. s'est amusé 5. vous êtes détendues
6. se sont inquiétés 7. nous sommes dépêchés
8. vous êtes trompée 9. t'es énervée 10. ne
vous êtes pas disputés
7 Sample answers: 1. Je me suis rasé. 2. Vous
vous êtes maquillée. 3. Hippolyte s'est lavé le
visage. 4. Mlle Desbiens s'est lavé les cheveux.
5. Tu t'es coiffé. 6. On s'est brossé les dents.
8 Answers will vary.
9 Answers will vary.

OPTIONAL TEST SECTIONS

ROMAN-PHOTO Leçon 2A
1 1. b 2. c 3. b 4. c 5. c 6. b

ROMAN-PHOTO Leçon 2B
1 1. b 2. a 3. e 4. f 5. d 6. c

CULTURE Leçon 2A
1 1. b 2. b 3. c 4. a 5. a

CULTURE Leçon 2B
1 1. c 2. a 3. c 4. a 5. a 6. a

FLASH CULTURE
1 Answers will vary.

PANORAMA
1 1. b 2. a 3. a 4. c 5. b 6. a 7. c

LECTURE SUPPLÉMENTAIRE Leçon 2A

1 Answers may vary slightly. 1. On leur
recommande de bien se démaquiller le visage.
2. On recommande un savon et un shampooing
doux pour la douche et une bonne crème à raser
pour les hommes. 3. L'article recommande les
massages parce qu'ils permettent aux muscles
de se détendre. 4. On peut prendre une douche
ou un bain chaud. 5. On doit faire du sport pour
rester en forme parce que c'est bon pour le
coeur. 6. On ne doit pas se dépêcher. On ne doit
pas oublier de prendre son petit-déjeuner. 7. On
doit essayer de passer de bons moments avec les
gens avec qui on s'entend bien. On doit
s'amuser et on doit rire. 8. On ne doit pas
toujours s'énerver sans raison et on doit essayer
de ne pas se mettre en colère.

LECTURE SUPPLÉMENTAIRE Leçon 2B

1 Answers may vary slightly. 1. Elle ne se sent
pas bien. Elle est fatiguée et elle se sent très
faible. 2. Elle a mal au ventre, elle a mal au
coeur le matin et elle a des vertiges. 3. Elle n'a
pas de fièvre et elle ne tousse pas. 4. Non, elle
n'a pas la grippe et elle n'est pas malade. Le
docteur pense qu'elle est enceinte. 5. Elle va
devoir en parler au docteur. 6. Elle doit manger
sainement et continuer à faire un peu
d'exercice. Elle doit aussi se reposer.

Answers

Leçon 3A

VOCABULARY QUIZ I

1 1. c 2. a 3. c 4. b 5. b 6. a 7. c 8. b

2 1. sauvegarder 2. brancher 3. enregistrer
4. supprimer 5. smartphone/portable
6. mot de passe 7. jeux vidéo 8. appareil
photo (numérique)

3 Some answers may vary. 1. Tu utilises
l'imprimante. 2. Tu cliques sur un lien pour
aller sur un site Internet. 3. On sauvegarde les
fichiers sur le disque dur ou une clé USB.
4. Tu dois télécharger un logiciel.

VOCABULARY QUIZ II

1 Answers will vary.
2 Answers will vary.
3 Answers will vary.

GRAMMAR 3A.1 QUIZ I

1 1. de 2. à 3. à 4. X 5. de 6. à

2 1. apprendre 2. hésites 3. évite 4. adorons
5. continue 6. savent 7. rêvez

3 1. Hier, elle a oublié d'éteindre l'ordinateur.
2. Mes tantes ont appris à aller sur Internet
la semaine dernière. 3. Nous nous amusons
bien à jouer à des jeux vidéo. 4. Mon copain
hésite à acheter un smartphone. 5. Vous refusez
d'acheter une tablette?

GRAMMAR 3A.1 QUIZ II

1 Answers will vary.
2 Answers will vary.
3 Answers will vary.

GRAMMAR 3A.2 QUIZ I

1 1. s 2. X 3. s 4. es 5. X

2 1. nous sommes parlé 2. nous sommes donné
3. nous sommes retrouvés 4. ne nous sommes
plus téléphoné 5. nous sommes quittés

3 1. Ils se sont rencontrés à une fête. 2. Ils se sont
regardés toute la soirée. 3. Ils se sont donné
leurs numéros de téléphone. 4. Ils se sont
retrouvés au café tous les samedis. 5. Ils se sont
embrassés pour la première fois hier.

GRAMMAR 3A.2 QUIZ II

1 Answers will vary.
2 Answers will vary.
3 Answers will vary.

LESSON TEST I

1 1. a 2. a 3. b 4. b 5. a

2 1. C'est mon imprimante. 2. C'est mon écran.
3. C'est mon clavier. 4. C'est ma souris.
5. C'est mon portable/smartphone.

3 1. évite de 2. espérons 3. a décidé de
4. a appris à 5. aides à 6. détestent

4 1. Ils se quittent / Ils vont se quitter 2. Vous
vous écrivez / Vous allez vous écrire
3. Nous nous voyions / On se voyait
4. Ils s'embrassent

5 Answers will vary.

LESSON TEST II

1 1. a 2. b 3. b 4. a 5. a

2 1. C'est mon disc dur. 2. C'est mon clavier.
3. C'est mon imprimante. 4. C'est ma tablette.
5. C'est mon enregistreur DVR.

3 1. dois 2. avez oublié d' 3. savent 4. hésite à
5. refuse de 6. continuons à

4 1. Ils se disent 2. Nous nous téléphonons /
On se téléphone 3. Ils se retrouvent 4. Nous
nous donnons

5 Answers will vary.

Leçon 3B

VOCABULARY QUIZ I

1 1. d 2. h 3. g 4. b 5. a 6. c

2 1. ton permis de conduire 2. le volant
3. faire le plein 4. le capot 5. circulation

3 1. essuie-glaces 2. rétroviseur 3. ceinture de
sécurité 4. se garer 5. freins 6. embrayage
7. autoroute 8. pneu crevé 9. pare-chocs
10. policier 11. en panne 12. pression

VOCABULARY QUIZ II

1 Answers will vary.
2 Answers will vary.
3 Answers will vary.

GRAMMAR 3B.1 QUIZ I

1 1. ont découvert 2. ouvrir 3. souffres
4. couvrir 5. découvrons 6. offrez 7. ouvrent
8. a ouvert 9. souffrons 10. couvrir

2 1. souffre toujours avant un examen.
2. ouvrons nos cadeaux. 3. découvre beaucoup
de petits magasins chic. 4. couvre les meubles
avant de partir. 5. offrons huit mille dollars.

GRAMMAR 3B.1 QUIZ II

1 Answers will vary.
2 Answers will vary.
3 Answers will vary.

GRAMMAR 3B.2 QUIZ I

1 1. attendrais 2. Devrais 3. ferions 4. auriez
5. enverraient 6. recevrais 7. faudrait 8. irions
9. viendraient 10. saurait

2 1. Je voudrais quelque chose à manger.
2. Pourriez-vous me dire où se trouve la
librairie? 3. Ça t'ennuierait de faire la lessive?
4. Serait-ilpossible d'aller au parc aujourd'hui?
5. Nous aimerions regarder la télévision
l'après-midi.

3 1. Moi, je ne prendrais pas de dessert chaque
jour. 2. Papa, tu ferais de la gym trois fois par
semaine. 3. Isabelle et Françoise se mettraient
au lit de bonne heure. 4. Maman serait au
régime. 5. Nous devrions manger beaucoup
de légumes.

GRAMMAR 3B.2 QUIZ II

1 Answers will vary.
2 Answers will vary.
3 Answers will vary.

LESSON TEST I

1 1. b 2. a 3. b 4. c 5. b 6. c 7. a 8. c

2 Answers will vary. Sample answers: 1. Le
mécanicien vérifie l'huile/le moteur. 2. Il fait le
plein d'essence. 3. L'agent de police donne une
amende. 4. Elle se regarde dansle rétroviseur.
5. Il regarde le policier et la circulation.

3 1. ouvre/offre 2. découvrons/offrons 3. offres
4. ont souffert 5. a couvert 6. avez découvert

4 1. Suzanne et toi réussiriez à oublier le travail.
2. Je ferais une promenade à la plage. 3. Jean et
Luc ne prépareraient pas un examen. 4. Yves et
moi irions à Montréal. 5. Tu te reposerais.
6. Sophie n'attendrait pas avec impatience la
fin des vacances. 7. On regarderait un film au
cinéma l'après-midi. 8. Nous n'aurions pas
(de) cours. 9. Notre professeur n'assisterait
pas à une conférence.

5 Answers will vary.

LESSON TEST II

1 1. c 2. c 3. a 4. b 5. b 6. c 7. a 8. b

2 1. la station-service 2. le mécanicien 3. le(s)
phare(s) 4. le pneu 5. le moteur 6. le capot
7. le pare-brise 8. le volant 9. la portière
10. le coffre

3 1. offres 2. ouvrons 3. couvrent 4. ai souffert
5. a découvert 6. avez ouvert

4 1. Amélie et toi ne répondriez pas aux questions
du prof. 2. Je nagerais souvent à la piscine.
3. Sylvain et Luc ne feraient pas leurs devoirs.
4. Philippe irait à Paris. 5. Tu te promènerais à
vélo. 6. Anne-Laure et moi lirions un bon livre.
7. On ferait un pique-nique au parc tout
l'aprèsmidi. 8. Nous ne serions pas à la
bibliothèque. 9. Les Noirot passeraient
une semaine à la plage.

5 Answers will vary.

UNIT TEST I

1 1. c 2. a 3. c 4. b 5. c 6. a 7. b 8. a

2 1. un enregistreur DVR 2. une clé usb / un
disc dur 3. un portable / un smartphone
4. une casque (audio) 5. un appareil photo
(numérique) / un portable / un smartphone
6. une télécommande 7. un clavier 8. un souris
9. un réseau social 10. un lecteur DVD

3 Sample answers: 1. Je télécharge des logiciels /
de la musique / des films. 2. Je branche mon
portable / smartphone / ma tablette. 3. Je peux
ajouter et supprimer des amis. 4. Il me faut un
mot de passe. 5. J'utilise une imprimante.
6. Je regarde mes e-mails / je vais sur mon
réseau social.

4 1. Ouvre 2. couvrez 3. souffre 4. découvrent
5. offrons 6. couvres 7. ouvrait 8. ont
découvert 9. ai souffert 10. a offert

5 1. de 2. de 3. de 4. Ø 5. à 6. à 7. de 8. Ø
9. à 10. d'

6 1. se sont quittés 2. s'adore 3. ne se connaissent
pas 4. nous écrivions 5. se téléphonait 6. vous
entendez 7. se sont dit 8. nous retrouvons 9. ne
nous regardons pas 10. vous êtes donné.

7 1. réparerait 2. achèterais 3. ferions
4. changerait 5. mettrions 6. pourrais
7. nettoierait 8. voudraient 9. ferais
10. pourrait 11. ne saurait pas 12. serions

8 Sample answers: 1. Elles s'adorent. 2. Vous
vous embrassez. 3. On se quitte. 4. Nous nous
disons bonjour..

9 Answers will vary.

| A-12 | Answers

UNIT TEST II

1 1. b 2. a 3. b 4. a 5. c 6. b 7. c 8. a

2 Sample answers: 1. pour imprimer un texte
2. pour communiquer avec / ajouter / supprimer
des amis 3. pour sauvegarder des fichiers
4. pour enregistrer des films
5. pour aller sur Internet

3 Sample answers: 1. tourne les roues. 2. couvre
le moteur. 3. nettoient le pare-brise.
4. protègent des accidents. 5. arrêtent
la voiture.

4 1. d' 2. Ø 3. de 4. de 5. Ø 6. à 7. à 8. Ø
9. de 10. à

5 1. ouvres 2. découvrez 3. offrent 4. souffre
5. couvre 6. ai découvert 7. offrent 8. avons
ouvert 9. souffrais 10. couvrait

6 1. achèterais 2. prendrais 3. serait
4. marcheraient 5. pourrions 6. aurions
7. jouerait 8. démarrerait 9. installerais
10. viendraient

7 7 Sample answers: 1. Ils se connaissent bien.
2. Nous nous disons au revoir. 3. Elles se
parlent tous les jours. 4. Vous vous écrivez
régulièrement. 5. On ne s'embrasse pas.

8 Answers will vary.

9 Answers will vary.

OPTIONAL TEST SECTIONS

ROMAN-PHOTO Leçon 3A

1 1. Faux. Rachid ne peut pas se concentrer à
cause de la musique. 2. Vrai. 3. Faux. Amina
n'a pas l'intention de rencontrer Cyberhomme.
4. Faux. Amina retrouve la dissertation de
David. 5. Faux. Cyberhomme, c'est Rachid.

ROMAN-PHOTO Leçon 3B

1 1. e 2. b 3. d 4. a 5. c

CULTURE Leçon 3A

1 1. b 2. c 3. b 4. b 5. a 6. b

CULTURE Leçon 3B

1 1. Vrai. 2. Vrai. 3. Faux. La Smart Fortwo est
une voiture. 4. Vrai. 5. Faux. La 2CV était
très populaire parmi des jeunes des années
1970 et 1980.

FLASH CULTURE

1 1. a 2. c 3. b 4. b

PANORAMA

1 1. a 2. b 3. b 4. b 5. a 6. b 7. c 8. c

LECTURE SUPPLÉMENTAIRE Leçon 3A

1 Answers will vary. Sample answers: 1. On peut
faire des recherches, télécharger des images et
de la musique et créer des sites web. 2. Answers
will vary. Any three of the following: On peut
écrire et sauvegarder des fichiers, créer des
programmes d'application, regarder des DVD.
3. On doit l'éteindre. 4. On peut regarder des
films à partir d'un DVD ou d'une clé USB.
5. Il y en a assez pour brancher un souris, un
disc dur externe et une clé USB tous à la fois.
6. On choisit les fichiers, les applications et les
logiciels qu'on veut utiliser.

LECTURE SUPPLÉMENTAIRE Leçon 3B

1 Answers will vary. Sample answers: 1. Il doit
toujours attacher sa ceinture de sécurité et il
doit bien regarder dans le rétroviseur. 2. Il ne
faut pas rouler trop vite parce que la vitesse
augmente le temps nécessaire pour freiner.
3. Il ne reste pas à gauche et il évite de changer
constamment de voie. 4. Answers will vary.
Any three of the following: Il faut vérifier les
freins, l'huile, les pneus et le moteur. Il faut
nettoyer le pare-brise, les phares et les
rétroviseurs. Il faut changer les essuie-glaces
quand ils sont vieux. 5. Il doit s'arrêter dans
une station-service pour faire vérifier sa voiture.
6. Il doit s'arrêter pour aider ou pour proposer
d'appeler un mécanicien. Il doit appeler la
police s'il y a un accident. 7. Il ne faut jamais
conduire si on est très fatigué. 8. Answers will
vary. Any three of the following: Il doit bien
respecter le code de la route et il doit être poli. Il
ne doit pas dépasser quand ce n'est pas permis.
Il doit toujours garer sa voiture dans un parking
ou à un endroit où c'est permis.

Leçon 4A

VOCABULARY QUIZ I

1 1. bureau de poste 2. salon de beauté
3. papeterie 4. bijouterie 5. marchand
de journaux

2 1. c 2. b 3. b 4. f 5. a

3 1. timbre 2. mairie 3. monnaie 4. fermée
5. dépenses 6. brasserie 7. espèces 8. adresse
9. facteur 10. queue

VOCABULARY QUIZ II

1 Answers will vary.
2 Answers will vary.
3 Answers will vary.

GRAMMAR 4A.1 QUIZ I

1 1. b 2. a 3. c 4. d

2 1. reçoivent 2. a reçu 3. as vu 4. croyez
5. aperçoivent/voient 6. croit

3 1. D'habitude, Fabrice et moi recevions
beaucoup de cadeaux. 2. Tout à coup, on a vu
les montagnes derrière l'église. 3. Quand
j'étais enfant, je croyais aux extraterrestres.
4. Tu as reçu un appel urgent de ton bureau le
week-end dernier? 5. Hier, il s'est aperçu de ses
erreurs.

GRAMMAR 4A.1 QUIZ II

1 Answers will vary.
2 Answers will vary.
3 Answers will vary.

GRAMMAR 4A.2 QUIZ I

1 1. Je n'ai ni biologie ni chimie à neuf heures.
2. Personne n'est venu à la maison hier.
3. Non, elle n'a rien lu d'intéressant. 4. Non, il
n'y a aucun salon de beauté près d'ici. 5. Non,
je ne sors plus avec Laure.

2 1. Léonie ne se réveille jamais à sept heures.
2. Léonie ne parle aucune langue étrangère.
3. Léonie ne va avec personne au cinéma.
4. Léonie n'est jamais allée à Dakar./Léonie
n'est allée qu'une fois à Dakar. 5. Léonie n'a
rien mangé ce matin.

3 Mardi, nous n'avons rien fait à Paris. Le soir,
nous n'avons retrouvé personne au café Renoir.
Je ne vais jamais retourner à ce café. Mercredi,
nous n'avons visité ni le Louvre ni la tour
Eiffel. Jeudi, nous n'avons vu aucun spectacle
sur la place Mercure.

GRAMMAR 4A.2 QUIZ II

1 Answers will vary.
2 Answers will vary.
3 Answers will vary.

LESSON TEST I

1 1. c 2. a 3. b 4. c 5. b

2 Answers will vary. Possible answers: 1. Elle va
chez le marchand de journaux. 2. Elle va à la
banque. 3. Elle va à la laverie. 4. Elle va à la
poste. 5. Elle va dans une boutique/un magasin
(de chaussures). 6. Elle va au distributeur
automatique.

3 1. croyez, ai pas vu/ai pas aperçu 2. recevons,
as aperçu/as vu 3. ai aperçu/ai vu, reçoivent

4 1. n'ai vu personne 2. n'ai rien entendu
3. n'habite plus 4. n'a pris ni 5. n'y a aucune
6. n'ai jamais vu

5 Answers will vary.

LESSON TEST II

1 1. c 2. a 3. a 4. b 5. c

2 Answers will vary. Suggested answers:
1. Bernard met une lettre dans une enveloppe.
2. M. Martin met une lettre dans la boîte aux
lettres. 3. Madame Ménard envoie un colis.
4. M. Thibault et son fils font la queue.
5. Yves achète des timbres. 6. Le facteur
emporte le courrier.

3 1. as reçu 2. croyons 3. s'est aperçue/a vu/a cru
4. apercevons/voyons 5. reçoit 6. ai vu/me suis
aperçu(e)/ai cru

4 1. Non, il n'est jamais en retard. 2. Non, je ne
fais plus de jogging. 3. Je n'ai parlé avec
personne ce matin. 4. Non, je n'ai ni timbre ni
enveloppe. 5. Non, je n'ai aucune envie de
t'accompagner au cinéma. 6. Je ne veux rien
faire cet après-midi.

5 Answers will vary.

Leçon 4B

VOCABULARY QUIZ I

1 1. la banque 2. L'office du tourisme
3. La boulangerie 4. L'université 5. le café

2 1. une avenue 2. un coin 3. un chemin
4. un bâtiment 5. se déplacer

VOCABULARY QUIZ II

1 Answers will vary.
2 Answers will vary.
3 Answers will vary.

GRAMMAR 4B.1 QUIZ I

1.   1. s'occupera   2. chercherai   3. mettront
     4. prendras   5. choisirons   6. téléphonerez
     7. rendrons   8. sortira
2.   1. Mes amis et moi partirons en voyage.   2. Ian
     et toi apprendrez le français.   3. Tu ne conduiras
     pas la nouvelle voiture de papa.
3.   1. J'achèterai le gâteau demain.   2. Nous
     nettoierons le salon demain.   3. Anne répétera
     au stade demain.   4. J'appellerai oncle Louis
     demain.   5. Tristan et Anne payeront/paieront
     leur amende à la bibliothèque demain.
     6. Tristan balaiera le balcon demain.

GRAMMAR 4B.1 QUIZ II

1.   Answers will vary.
2.   Answers will vary.
3.   Answers will vary.

GRAMMAR 4B.2 QUIZ I

1.   1. serons   2. recevrai   3. ferons   4. pourrez
     5. iras   6. devra   7. aura   8. deviendrai
2.   1. Il pleuvra et il fera mauvais.   2. Mes cousines
     viendront nous rendre visite.   3. Nous irons au
     cinéma avec des amis.   4. Les parents de
     Micheline nous enverront les livres.   5. Ce sera
     l'anniversaire de Mirabelle.   6. Je devrai aller
     chez le dentiste.
3.   1. Je ferai du cheval ce vendredi matin.
     2. Il saura sa nouvelle adresse la semaine
     prochaine.   3. Elles auront beaucoup de
     devoirs l'année prochaine.

GRAMMAR 4B.2 QUIZ II

1.   Answers will vary.
2.   Answers will vary.
3.   Answers will vary.

LESSON TEST I

1.   1. c   2. a   3. b   4. b   5. c
2.   1. la brasserie   2. le parking   3. la gare
3.   1. déposerai   2. nettoierons   3. attendra
     4. choisira   5. chercherez   6. finiront
     7. réfléchiras   8. déménageront
4.   1. enverrai   2. ira   3. pourras   4. devront
     5. viendront   6. aura   7. faudra   8. recevrons
5.   Answers will vary.

LESSON TEST II

1.   1. a   2. c   3. a   4. c   5. c
2.   Answers may vary. Samples answers:
     1. Yannick: Tourne à droite deux fois et prends
     la rue Denis. Continue jusqu'à la rue de la
     Promenade et tourne à gauche. La gare est au
     bout de la rue.   2. Élisabeth: Dans la rue du
     Château, prends la première à gauche, c'est la
     rue Denis. Continue tout droit puis tourne à
     droite dans la rue de Normandie. La brasserie
     est à l'angle sur la droite.   3. André: Tourne tout
     de suite à droite dans la rue de la Promenade et
     marche jusqu'au bâtiment suivant. La mairie est
     à l'angle, à droite
3.   1. posterai   2. remplirons   3. retirera   4. liras
     5. achèterez   6. écriront   7. rendras visite
     8. traverseront
4.   1. reviendrai   2. fera   3. prendrez   4. irons
     5. seront   6. saura   7. devra   8. viendras
5.   Answers will vary.

UNIT TEST I

1.   1. Vrai   2. Faux   3. On ne sait pas.   4. On ne sait
     pas.   5. Vrai   6. Faux
2.   1. d   2. h   3. j   4. f   5. a   6. c   7. i   8. b   9. e   10. g
3.   1. vois   2. aperçois   3. croyez   4. s'aperçoivent
     5. voyons   6. n'apercevait pas   7. a reçu, s'est
     aperçue   8. n'avons pas vu, avons cru
4.   Suggested answers: 1. la rue du Docteur Mazet
     2. la rue Marius Gontard   3. l'avenue Félix
     Viallet   4. boulevard Gambetta
     5. l'avenue Félix Viallet   6. l'université
     7. la place Hubert Dubedout   8. chemin Pinal
     9. la place Dubedout.   10. pont
5.   1. tournerez   2. se déplacera   3. descendrons
     4. finiront   5. achèteront   6. emprunterai
     7. suivras   8. sortirons   9. remplira
     10. paiera / payera
6.   1. devrez   2. verra   3. seront   4. saurez
     5. voudrons   6. pourras   7. aurai   8. ne viendra
     pas   9. feront   10. irons
7.   Suggested answers: 1. Il n'y avait personne
     dans la boutique.   2. Je n'ai jamais vu des
     enfants ici.   3. En général, on ne paie ni en
     espèces ni par chèque.   4. Loubna ne fréquente
     plus ce salon.   5. Ils n'ont rien signé.   6. Vous
     n'avez reçu aucun colis aujourd'hui.
8.   Sample answers: 1. Je laverai mes vêtements
     à la laverie.   2. Les Gervais retireront de
     l'argent au distributeur.   3. Vous enverrez un
     colis à la poste.   4. Tu iras au salon de beauté.
     5. Nous achèterons des tee-shirts dans une
     boutique.   6. Mme Pradier choisira une bague
     à la bijouterie.
9.   Answers will vary.

UNIT TEST II

1 1. Faux 2. Faux. 3. Vrai 4. Faux
5. Vrai 6. On ne sait pas.

2 1. la poste 2. l'office du tourisme 3. la banque
4. la laverie 5. le distributeur automatique
6. le marchand de journaux

3 1. n'aperçoit pas 2. crois 3. reçoit 4. vous
apercevez 5. ne voyons pas 6. ne l'ont pas cru
7. apercevais 8. as reçu 9. avez vu 10. ne nous
sommes pas aperçus

4 1. traverser 2. tourner 3. au coin
4. continuer 5. au bout 6. près 7. suivre
8. jusqu'à 9. tout droit 10. sud

5 1. devras 2. faudra 3. apercevrez 4. prendrez
5. ne ferai pas 6. enverrons 7. suivront
8. irons 9. sauras 10. ne traverseras pas

6 Suggested anwers: 1. Personne ne fait la queue.
2. Je n'utilise aucune carte bancaire. 3. Il n'y a
ni statue de Louis XIII ni pont sur ce boulevard.
4. Tu ne vois rien là-bas. 5. Cette boutique n'est
jamais fermée le dimanche. 6. Ils ne
connaissent plus le chemin.

7 Sample answers: 1. La laverie sera ouverte.
2. Le distributeur ne donnera plus de billets.
3. On pourra aller à la poste. 4. Sarah apercevra
son amie dans le salon de beauté. 5. Cette
boutique ouvrira tard. 6. La bijouterie aura
peu de clients.

8 Answers will vary.

9 Answers will vary.

OPTIONAL TEST SECTIONS

ROMAN-PHOTO Leçon 4A

1 1. Faux. La charcuterie n'accepte pas les cartes
de crédit. 2. Faux. Rachid emprunte de l'argent
à Amina. 3. Faux. La banque est fermée parce
que c'est samedi. 4. Vrai. 5. Vrai. 6. David et
Sandrine vont aller dans une brasserie.

ROMAN-PHOTO Leçon 4B

1 1. f 2. a 3. b 4. d 5. c 6. e

CULTURE Leçon 4A

1 1. c 2. a 3. a 4. b 5. c

CULTURE Leçon 4B

1 1. b 2. a 3. c 4. a 5. a

FLASH CULTURE

1 1. c 2. b 3. a 4. b 5. c 6. c

PANORAMA

1 1. c 2. a 3. c 4. b 5. a 6. b 7. a 8. c

LECTURE SUPPLÉMENTAIRE Leçon 4A

1 Answers may vary slightly. 1. Elle doit faire des
courses. 2. Il lui demande d'aller chercher leur
nouvelle carte bancaire. Elle va aller à la
banque et elle va aussi y retirer de l'argent.
3. Elle va apporter un colis pour son mari et elle
va acheter des timbres pour les États-Unis.
4. Elle va aller au salon de beauté pour se faire
coiffer. 5. Elle va acheter un cadeau
d'anniversaire pour son amie Nathalie. 6. Il
lui propose de manger ensemble en ville.
7. Ils vont se retrouver à midi et demi, dans
une nouvelle brasserie, en ville. 8. Elle va aussi
chez le marchand de journaux pour acheter le
journal de son mari.

LECTURE SUPPLÉMENTAIRE Leçon 4B

1 Answers may vary slightly. 1. On traverse le
pont et on descend par l'escalier qui est près
des bancs. Ensuite, on va tout au bout du quai.
2. Le bateau tournera après l'île Saint-Louis et
il partira dans l'autre direction. 3. Non, il est
tout près. Il est en face de Notre-Dame, à droite.
4. Le musée du Louvre se trouve à droite après
avoir dépassé la Conciergerie. 5. Il y a un grand
rond-point et un obélisque. 6. Le Grand Palais
est sur l'avenue Winston Churchill, pas très
loin de la place de la Concorde. 7. Le bâteau
se passera sous des ponts célèbres. 8. Elle
se trouve en face (près) du Trocadéro.
9. La croisière durera d'environ une heure
et dix minutes.

Leçon 5A

VOCABULARY QUIZ I

1 1. f 2. b 3. d 4. h 5. c 6. g
2 1. à l'appareil 2. quitte 3. rendez-vous
4. recommandation 5. numéro
3 1. candidats 2. petites annonces / journaux
3. embauche 4. domaine 5. personnel
6. Raccroche 7. employés 8. motivation
9. Patientez

VOCABULARY QUIZ II

1 Answers will vary.
2 Answers will vary.
3 Answers will vary.

GRAMMAR 5A.1 QUIZ I

1 1. Je vous enverrai le colis dès que je le
recevrai. 2. Ils chercheront du travail dès
qu'ils finiront leurs études. 3. Les employés
seront contents quand ils auront un salaire
élevé. 4. Nous embaucherons des spécialistes
dès que nous obtiendrons de l'argent.
5. Tu prendras un rendez-vous dès que
tes parents arriveront.
2 1. es 2. êtes allé(e)(s) 3. fera 4. comprennent
5. quittera
3 1. Quand j'aurai un travail, mes enfants feront
des projets. 2. Dès que vous gagnerez de
l'argent, vous achèterez une voiture. 3. Dès
qu'il pleuvra, les enfants rentreront chez eux.
4. J'appellerai Paul quand ma mère raccrochera.
5. Nous commencerons le traitement dès que
nous saurons les résultats.

GRAMMAR 5A.1 QUIZ II

1 Answers will vary.
2 Answers will vary.
3 Answers will vary.

GRAMMAR 5A.2 QUIZ I

1 1. d 2. a 3. e 4. c 5. b
2 1. Auxquels 2. à laquelle 3. duquel
4. Laquelle 5. Lesquelles
3 1. Laquelle 2. Lesquels 3. Lequel 4. auxquels
5. auxquelles 6. desquels 7. auquel
8. Lequel 9. Lesquelles 10. à laquelle

GRAMMAR 5A.2 QUIZ II

1 Answers will vary.
2 Answers will vary.
3 Answers will vary.

LESSON TEST I

1 1. b 2. a 3. c 4. a 5. a
2 Answers may vary. Suggested answers:
1. Elle lit les annonces. 2. Il passe un entretien
(avec le chef du personnel). 3. Il patiente.
4. Elle raccroche/va raccrocher (le téléphone).
5. Il décroche/va décrocher (le téléphone).
6. Le patron parle avec l'employée.
3 1. aurai 2. réussira 3. prendrons 4. auras
5. lit 6. a embauché
4 1. laquelle 2. Auquel 3. Duquel
4. Auxquelles 5. De laquelle 6. Lesquelles
5 Answers will vary.

LESSON TEST II

1 1. b 2. b 3. c 4. a 5. c
2 Answers may vary. Suggested answers: 1. Il
passe un entretien (avec le chef du personnel).
2. Il décroche / va décrocher (le téléphone).
3. Elle lit les annonces. 4. Il patiente. 5. Le
patron parle avec l'employée. 6. Elle
raccroche / va raccrocher (le téléphone).
3 1. aurai 2. n'est pas 3. s'apercevra
4. ai obtenu 5. aura 6. trouverez
4 1. lequel 2. Lequel 3. À laquelle/De laquelle
4. laquelle 5. Lesquels 6. Lequel
5 Answers will vary.

Leçon 5B

VOCABULARY QUIZ I

1 1. un voisin 2. à plein temps 3. embaucher
4. une promotion 5. une réussite
2 1. une vétérinaire 2. un chauffeur de taxi/de
camion 3. un agriculteur 4. une femme au
foyer 5. une électricienne 6. un cuisinier
7. un agent immobilier
3 1. assurance-maladie 2. congé 3. exigeante
4. réunion 5. augmentation 6. chômage
7. syndicat 8. plombier

VOCABULARY QUIZ II

1 Answers will vary.
2 Answers will vary.
3 Answers will vary.

GRAMMAR 5B.1 QUIZ I

1 1. c 2. a 3. a 4. c 5. b

2 1. resterais 2. cherchera 3. sera 4. jouaient 5. tomberez

3 1. Si les enfants étaient fatigués, ils dormiraient. 2. Si le professeur expliquait la grammaire, les élèves comprendraient mieux. 3. Si j'allais à l'étranger, j'aurais un passeport. 4. Si vous étudiiez bien, vous réussiriez à l'examen. 5. Si tu passais l'entretien, tu mettrais un tailleur.

GRAMMAR 5B.1 QUIZ II

1 Answers will vary.

2 Answers will vary.

3 Answers will vary.

GRAMMAR 5B.2 QUIZ I

1 1. qui 2. où 3. dont 4. que 5. que 6. qui

2 1. que 2. qui 3. dont 4. où 5. qui 6. dont

3 1. Il a perdu les lunettes qu'il a reçues hier. 2. C'est un film classique dont l'actrice s'appelle Rebecca. 3. Le plombier qui a les cheveux noirs est très gentil. / Le plombier qui est très gentil a les cheveux noirs. 4. Arnaud a acheté les pulls que Nicole a choisis.

GRAMMAR 5B.2 QUIZ II

1 Answers will vary.

2 Answers will vary.

3 Answers will vary.

LESSON TEST I

1 1. b 2. a 3. c 4. a 5. c

2 1. chercheur 2. psychologue 3. ouvrière 4. cuisinier 5. pompier

3 1. serons 2. gagne 3. prendrais 4. aurez 5. se repose 6. renverrais 7. travaillait 8. voyagerais

4 1. faisait 2. embauchait 3. allais 4. étais

5 1. que 2. dont 3. qui 4. que 5. où 6. que/où

6 Answers will vary.

LESSON TEST II

1 1. c 2. b 3. c 4. a 5. b

2 1. agriculteur 2. vétérinaire 3. électricienne / ouvrière 4. chauffeur de taxi 5. comptable

3 1. avais 2. prendrais 3. trouvera 4. obtiendriez 5. serais 6. regardions 7. ne gagnera pas 8. quitterais

4 1. prenions 2. renvoyait 3. étais 4. lisions

5 1. qui 2. dont 3. où 4. qu' 5. qui 6. que

6 Answers will vary.

UNIT TEST I

1 1. b 2. a 3. b 4. c 5. c 6. a

2 1. un banquier 2. cuisinier / chef 3. pompier 4. vétérinaire 5. électricien 6. agriculteur 7. banquière 8. cuisinière / chef 9. femme pompier 10. vétérinaire 11. électricienne 12. agricultrice

3 1. décrocher 2. raccrocher 3. combiné 4. messagerie 5. appareil 6. laisser un message

4 1. Lequel 2. Lesquels 3. Laquelle 4. Lesquelles 5. Laquelle 6. Auquel 7. À laquelle 8. Duquel 9. De laquelle/Desquelles 10. Duquel/Desquels

5 Sample answers: 1. Lequel est au chômage? 2. Laquelle est la mieux payée? 3. Lequel vient de postuler? 4. Lequel a pris un congé? 5. Lesquels travaillent pour la même compagnie?

6 1. demandait 2. était 3. serons 4. embaucheront 5. finirait 6. rappellerons 7. embauchera 8. étaient

7 Sample answers: 1. Voici Mme Planaud, qui vous montrera votre bureau. 2. C'est une profession exigeante que vous avez choisie. 3. L'électricien que j'ai appelé il y a une semaine vient d'arriver. 4. Voici la grande salle où nous avons nos réunions. 5. M. Durand, qui est le patron du syndicat, nous rendra visite bientôt. 6. Le poste dont j'ai démissionné a trop de responsabilités. 7. L'entreprise où on a fait carrière a beaucoup d'employés. 8. Le projet dont je vous parle est important.

8 Suggested anwers: 1. Je serai mieux payé quand je dirigerai ma propre équipe. 2. La réunion aura lieu quand cette salle sera libre. 3. Je gagnerai autant que mon patron dès que l'entreprise fera des bénéfices. 4. On embauchera quelqu'un pour ce poste dès qu'on recevra un bon CV. 5. Je renverrai/Nous renverrons du personnel quand je devrai/nous devrons le faire 6. Nous démissionnerons quand nous le pourrons.

9 Answers will vary.

UNIT TEST II

1 1. a 2. c 3. c 4. b 5. a 6. b
2 Sample answers: 1. Il conduit un taxi.
   2. Il dirige une entreprise. 3. Elle donne des
   conseils. 4. Il aide des patients. 5. Elle
   s'occupe de comptes. 6. Il vend des maisons.
3 Suggested answers: 1. Allô 2. Qui est à
   l'appareil 3. Ne quittez pas 4. C'est de la part
   de qui
4 1. Laquelle 2. Lesquels 3. Auquel 4. Duquel
   5. laquelle 6. De laquelle/Desquelles
   7. Duquel/ Desquels 8. Lesquelles
5 1. pourriez 2. aurai 3. devrez 4. aurais
   5. prendrez 6. postulaient 7. trouveras
   8. déménagerais
6 Sample answers: 1. Vous recevrez la
   promotion dont nous avons parlé à la réunion.
   2. Je suis le cadre qui dirige ce projet. 3. La
   comptable que nous avons appelée viendra cet
   après-midi. 4. Ce sont les spécialistes du
   domaine qui nous intéresse. 5. Tu as pris
   rendez-vous avec la banquière que nous avons
   déjà appelée. 6. La carrière dont j'ai toujours
   rêvé est à la mode.
7 Suggested anwers: 1. On vous appellera quand
   toute l'équipe sera sûre. 2. Je serai prête à
   passer un entretien dès que vous le voudrez.
   3. Elle prendra un congé dès qu'elle le pourra.
   4. Je lirai les petites annonces dès que je saurai
   ce que je veux faire. 5. Les étudiants gagneront
   de l'expérience professionnelle quand ils feront
   un stage. 6. Nous aurons des responsabilités
   quand nous aurons un meilleur poste.
8 Answers will vary.
9 Answers will vary.

OPTIONAL TEST SECTIONS

ROMAN-PHOTO Leçon 5A
1 1. Faux. Astrid va étudier la médecine.
   2. Faux. Stéphane va étudier l'architecture.
   3. Vrai. 4. Vrai. 5. Faux. Stéphane va aller à
   l'Université de Marseille. 6. Faux. Astrid va
   aller à l'Université de Bordeaux. 7. Vrai.

ROMAN-PHOTO Leçon 5B
1 Answers will vary.

CULTURE Leçon 5A
1 Answers may vary. 1. Il y en a environ 73
   millions. 2. On doit avoir un compte bancaire
   en France. 3. Le prix moyen d'un abonnement
   est 16 euros. 4. C'est un langage phonétique
   qui joue avec le son des lettres et des chiffres.
   5. Je réponds: rien de spécial. 6. Ingénieur en
   efficacité énergétique est un métier bien payé
   au Sénégal. 7. Les artisans apprennent leurs
   métiers par un système d'apprentissage.
   8. Un bijoutier, un boucher, un plombier
   et un fleuriste sont des artisans.

CULTURE Leçon 5B
1 1. c 2. a 3. c 4. a 5. b 6. b 7. b

FLASH CULTURE
1 1. d 2. a 3. b 4. c

PANORAMA
1 1. c 2. b 3. c 4. a 5. b 6. b

LECTURE SUPPLÉMENTAIRE Leçon 5A
1 Answers may vary. 1. Les trois grandes
   sections du CV sont: Études; Expériences
   professionnelles; Autres renseignements.
   2. Le CV ne doit pas dépasser une page. Il doit
   être tapé à l'ordinateur. 3. On doit indiquer le
   type de travail qu'on recherche. 4. On les décrit
   des plus récentes aux plus anciennes.
   5. On doit indiquer le domaine d'activité, le
   poste occupé, la période d'activité, le nom de
   l'entreprise et la ville où elle se trouve. On doit
   aussi décrire ses responsabilités. 6. On les
   mentionne dans la troisième section
   (Autres renseignements). 7. On décrit ses
   activités culturelles ou associatives et ses
   loisirs. 8. On les indique dans la troisième
   section (Autres renseignements).

LECTURE SUPPLÉMENTAIRE Leçon 5B

1 Answers may vary. 1. C'est un métier exigeant mais bien payé. Il y aura des augmentations de salaire. 2. On demande un bon niveau en langue étrangère pour le métier de gérant(e) et pour le métier de conseiller logiciel. 3. Il y a des augmentations de salaire et des promotions fréquentes. 4. Les métiers de plombier, d'électricien et de conseiller logiciel. 5. Pour l'emploi de comptable, on demande un DUT ou un BTS comptable. Pour l'emploi d'électricien, on demande un Bac Pro Électricité. 6. Il dirigera une équipe de 4/5 personnes et il aura la charge de la cuisine de la maison de retraite. 7. Elle pourra prendre ses congés au mois d'août. 8. Il assurera le service clients et il donnera des conseils pour l'utilisation de leur logiciel de comptabilité.

Leçon 6A

VOCABULARY QUIZ I

1 1. d 2. a 3. e 4. f 5. b

2 1. une usine 2. les emballages en plastique 3. gaspiller 4. la pluie acide 5. l'énergie solaire

3 1. nucléaire 2. environnement 3. déchets 4. interdit 5. nuage 6. glissement de terre 7. ordures 8. lois 9. améliorer 10. écologiques

VOCABULARY QUIZ II

1 Answers will vary.

2 Answers will vary.

3 Answers will vary.

GRAMMAR 6A.1 QUIZ I

1 1. Celui 2. celle 3. Celles 4. celui 5. celui 6. ceux-là

2 1. celui 2. ceux 3. celui 4. celles 5. celle 6. Ceux

3 1. Celles qui sont faites en verre. 2. Ceux dont ils ont besoin. 3. Celle où Pierre travaille. 4. Celui que Marion a acheté hier.

GRAMMAR 6A.1 QUIZ II

1 Answers will vary.

2 Answers will vary.

3 Answers will vary.

GRAMMAR 6A.2 QUIZ I

1 1. f 2. c 3. e 4. b 5. d 6. g 7. a

2 1. mangiez 2. vende 3. buvions 4. prennes 5. interdise 6. obtiennes 7. améliorent 8. mette 9. étudient 10. compreniez

3 1. Il est essentiel que tu viennes chez moi ce soir. 2. Il est possible que Bernice sorte avec Jacques et Denise cet après-midi. 3. Il est bon que vous ne gaspilliez pas d'eau.

GRAMMAR 6A.2 QUIZ II

1 Answers will vary.

2 Answers will vary.

3 Answers will vary.

LESSON TEST I

1 1. b 2. a 3. c 4. a 5. c

2 Answers will vary. Sample answers: 1. Les enfants ne pourront peut-être plus jouer en plein air si les gens continuent à polluer. Il faut développer le covoiturage. 2. Les plages sont parfois polluées et c'est un danger pour les enfants. Nettoyons les plages tous ensemble! 3. Il faut absolument prévenir les incendies. C'est terrible pour la nature et les animaux, il faut les sauver!

3 1. celle 2. Celui 3. ceux 4. celui-ci/celui-là 5. celui-là/celui-ci 6. celui 7. ceux

4 1. conduises 2. prévienne 3. recyclent 4. finissions 5. achète 6. annonce 7. n'attendiez pas

5 Answers will vary.

LESSON TEST II

1 1. a 2. c 3. b 4. a 5. b

2 Answers will vary. Sample answers: 1. Il est impossible de sauver la planète si on continue à polluer l'eau et l'air. Ce sont deux éléments essentiels à la vie. 2. Il ne faut pas aller à la pêche ici. Il est dommage qu'on pollue l'eau. 3. Il est indispensable qu'on propose des solutions pour mieux préserver l'environnement. Il est essentiel qu'on garde l'eau et l'air purs.

3 1. celui 2. celle 3. celles 4. celui-ci/celui-là 5. celui-là/celui-ci 6. Ceux

4 1. protège 2. interdisions 3. diminuent 4. préviennent 5. ne gaspille pas 6. abolisse 7. ne préserviez pas 8. prennes

5 Answers will vary.

Leçon 6B

VOCABULARY QUIZ I

1 1. la falaise 2. la pierre 3. la vallée 4. le lapin 5. l'île

2 1. Faux 2. Vrai 3. Faux 4. Faux 5. Faux

3 1. volcan 2. jeter 3. ressources 4. extinction 5. forêt 6. herbe 7. étoiles 8. déboisement 9. désert 10. sentiers

VOCABULARY QUIZ II

1 Answers will vary.

2 Answers will vary.

3 Answers will vary.

Answers

GRAMMAR 6B.1 QUIZ I

1 1. fasse 2. venions 3. prennent 4. sois
5. dormes 6. vende

2 1. gardes le secret 2. vous leviez à quatre heures
3. n'ait plus d'argent 4. faire un pique-nique
5. fassiez une grande fête 6. apprendre la
mauvaise nouvelle 7. boives de la limonade

GRAMMAR 6B.1 QUIZ II

1 Answers will vary.
2 Answers will vary.
3 Answers will vary.

GRAMMAR 6B.2 QUIZ I

1 1. Mes cousines gagnent plus d'argent que mon
frère. 2. Nous avons autant de devoirs que nos
amis. 3. Hier, j'ai vu moins de lapins que ma
soeur. 4. C'est le champs qui a le plus de
fleurs. 5. Ce sont mes parents qui gaspillent
le moins d'eau.

2 Sample answers: 1. Il y a moins de chômage
dans la ville de Benjamin que dans celle
d'Emma. 2. La ville de Benjamin a autant
d'universités que celle d'Emma. 3. Il y a plus
d'habitants dans la ville de Benjamin que dans
dans celle d'Emma. 4. La ville d'Emma a
moins d'usines que la ville de Benjamin.
5. La ville d'Emma a plus de lacs que la ville
de Benjamin.

GRAMMAR 6B.2 QUIZ II

1 Answers will vary.
2 Answers will vary.
3 Answers will vary.

LESSON TEST I

1 1. a 2. c 3. b 4. a 5. b
2 1. C'est un écureuil. 2. C'est une vache.
3. C'est une île. 4. C'est un lapin. 5. C'est une
pierre 6. C'est une étoile. 7. C'est un serpent.
3 1. soyez 2. fasse 3. ayez 4. lisiez 5. mettes
6. receviez
4 1. finisse 2. attendre 3. ait 4. viennes 5. être
5 1. plus de 2. le plus de 3. moins de 4. autant
de 5. plus d' 6. le moins de
6 Answers will vary.

LESSON TEST II

1 1. b 2. b 3. c 4. a 5. c
2 1. C'est un lac/une île. 2. C'est un arbre.
3. C'est une vache. 4. C'est une pierre. 5. C'est
une forêt. 6. C'est un lapin. 7. C'est un serpent.
3 1. ait 2. écrivent 3. sois 4. fassiez 5. dormiez
6. finisse
4 1. partir 2. vienne 3. téléphoner 4. soient
5. aller
5 1. moins de 2. plus de 3. autant de 4. moins d'
5. le moins d' 6. le plus de
6 Answers will vary.

UNIT TEST I

1 1. c 2. a 3. b 4. c 5. a 6. b
2 1. covoiturage 2. écotourisme 3. extinction
4. surpopulation 5. pique-nique
6. déboisement 7. champ 8. Lune
9. catastrophe 10. glissement de terrain
3 Sample answers: 1. celle-ci, celle-là
2. Celles-ci, celles-là 3. Celui-ci, celui-là
4. Ceux-ci, ceux-là
4 Suggested answers: 1. Ceux 2. celles 3. celui
4. Ceux 5. Celles 6. Celle 7. Celui 8. celui
9. celui 10. celles 11. ceux 12. celles
5 1. sauve 2. recyclions 3. polluiez 4. ne jette pas
5. chasses 6. proposions 7. améliorent
8. continuent 9. devienne 10. choisisses
6 1. arrête 2. aient 3. soient 4. développions
5. devienne 6. se sente 7. nous occupions
8. recyclent 9. grossisse 10. viennent
11. mette 12. s'intéressent
7 1. Je vois plus d'ordures que d'écureuils.
2. Il y a moins d'eau propre que d'eau sale.
3. Je vois plus de voitures que de tables à
pique-nique. 4. Il y a autant de pollution que de
danger. 5. C'est l'endroit qui reçoit le plus de
pluies acides. 6. C'est l'endroit qui a le moins
d'animaux.
8 Sample answers: 1. recycle plus de choses.
2. soit moins polluée. 3. nettoyions cette
rivière. 4. polluent autant notre air. 5. le
covoiturage soit la meilleure solution.
9 Answers will vary.

| A-22 | Answers

UNIT TEST II

1 1. a 2. b 3. c 4. b 5. c 6. c

2 1. étoiles 2. lac 3. ramassage
4. écureuils 5. déchets toxiques
6. covoiturage 7. prévenir 8. pur
9. centrales nucléaires 10. énergie solaire

3 Sample answers: 1. Celui-ci, celui-là
2. celles-ci, celles-là 3. celle-là 4. ceux
5. celle 6. celle 7. celles 8. celui

4 1. chassiez 2. interdise 3. ne pollues pas
4. jettent 5. préserve 6. abolissions
7. devienne 8. prévenions 9. connaisse
10. gaspille

5 1. protège 2. soit 3. ayons 4. roulent
5. recycle, jette 6. essaient 7. réfléchisse
8. ne se sentent pas 9. soient 10. ait, vivent

6 1. Il y a plus de sentiers que de routes. 2. Je vois
autant de fleurs que d'herbe. 3. Je vois moins
de pollution que de nature intacte. 4. Il y a
autant de lacs que de montagnes. 5. C'est
l'endroit qui reçoit le plus de soleil.
6. C'est l'endroit qui a le moins d'emballages
en plastique.

7 Answers will vary.

8 Answers will vary.

9 Answers will vary.

OPTIONAL TEST SECTIONS

ROMAN-PHOTO Leçon 6A
1 1. c 2. a 3. c 4. b 5. a

ROMAN-PHOTO Leçon 6B
1 1. V 2. D 3. A 4. S 5. St 6. A; R

CULTURE Leçon 6A
1 1. b 2. b 3. b 4. a 5. a 6. c

CULTURE Leçon 6B
1 1. a 2. b 3. b 4. c 5. b 6. a 7. b 8. c

FLASH CULTURE
1 1. Notre-Dame de Paris 2. le château de
Chenonceau 3. les Alpes 4. le Mont-Saint-
Michel 5. la Côte d'Azur 6. l'Alsace

PANORAMA
1 1. c 2. a 3. a 4. c 5. c 6. a

LECTURE SUPPLÉMENTAIRE Leçon 6A

1 Answers will vary. Sample answers:
1. Les deux ressources principales qu'il ne faut
pas gaspiller sont l'énergie et l'eau. 2. On ne
doit pas laisser les lampes ou la télé allumées
quand on quitte une pièce. On doit remplacer
les vieux appareils ménagers par de nouveaux
modèles qui gaspillent moins d'énergie. 3. On
recommande l'énergie solaire. 4. Il vaut mieux
la laver dans le lave-vaisselle parce qu'il
gaspille moins d'eau. 5. On peut prendre des
douches courtes et utiliser de l'eau de pluie dans
son jardin. 6. Il faut choisir de préférence des
produits dans des éco-emballages. 7. On peut
recycler le plastique, le verre, le papier et
les boîtes et emballages en aluminium. On peut
créer un compost dans son jardin pour les
déchets ménagers. 8. Il ne faut pas les mettre à
la poubelle parce ce que c'est dangereux pour
l'environnement et pour les personnes qui
s'occupent du ramassage des ordures.

LECTURE SUPPLÉMENTAIRE Leçon 6B

1 Answers may vary. 1. Ils font leur circuit dans
des parcs du Québec. 2. Ils parlent de
l'environnement, des différentes espèces
d'animaux et de leurs habitats, et de la
préservation en général. 3. Il pense que la
nature est magnifique et il trouve qu'il y a
beaucoup de plantes et de fleurs intéressantes
en cette saison. 4. C'était le déboisement.
5. Aujourd'hui, les arbres ont été sauvés.
6. Elle est très importante pour une espèce
particulière d'écureuils. 7. Il y a une fuite dans
une usine de la région et le cours d'eau principal
est pollué. 8. On recommande de ne plus
pêcher dans la rivière et de ne plus nager
dans le lac.

| A-23 | Answers

Leçon 7A

VOCABULARY QUIZ I

1 1. d 2. c 3. f 4. e 5. b 6. a
2 1. applaudi 2. entracte 3. rôle 4. troupe
   5. chanson 6. place(s) 7. célèbre 8. début
   9. séance 10. profiter
3 Sample answers: 1. C'est une tragédie.
   2. C'est une comédie. 3. Ils s'appellent
   l'orchestre. 4. Un metteur en scène met
   en scène une pièce.

VOCABULARY QUIZ II

1 Answers will vary.
2 Answers will vary.
3 Answers will vary.

GRAMMAR 7A.1 QUIZ I

1 1. a 2. b 3. c 4. c 5. b
2 1. veuilles 2. ont rendu 3. puissiez 4. sache
   5. font 6. aillent 7. a retenu 8. soit 9. profitez
   10. aurons
3 1. ces metteurs en scène soient très célèbres
   2. nous sachions jouer de la guitare 3. cette
   troupe a de belles danseuses 4. tu vas acheter
   des programmes pendant l'entracte
   5. Marie-Claude et toi alliez à l'opéra demain

GRAMMAR 7A.1 QUIZ II

1 Answers will vary.
2 Answers will vary.
3 Answers will vary.

GRAMMAR 7A.2 QUIZ I

1 1. Tu préfères la pièce de Pierre ou la tienne?
   2. Mes enfants sont sérieux mais les siens sont
   drôles. 3. Notre opéra est plus long que le vôtre.
   4. Notre tante travaille à Chicago mais
   la vôtre travaille à Seattle. 5. Son compositeur
   est bon mais les leurs sont super! 6. Tu as écrit
   à tes parents ou aux nôtres? 7. Sa cousine et la
   mienne sont allées au concert ensemble. 8. Sa
   grand-mère parlait souvent de sa chanson mais
   pas de la leur.
2 1. La mienne habite à Bordeaux. 2. Le mien
   est avocat. 3. Je n'aime pas les miens. 4. Je ne
   m'occupe jamais du mien. 5. Je parle rarement
   aux miennes. 6. J'ai reçu un e-mail des
   miens hier.

GRAMMAR 7A.2 QUIZ II

1 Answers will vary.
2 Answers will vary.
3 Answers will vary.

LESSON TEST I

1 1. c 2. c 3. b 4. b 5. a
2 Answers will vary.
3 1. voient 2. fasse 3. veuille 4. lises 5. s'en aille
   6. sache
4 1. fasse 2. fait/fera 3. mangions 4. prend
   5. sache
5 1. les siennes 2. la mienne 3. le vôtre 4. les
   leurs 5. les vôtres 6. le nôtre 7. les siens
   8. le mien
6 Answers will vary.

LESSON TEST II

1 1. c 2. b 3. b 4. a 5. c
2 Answers will vary.
3 1. aillent 2. sois 3. puissent 4. sachent
   5. veniez 6. prenne
4 1. est / sera 2. joue 3. sortent / sortiront 4. ait
   5. applaudissent / applaudiront
5 1. la vôtre 2. le leur 3. la mienne 4. les leurs
   5. les miens 6. Le vôtre 7. les siennes 8. le sien
6 Answers will vary.

Leçon 7B

VOCABULARY QUIZ I

1 1. un peintre 2. une critique 3. une publicité
   4. un programme 5. la météo
2 1. un documentaire 2. un jeu télévisé
   3. un dessin animé 4. un feuilleton
   5. les informations (infos) / les nouvelles
3 1. horreur 2. science-fiction 3. chef-d'oeuvre
   4. beaux-arts 5. poétesse / écrivaine / auteur
   6. publicité 7. ancienne 8. gratuit 9. variétés
   10. roman

VOCABULARY QUIZ II

1 Answers will vary.
2 Answers will vary.
3 Answers will vary.

GRAMMAR 7B.1 QUIZ I

1 1. fasse 2. parler 3. conduisions 4. puisses
5. preniez 6. partir 7. dise 8. rester

2 1. Nous allons rester à la maison à moins que
les enfants veuillent aller au centre-ville.
2. Ahmed va passer à la banque avant d'aller à
la poste cet après-midi. 3. Tu vas continuer à
travailler jusqu'à ce que tu finisses tes devoirs.
4. Vous pouvez emprunter leur vélo à condition
que vous le rendiez bientôt.

3 1. J'irai au théâtre demain à condition que tu
viennes avec moi. 2. Mon oncle prend le bus
pour que nous ayons la voiture. 3. Émilie et
Justin vont au stade sans que leur père le sache.
4. Nous démissionnons avant que le patron
nous renvoie.

GRAMMAR 7B.1 QUIZ II

1 Answers will vary.
2 Answers will vary.
3 Answers will vary.

GRAMMAR 7B.2 QUIZ I

1 1. c 2. f 3. e 4. g 5. h 6. d 7. a 8. b
2 1. répètent 2. faire 3. connaissions 4. finisse
5. peux 6. voulions
3 1. alliez à Paris cet été 2. ayez beaucoup
d'examens dans ce cours 3. fassent des
randonnées à la montagne 4. soyons contentes
de l'appartement 5. viennent de New York
dimanche prochain 6. puisses faire la cuisine
pour tout le monde

GRAMMAR 7B.2 QUIZ II

1 Answers will vary.
2 Answers will vary.
3 Answers will vary.

LESSON TEST I

1 1. c 2. b 3. a 4. a 5. b
2 Answers will vary
3 1. passions 2. fasse; gagner 3. réfléchisse;
prenne 4. soient 5. veux; parte
4 1. soit 2. réussisses 3. dormir 4. puisses
5. t'amuses 6. veux 7. fasses 8. sois
5 Answers will vary.

LESSON TEST II

1 1. a 2. b 3. a 4. c 5. a
2 Answers will vary.
3 1. veniez 2. fasse 3. décider 4. veuillent
5. puisse 6. connaisses 7. sois 8. preniez
4 1. puisses 2. te prépares 3. fasses 4. vienne
5. sortes 6. aies 7. soient 8. saches
5 Answers will vary.

UNIT TEST I

1 1. c 2. c 3. a 4. a 5. b 6. b
2 1. écrivaine 2. compositeur 3. peintres
4. troupe 5. réalisatrice 6. metteur en scène
7. poétesse 8. danseuse 9. orchestre
10. sculpteur
3 1. le mien 2. la leur 3. les nôtres 4. la vôtre
5. les leurs 6. la sienne / les siennes 7. des
tiennes 8. aux tiens 9. du nôtre 10. au sien
4 1. comprenne 2. viennent 3. soit
4. choisissent 5. ait 6. soient 7. ayez 8. aime,
applaudisse 9. se vendent 10. présente,
deviennent
5 1. ayez 2. lisent 3. parte 4. soient 5. disiez
6 1. apprenne, fasse 2. veuille 3. puissiez
4. ailles 5. sachions 6. vouliez 7. allions,
visitions 8. appreniez
7 1. Il est possible que vous preniez des places
pour ce spectacle. 2. Il est clair que nous
sommes en retard. 3. Je ne crois pas que ce
dramaturge ait beaucoup de succès. 4. Les
chanteurs préfèrent que la salle n'applaudisse
pas entre les morceaux. 5. Les critiques pensent
que les spectateurs veulent voir des tragédies.
6. Je sais que les enfants de moins de douze ans
peuvent voir ce film.
8 Sample answers: 1. ce soit l'affiche d'un film
d'horreur. 2. ce soit une image récente.
3. cette femme soit une actrice de télévision.
4. c'est une peinture ancienne. 5. le peintre a
fait un chef-d'oeuvre.
9 Answers will vary.

UNIT TEST II

1 1. c 2. b 3. a 4. c 5. b 6. a
2 1. tragédie 2. applaudissent 3. places 4. conte
5. tableaux/peintures 6. choeur 7. concert
8. chef-d'oeuvre 9. entracte 10. gratuit
3 1. le tien 2. le sien 3. la nôtre 4. la leur 5. des
vôtres 6. du vôtre 7. les leurs 8. la tienne
9. du mien / des miens 10. aux siennes
4 1. ait 2. commencent 3. passiez 4. découvrent
5. appellent 6. soit 7. travailles 8. se lèvent
9. adore 10. aiment
5 1. aille 2. puisse 3. soit 4. veuille 5. fasse
6. aillent 7. fassions 8. vouliez 9. preniez
10. puissent
6 1. Il est évident que c'est son chanteur préféré.
2. On ne pense pas qu'ils fassent de la variété.
3. Je doute que vous vouliez passer à la télé.
4. Il est certain qu'on vient voir ton concert
jeudi soir. 5. Ils savent que ce théâtre va fermer.
6. Il est possible que vous alliez jouer à Paris.

Answers

7 Sample answers: 1. c'est l'affiche d'un film d'horreur. 2. ce film soit un chef-d'oeuvre. 3. les acteurs soient bons. 4. l'histoire est mauvaise. 5. beaucoup de monde aille voir ce film.

8 Answers will vary.

9 Answers will vary.

OPTIONAL TEST SECTIONS

ROMAN-PHOTO Leçon 7A
1 Answers will vary.

ROMAN-PHOTO Leçon 7B
1 1. D 2. St 3. S 4. A 5. R

CULTURE Leçon 7A
1 1. b 2. a 3. c 4. c 5. b 6. c 7. c

CULTURE Leçon 7B
1 1. b 2. c 3. c 4. a 5. a 6. b 7. b

FLASH CULTURE
1 1. a 2. b 3. c 4. a

PANORAMA
1 1. a 2. c 3. a 4. b 5. a 6. c 7. a 8. a

LECTURE SUPPLÉMENTAIRE Leçon 7A
1 Answers may vary. 1. On peut aller au concert, à la Maison des Arts (*Les 4 saisons de Vivaldi*). 2. Il va y avoir de la danse dans *Vive l'amour!* et dans *La Légende du bateau bleu*. 3. C'est une pièce de théâtre (une tragédie). 4. La célèbre chanteuse va chanter plus de vingt nouvelles chansons. C'est un spectacle qui sera couvert d'applaudissements. 5. Il cherche un bateau bleu qui a disparu il y a cent ans, en Afrique. 6. Il y a le plus d'artistes dans le spectacle *Vive l'amour!* 7. On va pouvoir écouter de la musique dans *Vive l'amour!, La Légende du bateau bleu*, Mylène Farmer au Palais Omnisports de Paris Bercy et *Les 4 saisons* de Vivaldi. 8. Answers will vary.

LECTURE SUPPLÉMENTAIRE Leçon 7B
1 Answers may vary. 1. C'est un écrivain (un auteur). Il écrit des contes africains. 2. On pourrait voir de beaux tableaux dans le documentaire *Vive Monet!* On pourrait visiter le musée d'Orsay. 3. On devrait regarder la météo de Mohammed Mezza, à treize heures trente. 4. On devrait regarder le journal télévisé, à treize heures et/ou à vingt heures trente. 5. C'est l'histoire de Christine, une étudiante qui abandonne ses études. Elle veut écrire des poèmes. 6. Il y a deux films. Le premier est un film policier et le deuxième est un film de science-fiction. 7. Oui, le dessin animé *Gros chiens-chiens* est un programme pour les enfants. 8. Des artistes participent à cette émission, par exemple des chanteurs, des danseurs et des acteurs.

ANSWERS TO EXAMS

Unités préliminaire–3
Leçons PA–3B

EXAM I

1 1. B 2. D 3. A 4. B 5. D 6. C 7. A 8. C
   9. A 10. B
2 Answers will vary. Suggested answers. 1. Il se brosse les dents. Il utilise une brosse à dents / du dentifrice. 2. Il se lave les mains. Il utilise du savon. 3. Elle se réveille. Elle regarde son réveil. 4. Elle se brosse les cheveux / se coiffe. Elle utilise une brosse à cheveux.
3 1. connais 2. sais 3. reconnais/connais 4. sais 5. reconnaissons 6. reconnais
4 1. étais 2. faisais 3. ai commencé 4. était 5. achetait 6. avait 7. a pris 8. s'est mis
5 1. veux; dois 2. n'as pas pu; devais 3. voulais; pouvais
6 1. apprendrait; s'occuperait 2. construirions; ouvririons 3. offririez 4. iraient 5. essaierais 6. verraient 7. courriez 8. écrirait 9. essaierait 10. t'entendrais
7 Answers may vary slightly. 1. Ils s'écrivent / s'envoient (des e-mails). 2. Nous nous parlons (de nos journées). / Nous nous disons (tout) Nous nous racontons nos journées. 3. Ils se sont rencontrés. / Ils se sont connus. 4. Nous nous offrons / donnons des cadeaux. 5. Elles doivent s'aider.
8 Answers will vary. Sample answers: 1. Une éducation universitaire est plus importante aujourd'hui qu'il y a 20 ans parce qu'il a plus de compétition. 2. Une voiture coûte moins cher aujourd'hui qu'il y a 20 ans si on compare avec le coût de la vie d'il y a 20 ans. 3. Le choix de fruits au marché est meilleur qu'il y a 20 ans parce que les moyens de transport sont beaucoup plus efficaces et qu'on peut avoir des fruits toute l'année.
9 1. en 2. y 3. en 4. y 5. en
10 Answers may vary slightly. 1. nous réveillons 2. me lève 3. Dépêche-toi 4. nous préparons 5. m'énerve 6. se détend 7. m'occupe
11 1. je les leur ai demandées. 2. je vais le lui montrer. 3. je le leur ai envoyé. 4. je les lui achète.
12 Answers will vary.

EXAM II

1 1. A 2. C 3. B 4. D 5. C 6. D 7. B 8. A
   9. B 10. A
2 Answers will vary. Suggested answers: 1. Il se rase. Il utilise un rasoir. 2. Il se brosse les cheveux. / Il se coiffe. Il utilise une brosse à cheveux/un miroir. 3. Elles se brosse les dents. Elle utilise une brosse à dents / du dentifrice. 4. Elle se lave les cheveux. Elle utilise du shampooing.
3 1. étions 2. faisait 3. est tombée 4. n'avait pas 5. a dit 6. voulait 7. ai sorti 8. ai téléphoné
4 1. voulait; pouvait 2. dois; veux 3. vouliez; n'avez pas pu
5 1. sais 2. connais 3. reconnaissent 4. connaît 5. connaissez 6. savons
6 1. feriez 2. serait 3. passerais 4. n'auraient pas 5. irions; verrions 6. ne paierait rien/ne payerait rien 7. marcheraient; prendraient 8. repartirais 9. recevriez 10. se retrouverait
7 Answers may vary slightly. 1. Ils ne s'aiment plus. 2. Nous nous téléphonons./Nous nous parlons. 3. Ils s'embrassent. 4. Ils se sont tombés amoureux. / Ils s'aiment. / Ils s'adorent. 5. Vous vous regardez. / Nous nous regardons.
8 Answers will vary. Sample answers: 1. Une maison coûte plus cher qu'il y a 20 ans parce qu'il y a beaucoup de gens qui veulent (en) acheter. 2. Connaître des langues étrangères est plus important aujourd'hui qu'il y a 20 ans parce ce que les gens voyagent plus. 3. La qualité des produits est pire aujourd'hui qu'il y a 20 ans parce qu'on vend plus pour moins cher.
9 1. y 2. en 3. y en 4. y
10 Answers may vary slightly. 1. me brosse 2. me lave 3. me regarde 4. se dépêcher 5. s'arrête 6. nous asseyons 7. s'entend
11 1. je le lui ai achetée. 2. je la lui envoie. 3. je vais les lui demander. 4. je le leur ai promis.
12 Answers will vary.

Unités 4–7
Leçons 4A–7B
EXAM I

1 1. C 2. D 3. C 4. A 5. A 6. B 7. D 8. B
9. B 10. A

2 Answers will vary.

3 1. Crois 2. s'est aperçue 3. voient 4. as reçu
5. aperçoivent/voient 6. croyais 7. recevait
8. as vu/crois

4 1. personne ne 2. ne peuvent rien 3. ne fait
aucun 4. ne nous aident jamais 5. ne peut
améliorer ni le parc ni 6. ne peut plus

5 1. ai vu 2. ont lu 3. aurai 4. entre 5. prendrons
6. arriverai

6 1. ceux 2. Lesquels 3. celui 4. celui
5. Lequel 6. celles 7. Lesquelles 8. celle

7 1. J'ai trouvé le plan dont j'avais besoin.
2. Voilà la fille que je voulais rencontrer.
3. Voilà la calculatrice qui était sur le bureau
hier. 4. Mon frère a acheté une voiture dont il
avait envie. 5. Voilà le placard où j'ai trouvé le
dictionnaire. 6. Patrick sort avec un copain que
je trouve pénible.

8 Answers will vary. 1. Si seulement ta chambre
était plus grande! 2. Si seulement mes parents
pouvaient acheter une nouvelle voiture!
3. Si seulement une nouvelle boulangerie
ouvrait dans le quartier! 4. Si seulement j'avais
un poste bien payé! 5. Si seulement mon petit
frère croyait toujours au Père Noël! 6. Si
seulement je mangeais mieux!

9 1. irais 2. offrirais 3. espérerait 4. nous
achèterions 5. préviendrait 6. aurais 7. serais

10 1. que 2. dont 3. qui 4. où 5. où 6. où 7. dont

11 1. fasse 2. choisissez 3. prenne 4. détestiez
5. sors 6. aillent

12 1. la sienne 2. aux siens 3. le leur 4. des siens
5. les vôtres

13 1. avant 2. à condition que 3. sans 4. à moins
que 5. jusqu'à ce que 6. pour

14 Answers will vary.

EXAM II

1 1. D 2. C 3. B 4. A 5. B 6. C 7. A 8. D
9. B 10. C

2 Answers will vary.

3 1. aperçoivent/voient 2. avez vu 3. recevrai
4. crois 5. s'est aperçu 6. voyons/avons vu
7. ai reçu 8. croyez

4 1. e fait que 2. ne peut rien 3. ne protège ni la
Terre ni 4. n'écrivent à personne 5. ne
travailles jamais 6. ne prévient aucune

5 1. pourra 2. écrirai 3. se mettront 4. ouvriras
5. indiquera 6. reçois

6 1. lesquels 2. Ceux 3. Celle 4. celui
5. laquelle 6. Celle 7. Lesquelles 8. celles

7 1. Vous avez trouvé le livre que vous cherchiez.
2. Il y a des soldes sur les jeux vidéo que vous
voulez acheter. 3. Voici le logiciel dont j'ai
besoin. 4. Guillaume a un nouvel ordinateur qui
a un écran géant. 5. Lola va à la banque où j'ai
ouvert un compte de chèques. 6. J'ai un chien
que mon frère n'aime pas.

8 Answers will vary. 1. Si seulement cette
entreprise t'embauchait! 2. Si seulement tout
le monde ne gaspillait pas! 3. Si seulement
j'obtenais ce poste! 4. Si seulement je
découvrais un nouveau pays chaque année!
5. Si seulement je souffrais moins pour maigrir!
6. Si seulement je savais faire de la peinture!

9 1. recevrait 2. vendriez 3. serais 4. achèterais
5. travaillais 6. faisions 7. améliorerait

10 1. où 2. dont 3. qui 4. que 5. qui 6. où
7. que

11 1. saches 2. n'a pas 3. sorte 4. soient 5.
éteignez/
éteindrez 6. gaspille

12 1. au tien 2. de la tienne 3. le leur 4. aux
vôtres 5. du nôtre.

13 1. à moins que 2. pour 3. avant que 4. à
condition que 5. sans que 6. jusqu'à ce que

14 Answers will vary.

Unités préliminaire–7
Leçons PA–7B
EXAM I

1 1. C 2. D 3. A 4. B 5. D 6. A 7. C 8. D
9. B 10. A

2 1. connais/reconnais 2. ai connue 3. connais
4. reconnaîtrais 5. connais 6. sais

3 1. ai décidé 2. avait 3. faisait 4. nous sommes
promenés 5. avons nagé 6. avaient/ont eu
7. ont préparé 8. s'est bien amusé

4 1. veulent; ne peuvent pas 2. dois; ne veux pas
3. pouvais; voulais 4. devait; n'a pas voulu

5 1. Les lycéens sont moins intellectuels que
les étudiants. 2. Les étudiants sont plus
responsables que les lycéens. 3. Les étudiants
mangent aussi bien que les lycéens.
4. Les étudiants sont de meilleurs élèves que les
lycéens. 5. Les lycéens étudient plus que les
étudiants. 6. Les lycéens sont aussi intéressants
que les étudiants.

6 1. le leur ai envoyé 2. les lui ai posées 3. la lui
ai achetée 4. vous l'ai préparé 5. te l'achète
6. les leur ai montrées.

7 1. la bouche 2. les orteils/les doigts de pied
3. le cou 4. le genou 5. l'oeil/les yeux 6. la
joue 7. la peau

8 1. Oui, il en a commandé. 2. Oui, j'y réfléchis
souvent. 3. Oui, elle me les a montrées.
4. Oui, elle en a beaucoup. 5. Oui, elle la lui a
donnée. 6. Oui, elle y est allée.

9 1. se sont réveillés 2. s'est mise en colère
3. s'est rendu compte 4. s'est aperçu 5. t'es
trompée 6. se sont regardés 7. se sont dit

10 1. vois 2. as reçu 3. offrirons 4. ouvrez
5. pouvez 6. croit

11 1. gagne 2. vendrait 3. étaient 4. pourrons
5. achèteras 6. nettoierais

12 1. ne prévienne pas 2. recyclent
3. améliorions 4. réfléchisses 5. fasse
6. diminue

13 1. les siens 2. la leur 3. la mienne 4. des leurs
5. le nôtre 6. les tiens.

14 Answers will vary.

EXAM II

1 1. A 2. B 3. C 4. C 5. D 6. B 7. A 8. B
9. D 10. C

2 1. sais 2. connais 3. connais 4. sais 5. ai
connu 6. sait

3 1. avait 2. avons invité 3. sont arrivés
4. pleuvait 5. avaient 6. sont venus 7. se sont
bien amusés 8. a dansé

4 1. veux/voudrais; dois/devrais 2. a dû 3. ont pu
4. deviez 5. pouvions; voulions 6. puisse

5 1. Les étudiants sont plus âgés que les lycéens.
2. Les étudiants sont moins naïfs que les
lycéens. 3. Les étudiants sont aussi sains que
les lycéens. 4. Les étudiants sont mieux payés
que les lycéens. 5. Les lycéens font moins la
lessive que les étudiants. 6. Les lycéens sont
aussi optimistes que les étudiants.

6 1. te l'ai apportée 2. vous l'ai préparé 3. le lui
ai acheté 4. les leur envoie 5. te la prête 6. le
lui ai rendu

7 1. les jambes/les pieds 2. la tête 3. les oreilles
4. le nez 5. cou 6. un doigt/les doigts 7. le
visage

8 1. Oui, elle en a acheté. 2. Oui, j'y suis allé.
3. Oui, il m'en a envoyé. 4. Oui, nous lui en
avons parlé. / Oui, je lui en ai parlé. 5. Oui, il/
elle les leur a données.

9 1. s'est levée 2. s'est maquillée 3. s'est rasé
4. s'est lavé 5. se sont regardées 6. se sont assis
7. s'est dit

10 1. voyons 2. a offert 3. croyais 4. reçoivent
5. ouvrira 6. veux

11 1. vendons 2. partirait 3. étiez 4. pourras
5. achèterais 6. trouvent

12 1. puisse 2. protège 3. prévienne 4. gaspilles
5. interdisiez 6. jettent

13 1. le tien 2. la vôtre 3. les siennes 4. le leur
5. les vôtres 6. les miens

14 Answers will vary.

Answers

D'accord V2 Testing Program Credits

Lesson Tests
9: (l) Jim Kruger/iStockphoto; (r) Marcin Sylwia Ciesielski/123RF; **20:** (all) Martín Bernetti.

Unit Tests
68: José Blanco; **110:** Martín Bernetti; **116:** Corbis RF; **157:** Lawrence Manning/Corbis; **174:** (all) VHL; **175:** (all) VHL; **180:** (all) VHL; **181:** Martín Bernetti; **215:** (t) VHL; (tm) Pascal Pernix; (mt) Anne Loubet; (mb) Pascal Pernix; (bm) Anne Loubet; (b) Anne Loubet; **220:** (t) Anne Loubet; (tm) Pascal Pernix; (mmt) Anne Loubet; (mmb) Pascal Pernix; (bm) Anne Loubet; (b) Anne Loubet; **266:** Fotolia; **303:** (l) Index Open/Photolibrary; (ml) Pidjoe/iStockphoto; (mm) FogStock LLC/Photolibrary; (mr) Hemera Technologies/Getty Images; (r) Goodshoot/Alamy; **305:** Caroline Beecham/iStockphoto; **307:** (l) Konrad Mostert/iStockphoto; (ml) Juuce/iStockphoto; (mm) Anastasiya Maksimenko/123RF; (mr) Keith Levit Photography/Photolibrary; (r) Mark Karrass/Corbis; **347:** The Gallery Collection/Bridgeman Images; **361:** (all) VHL; **362:** (l) Index Open/Photolibrary; (r) Hemera Technologies/Getty Images; **367:** (all) VHL; **368:** (l) Index Open/Photolibrary; (r) Hemera Technologies/Getty Images.